Hans Schmidt

Meine Suche nach dem Glück in Argentinien und Paraguay

Reise-, Arbeits und Jagdabenteuer

weitsuechtig

Hans Schmidt

Meine Suche nach dem Glück in Argentinien und Paraguay

Reise-, Arbeits und Jagdabenteuer

ISBN/EAN: 9783956561139

Auflage: 1

Erscheinungsjahr: 2013

Erscheinungsort: Bremen, Deutschland

@ weitsuechtig in Access Verlag GmbH. Alle Rechte beim Verlag und bei den jeweiligen Lizenzgebern.

weitsuechtig

Meine
Jagd nach dem Glück
in Argentinien und Paraguay

Reise-, Arbeits- und
Jagdabenteuer

Von
Hans Schmidt

Mit 63 Abbildungen nach
eigenen Photographien und einer Karte

Zweite, unveränderte Auflage

R. Voigtländers Verlag in Leipzig

Inhalt.

	Seite
1. Der Entschluß	7
2. Die Abreise	11
3. Auf hoher See	14
4. In Buenos Aires	19
5. Als Gartenpeon unterwegs nach dem Süden	22
6. Auf einer Estancia in Rio Negro	26
7. Tierleben und Jagderlebnisse in Rio Negro	31
8. Maurer-Handlanger im nächsten Kampstädtchen	38
9. Akkordarbeiter bei der Dreschmaschine	42
10. Wieder in Buenos Aires	48
11. Unterwegs nach dem Chaco	53
12. Als Gärtner im Urwald	56
13. Tierleben und Jagderlebnisse im Chaco	62
14. Linchero und Jumper	71
15. Gärtner und Peon in der Pampa	76
16. Tierleben und Jagderlebnisse in der Pampa	84
17. Büro-Angestellter einer Quebrachofabrik	95
18. Wunschlos am Ziel	102
19. Die Quebracho-Industrie	110
20. Jagderlebnisse im Chaco von Santa Fé	113
21. Der Krieg	119
22. Jäger in Paraguay	123
23. Wasserschwein-Jäger	131
24. Unter Bauersleuten in Paraguay	141
25. Jagdpech und Malaria	153
26. In der subtropisch-argentinischen Ackerbauzone	161
27. Die Baumwolle und andere subtropische Kulturpflanzen in Südamerika	173
28. Auf der Wolfram-Mine	185
29. Der Wolfram-Minenbetrieb	198
30. Schluß	201
Register	205
Übersichtskarte	6
Anhang: Abbildungen.	

Erstes Kapitel.
Der Entschluß

Heimatmüde. Herr v. Klitzing. 180 Nachfolger. Mutter will nicht. Und doch!

Es war im Jahre 1912.
"Also Sie wollen mich verlassen, wollen wirklich ins Ausland?"
"Ja, Herr von Klitzing."
Der Majoratsherr des Gutes, das ich seit vier Jahren als erster Beamter bewirtschaftet hatte, sah mich kopfschüttelnd an.
"Bleibe im Lande und nähre dich redlich, mein lieber Herr Schmidt, mißachten Sie dies schöne Sprichwort nicht."
"Ich habe mir alles reiflich überlegt."
"Oder haben Sie etwas gegen mich, gefällt es Ihnen hier nicht mehr, sind Ihnen die 1200 Mark Jahresgehalt zu wenig?"
"Nichts von alledem, Herr von Klitzing."
"Na, dann kramen Sie doch mal aus, erzählen Sie mir von Ihren Plänen und Beweggründen, es interessiert mich."
Er schob mir einen der gemütlichen gepolsterten Ledersessel zu und stellte die Zigarrenkiste vor mich auf den Tisch.
"Sie wissen," hub ich an, "daß ich als Sohn eines Forstmannes im Walde groß geworden bin. Sie wissen auch, wie ich Natur und Weidwerk über alles liebe. Leider starb mein Vater frühzeitig, ohne Vermögen zu hinterlassen. Die Folge davon war, daß sich mein sehnlichster Wunsch, auch wieder Forstmann zu werden, nicht erfüllen konnte. Zum Studieren war kein Geld vorhanden, und ich wandte mich daher der Landwirtschaft zu. Vielleicht weniger aus Liebe zu dieser als zur Natur, und um in freien Stunden Gelegenheit zum Jagen zu haben. Fast zehn Jahre bin ich nun schon landwirtschaftlicher Beamter. Was springt dabei heraus? Ich will nicht unbescheiden sein und weiß, daß viele meiner Kollegen, die vielleicht tüchtiger sind als ich, für den halben Jahreslohn arbeiten müssen. Soll das nun aber immer so weitergehen, weiter bis ans Lebensende? Ein eigenes Gut würde ich mir ja doch nie kaufen können. Da heißt es, sich einen Ruck zu geben und es mal auf einer anderen Ecke der Welt zu versuchen, ehe man zu alt dazu ist. Verlieren kann ich dabei ja nichts, weil ich nichts zu verlieren habe; und will es nicht glücken, bleibt mir ja immer mein alter Beruf."
Mein Gegenüber wiegte sein graues Haupt hin und her.
"Und wo gedenken Sie hinzugehen?"
"Nach Südamerika."

„Nach Süd—a—me—ri—ka—??"
Ganz erschrocken war er aufgesprungen und durchmaß die Stube mit langen Schritten.
„Ja, um alles in der Welt, wenn Sie sich denn durchaus totschießen lassen wollen, warum gehen Sie denn nicht lieber nach Afrika, in eine deutsche Kolonie?"
„Ich habe das alles erwogen, mir über alles gewissenhaft Auskunft eingeholt. Südwest ist überlaufen. Auch dort sitzen an allen Ecken und Enden stellenlose Landwirte, wie hier, so daß sie schon in den Bergwerken und Diamantfeldern Arbeit suchen müssen. In Ostafrika würde ich mit etwas Glück und Geduld vielleicht eine Stellung als Pflanzungsassistent bekommen können. ‚Vielleicht!' — Das ist auch nicht, was ich suche. Was bleibt mir da also anderes übrig? Ich gehe nach Argentinien."
„Und haben Sie Verwandte dort, Freunde oder Bekannte, die Ihnen helfen können?"
„Nichts dergleichen, wozu auch. Seit dem Tode meines Vaters bin ich gewohnt, mir selbst zu helfen."
Wieder setzte sich sein aristokratisches Haupt in leichte Bewegung.
„Sie werden einen schweren Anfang dort haben, denn solange Sie nicht Spanisch sprechen können, wird es Ihnen kaum möglich sein, eine standesgemäße Stellung zu finden."
„Dann werde ich mit den Knochen zu arbeiten wissen."
Wieder erhob sich Herr von Klitzing und ging im Zimmer auf und ab.
„Ihnen ist nicht zu helfen, mein lieber Herr Schmidt, Sie sind ein echter deutscher Dickschädel. Gehen Sie denn mit Gott, sobald Sie Ihren Nachfolger eingearbeitet haben werden. Ich binde Sie an keine Kündigung."
„Ich danke Ihnen, Herr von Klitzing."
„Vergessen Sie nicht, mir zu schreiben und bei mir vorzusprechen, wenn Sie einst zurückkommen."
„Ganz gewiß nicht, Herr von Klitzing."
„Und noch eins, bleiben Sie sich auch im wilden Westen stets Ihrer guten Erziehung bewußt. Lassen Sie sich nicht gehen, wenn Versuchungen mannigfaltigster Art an Sie herantreten. Wenn es heutzutage noch jemand auf der Welt zu etwas bringen will, muß er mehr leisten als seine Mitmenschen, muß er Außergewöhnliches leisten."
„Ich werde mich stets dessen erinnern, Herr von Klitzing."
„Gut, ich danke Ihnen, gute Nacht."

Die Unterredung war damit beendet, mein Schicksal besiegelt. Ich verbeugte mich und ging auf mein Zimmer. Doch noch nach Stunden lag ich wach im weichen Federbett. Die Besprechung hatte mich aufgeregt. Was hatte ich unternommen!? Was würde mir alles bevorstehen!? Wie würde das alles enden!? — — —

Herr von Klitzing hatte in der Zeitung die Stelle eines ersten Beamten mit 1200 Mark Jahresgehalt und freier Station angezeigt. Mehr als 180 Bewerbungsschreiben stellesuchender Landwirte liefen ein. Ein Zeichen der Zeit! Nicht nur Landwirte boten sich an, auch Kaufleute und Offiziere a. D. bis zum Major aufwärts waren unter den Schreiben der Stellesuchenden zu finden. Und was sie alles können und leisten wollten, wie sie sich unterboten, ja selbst ohne Gehalt arbeiten wollten, unter gewissen Vergünstigungen! Manche Briefe konnten geradezu Mitleid erregen, und ich war froh, in dieser Hinsicht ein gutes Werk getan und durch meinen Verzicht wenigstens einem der Notleidenden zu Stellung und Brot verholfen zu haben.

Wir sichteten die Briefe, wählten meinen Nachfolger aus, und ich hatte alle Hände voll zu tun, den anderen Herren zu antworten und die eingesandten Photographien zurückzusenden.

Inzwischen hatte ich mich vorschriftsmäßig bei der Zivilbehörde abgemeldet und von der Militärbehörde den üblichen zweijährigen Auslandsurlaub erhalten.

Meine Mutter, bei der ich vier Wochen später eintraf, empfing mich im Flur ihrer einfachen Mietwohnung mit ängstlich fragendem Gesicht.

„Hans, du willst ins Ausland?"

„Ja, Mutter."

„Wohin denn?"

„Nach Südamerika."

„Nach Süd—a—me—ri—ka—!?"

Da liefen ihr auch schon die Tränen über die Wangen. Durch nichts ließ sie sich beruhigen, und stumm, mit niedergeschlagenen Augen, wie ein armer Sünder, stand ich vor ihr, eine mir endlos erscheinende geraume Zeitspanne. — — — Noch lag es ja in meiner Hand, ihr den Schmerz zu ersparen, noch gab es ja ein Zurück. Aber mein Entschluß war einmal gefaßt, ich blieb fest, felsenfest. Am anderen Tage dachte sie schon ruhiger, und ich konnte mich mit ihr aussprechen.

„Warum," fragte sie, „willst du aber gerade nach Südamerika? Hast du denn etwas Unrechtes getan?"

„Aber ganz im Gegenteil, liebe Mutter."

„Ja, aber Amerika ist doch das Land der verlorenen Söhne, dorthin geht man doch nicht freiwillig! Mir ist es schon jetzt unangenehm, allen unseren Verwandten und Bekannten, die nach dir fragen, mitteilen zu müssen, daß du nach Amerika gehst. Und nun noch dazu nach Südamerika, von dem man doch überhaupt noch kaum etwas gehört hat!"

Schon wieder kamen ihr die Tränen in die Augen, während ich schweigend und verlegen aus dem Fenster blickte.

„Du hattest hier so gute Stellung," fuhr sie fort, „lebtest in einem geordneten, friedfertigen Lande, während es dort drüben von schlechten Menschen wimmelt, und Kriege und Revolutionen kein Ende nehmen."

„Es wird alles nur halb so schlimm sein, liebe Mutter."

„Und weißt du denn auch schon, was die Reise kostet? Wenn ich alle unsere Papiere verkaufe, könnte ich dir vielleicht 2000 Mark geben, aber wird das reichen? Ich kann es mir gar nicht ausdenken, wie schrecklich es wäre, wenn du da drüben mittellos ankämest und keine Stellung fändest."

„Darüber kannst du ganz beruhigt sein, Mutter, die Reise ist viel billiger, als du denkst, und ich werde bequem mit meinen Ersparnissen auskommen. Aber selbst, wenn ich nichts hätte, wenn ich mich als Kohlenschipper nach drüben und wieder zurückarbeiten müßte, Geld würde ich doch nie von dir erbitten. Ich gehe ja nicht auf Reisen, um Geld auszugeben, sondern um Geld zu verdienen!"

Wieder folgten schlaflose Nächte dieser bewegten Aussprache. Schwere Träume verfolgten mich. Ich sah mich mit dem Schiff untergehen, Räuber überfielen mich, Giftschlangen ringelten sich an mir in die Höhe, ja ganze Indianergeschichten träumte ich zusammen, um dann im kritischsten Moment jedesmal schweißgebadet aufzuwachen.

Um so mehr beeilte ich mich, meinen Entschluß wahr zu machen und so schnell als möglich fortzukommen.

Zweites Kapitel.
Die Abreise

Mit dreihundert Mark in die Welt. Zwischendeck. In der Bai von Biscaya. Es wird unangenehm. Lissabon. „Wir sind nicht mehr in Deutschland."

Ich besorgte die notwendigsten Einkäufe, verkaufte noch einige entbehrliche Sachen und zählte dann meine Barschaft. Es waren nicht ganz 300 Mark, und so blieb mir denn nichts anderes übrig als das Zwischendeck. „Immer noch besser als Kohlenschipper," dachte ich und fuhr eines Tages wohlgemut nach Hamburg, von wo zwei Tage später einer der neuesten Passagierdampfer der Hamburg-Südamerika-Linie abfahren sollte. Mir blieb genügend Zeit, meinen Fahrschein zu lösen, der bis Buenos Aires genau 100 Mark kostete, und mein Gepäck abzufertigen. 100 Kilogramm waren ja frei, und da mein Koffer nicht so gewichtig war, gab es weiter keine Schwierigkeiten.

Zur festgesetzten Stunde fand ich mich am Hafen ein, um mich mit einem Haufen Angehöriger aller möglichen und unmöglichen Menschenrassen und -Klassen vorschriftsmäßig im Zwischendeck verstauen zu lassen. So leicht war das übrigens nicht, denn kaum waren wir im Bauch des Schiffes angelangt, als auch schon ein Kampf um die Betten losging. Jeder suchte seine Landsleute in die Nähe des von ihm eroberten Lagers zu bekommen und die übrigen von sich wegzudrängeln. Ein Fluchen, Rufen und Schreien in allen Sprachen der Welt hub an, während sich langsam ein unangenehmer, dumpfer Geruch verbreitete, an den ich mich nur schwer gewöhnen konnte.

Ein Steward*) machte schließlich diesem „Kampf ums Dasein" ein Ende, indem er die Deutschen zu sich heranrief. Es versammelten sich etwa 50 Leute um ihn, Männer, Frauen und Kinder. Er wies den Frauen, den Ehepaaren und den ledigen Männern je einen besonderen Raum an, der Tür und zwei Bullaugen besaß. So hatten wir wenigstens fürs erste Ruhe und waren „unter uns". Später wurde Eßgeschirr verteilt, auch bekam ein jeder eine einfache Schlafdecke.

Am anderen Morgen um 4 Uhr lichtete das Schiff die Anker und fuhr langsam die Elbe hinab. Wir passierten üppige Felder, Weiden mit erstklassigem Vieh und prachtvollen Bauten. Allmählich gelangten wir in die Nordsee, sahen Helgoland von weitem liegen und passierten gegen Abend die englische und am folgenden Tage ein Stück der französischen Küste.

Alles ging gut und glatt, bis wir in den Golf von Biscaya gelangten. Dort

---
*) Steward, sprich Stuart, = Schiffskellner.

zeigte die See plötzlich ein verändertes Aussehen. Haushohe Wellen schlugen gegen das Schiff, welches hin und her schwankte. Alle Fenster mußten geschlossen werden. Die sonst so fröhlichen Gesichter der Passagiere zeigten plötzlich ein verändertes Aussehen, die Seekrankheit forderte ihre Rechte. Namentlich vom weiblichen Geschlecht, aber auch kräftige Männer wurden von ihr umgerissen. Überall sah man bleiche Gestalten über die Reling gebeugt oder in den Schiffsstühlen liegend, mit geschlossenen, oft verweinten Augen. Auch unter den Ausländern, namentlich unter den polnischen Juden, wütete die Seekrankheit schwer. Sie riß diese energielosen Leute förmlich zusammen, und überall sah man dies schmutzige Volk sich übergeben, ohne auch nur die geringste Rücksicht auf die Umstehenden zu nehmen.

Auch ich empfand zeitweise ein Benommensein des Kopfes, Schwindel und Übelkeit. Auf den Rat erfahrener Leute legte ich mich aber jedesmal schnell ins Bett, in dem das Unwohlsein bald vorüberging.

Vor Lissabon blieben wir eine Zeitlang liegen, und es wurde uns gestattet, die Stadt zu besuchen. Die Passagiere erster und zweiter Klasse durften mit den Schiffsbooten umsonst fahren, während wir Zwischendecker auf portugiesischen Booten für unser eigenes Geld hinüber mußten.

Ich schloß mich einem Deutsch-Brasilianer an, der der portugiesischen Sprache mächtig war. Er war auch schon mehr Weltmann als ich, denn er weigerte sich klugerweise energisch, das Fahrgeld schon bei Ankunft im Hafen zu entrichten, und vertröstete die braunen Fährleute auf die Rückfahrt.

Die Stadt gefiel mir recht gut mit ihren hellen, südlichen Häusern, dem Königsschloß, an dem noch die Spuren der Revolution zu erkennen waren, und vielen anderen Sehenswürdigkeiten. Da sie nach dem Hafen zu steil abfällt, hatten wir Mühe, die Straßen emporzuklettern. Überall sahen wir Weiber mit Körben auf dem Kopfe, welche Melonen, Bananen, Weintrauben und andere Südfrüchte für lächerlich geringe Preise feilboten.

Als wir uns endlich an allem sattgesehen hatten, kamen wir auf den Einfall, uns auch satt essen zu wollen. So leicht sollte uns das jedoch nicht werden. Soviel Gasthäuser wir auch betraten, niemand wollte deutsches Geld.

„Gehen wir nach dem Hafen zurück," sagte mein Begleiter, „dort wird man nicht so engherzig sein wie hier."

Gesagt, getan. Im Hafen angekommen, betraten wir eine zweifelhafte Spelunke, und mein Begleiter hielt dem Wirt ein blankes Zehnpfennigstück unter die Nase.

„Wir wollen Zigaretten kaufen," sagte er, „wieviel Pakete geben Sie uns hierfür?"

Der gerissen aussehende alte Mann betrachtete das Nickelstück gierig mit seinen schwarzen, stechenden Augen.

„Es ist gutes deutsches Geld, es ist Silber," fuhr der Brasilianer fort, auf die große Zehn des Geldstückes deutend.

Zögernd legte der Wirt zehn Pakete Zigaretten auf den Tisch und sah uns fragend an.

„Das ist zu wenig," sagte mein Gefährte, „Sie müssen uns wenigstens zwanzig Pakete dafür geben."

Und wieder legte der Mann zehn weitere Patete auf den Tisch, während er das Geldstück in seine Tasche gleiten ließ.

Mein Begleiter bestellte nun etwas zu essen und einen Liter Wein. Wir ließen es uns schmecken, leerten die Flasche bis auf den letzten Tropfen und wollten dann bezahlen. Letzteres war wieder mit Schwierigkeiten verbunden. Der Wirt verlangte nämlich zwei weitere „Silberstücke", während der Brasilianer ihm nur ein Zehnpfennigstück in die Hand drücken wollte. Schließlich einigte man sich auf die Hälfte, d. h. auf 15 Pfennig, und der Wirt gab uns auf das zweite Zehnpfennigstück so viel Papiergeld heraus, daß mir angst und bange wurde. —

Auf der Straße angekommen, konnte ich nicht umhin, meinem Begleiter Vorwürfe zu machen. Der Brasilianer lachte jedoch nur laut auf.

„Wir sind hier nicht mehr in Deutschland," sagte er, „vergessen Sie das nicht. Hier draußen betrügt man und wird betrogen, es kommt gar nicht so genau darauf an."

„Wieviel Geld haben Sie denn zurückbekommen?" fragte ich verstohlen nach rückwärts blickend, ob der Wirt uns auch nicht nachgelaufen käme.

„O," antwortete er, „es reicht, um die Bootsleute zu bezahlen und auch noch ein paar Kilo Weintrauben zu kaufen."

So war es denn auch, und ich war herzlich froh, als wir endlich wieder auf dem Schiff angelangt waren und bald darauf die Reise fortsetzten.

Unser nächstes Ziel war ein spanischer Hafen. Später sahen wir noch die afrikanische Küste in der Ferne liegen und dann nur Wasser und immer wieder Wasser. Wir befanden uns auf hoher See.

Drittes Kapitel.
Auf hoher See

Die Reisegesellschaft. Auf du und du. Der Automobilkutscher. "Otto". Äquatortaufe. Rio de Janeiro. Weiter. Im La Plata. Buenos Aires.

Von nun an hatten wir fast ständig gutes Wetter und ruhiges glattes Meer. Seekranke gab es nicht mehr. Nur selten kam ein größeres Schiff in Sicht, und so fand ich vollauf Zeit, mich mit meiner näheren Umgebung zu beschäftigen.

Das Schiff war, wie gesagt, neu gebaut, und wenn es mir trotzdem im Zwischendeck manchmal unerträglich vorkam, so mache ich nicht die Schiffahrts-Gesellschaft, sondern die Passagiere selbst dafür verantwortlich.

Das größte Übel waren die Aborte. Es waren ihrer wenigstens zehn vorhanden, und alle zum Sitzen eingerichtet. Aber für die Russen, polnischen Juden und Italiener war das zu gut. Sie taten, wie sie gewohnt waren, aber nicht nach dem Sprichwort: „Verlasse diesen Ort so, wie du wünschst, daß andere ihn verlassen haben." Fürchterlich. Als es gar nicht mehr gehen wollte, nahmen wir Deutschen uns ein Kämmerchen allein und verschlossen es stets gewissenhaft. Doch da kletterte das Volk uns von oben hinein, und es blieb, wie es gewesen war.

Ich habe später oft Gelegenheit gehabt, die Aborte auf den argentinischen Bahnhöfen in Augenschein zu nehmen. Stets waren sie nur mit einem runden Loch im zementierten Fußboden versehen. Sie waren dem Volke angepaßt, das es ja nicht besser haben wollte, und leicht zu reinigen. Warum also macht man es auf den Schiffen nicht ebenso? Warum im Zwischendeck so viel Kultur für die Kulturlosen?

Mit dem Essen konnte man sich zur Not durchschlagen. Festbraten gab es natürlich bei dem billigen Fahrpreis nicht. Oft war es allerdings etwas minderwertig, oder es langte nicht. So kam bald ein lebhafter Handel mit den Köchen der ersten und zweiten Klasse in Schwung, die uns Speisereste und Süßigkeiten für billiges Geld abgaben.

Auch beim Essen waren die zahlreich vertretenen polnischen Juden ein Greuel. Sie aßen meist auf Deck und schütteten die Reste einfach neben sich auf die Planke. Ein schreckliches Pack, strotzend von Schmutz und Ungeziefer. Auch Mädchenhändler waren darunter. Mit stechenden Augen und mißtrauischen Blicken bewachten sie ihre Beute, zum Teil recht hübsche und üppige Weiber. Alle schienen das Los, das ihrer harrte, zu kennen und vollkommen damit einverstanden zu sein.

Unter den Deutschen im Zwischendeck waren viele Handwerker, einige Arbeiter, aber auch Söhne besserer Eltern. Die meisten fuhren nach Buenos Aires, nur wenige wollten ihr Glück in Brasilien versuchen. Einige waren schon in Argentinien gewesen und gaben im Bewußtsein ihrer Überlegenheit uns gegenüber alle möglichen und unmöglichen Auskünfte.

Bald ging alles auf „du".

„Wie heißt du doch gleich?" fragte mich z. B. so ein Jüngling, dem man den Weltenbummler schon von weitem ansah.

Ich stellte mich vor.

„Ah, Schmidt, ganz recht, und wie hießest du früher?"

„Früher?!"

„Aber natürlich, man reist doch nicht mit seinem wirklichen Namen."

„Und warum denn nicht?"

„Nu, weil man was ausgefressen hat." —

„Du bist auch Landwirt?" fragte mich ein anderer.

„Ja, und du?"

„Na, ich auch, ich war Leuteaufseher in Österreich, und da habe ich gelesen, daß man sich in Argentinien mit Akkordarbeit in der Ernte 2—3000 Mark pro Jahr sparen kann. Siehst du, da will ich nun mal auf ein Jahr rüber, und da ich Bärenkräfte habe und sparsam bin, werde ich es wohl in diesem Jahr auch auf 6000 Mark bringen."

Der Arme! Später erfuhr ich, daß er schon nach 3 Monaten wieder nach der Heimat abgedampft war, allerdings ohne die erwarteten 6000 Mark. —

„Was willst du denn anfangen in Argentinien?" fragte mich da wieder so ein zweifelhafter Weltmann.

„Ich will sehen, eine Beamtenstellung auf einer Estancia zu bekommen."

„Das ist ganz ausgeschlossen, du kannst ja kein Spanisch."

„Dann werde ich erst als Arbeiter gehen."

„Die einzige Möglichkeit," erwiderte mein Gegenüber herablassend, „aber dann gehe nur nicht zu Deutschen, verstehst du, nur nicht zu Deutschen."

„Und warum nicht?" fragte ich erstaunt.

„Ja, siehst du, erstens lernt man da kein Spanisch, und zweitens sind die Deutschen, die es dort zu etwas gebracht haben, auch alle einst so arm und kläglich nach drüben gefahren wie wir heute. Durch eigene Arbeit, aber auch durch Geiz und Drücken ihrer Angestellten haben sie es dann zu etwas gebracht. Sie zahlen die schlechtesten Löhne, geben das schlechteste Essen und verlangen die meiste Arbeit."

„Dann hast du es vielleicht gerade immer schlecht getroffen," antwortete ich. „Sieh, es fahren doch so viele vornehme Deutsche erster und zweiter Klasse mit uns auf dem Schiff, die sicher Geld haben und sich eine Estancia kaufen wollen."

„Die da," meinte er und wies verächtlich mit dem Daumen nach der ersten Klasse, „die da, das sind meist Kaufleute oder Estancieros, die nur zum Besuch in Deutschland waren. Aber wenn wirklich welche dazwischen sind, die noch nicht in Südamerika waren, dann sind das schon die richtigen. Von denen ist übers Jahr keiner mehr in Argentinien."

„Und wenn sie viel Geld mitbringen?"

„Dann sorgt man dort schon dafür, daß sie es sobald als möglich loswerden, darüber beruhige dich nur." —

Der unangenehmste Kerl im Zwischendeck war uns allen von vornherein ein Berliner Automobilkutscher gewesen. Wie er uns selbst hohnlachend erzählte, hatte er sein Einkommen stets prompt vertrunken und hatte dann eines Tages Frau und Kinder im Stich gelassen, um in Amerika sein Glück zu versuchen. Auf dem Schiff trank er, sobald sich die Gelegenheit dazu bot, um nachher sein großes Mundwerk aufzureißen und — mit seinen Riesenkräften protzend — andere Leute in der gemeinsten Art herauszufordern.

Eines Abends, als ich mich gerade mit einigen ordentlichen Frauen auf Deck unterhielt, kam er wieder angetorkelt und fing an, uns lästig zu fallen. Als niemand sich um ihn kümmerte, wurde er noch zudringlicher und sogar handgreiflich einer der Frauen gegenüber. Letztere verbat sich das energisch, doch jener ließ nicht nach.

„Was der Mensch braucht, muß er haben," grinste er.

„Dann suche dir das an einem anderen Orte, nicht hier," mischte ich mich in das Gespräch.

„Was," schrie er auf, „du Küken, du, du rausgeschmissener Leutnant du, du Leuteschinder willst mir hier Vorschriften machen?!"

Mir schlug das Herz zum Zerspringen, als ich ihn bleich vor Wut auf mich zuwanken sah. Ich wußte nur zu gut, daß er stärker war als ich, doch scheinbar ruhig blieb ich stehen, seinen Angriff erwartend.

Es kam nicht dazu. Einige Schiffsleute, die den Streit mit angesehen hatten, rissen den Kerl zurück und suchten ihn zu beruhigen, indem sie ihn erneut der Bierquelle zuführten.

Etwas aufgeregt legte ich mich an diesem Abend zu Bett, aber einschlafen konnte ich nicht, denn ich ahnte, daß noch etwas kommen mußte.

Und es kam. —

Ich mochte wohl eine Stunde gelegen haben, und die übrigen Gefährten schliefen schon sanft, als der wüste Berliner den Schlafraum betrat.

„Wo steckt dieser Stoppelhopser, dieser Krautjunker, der mich beleidigt hat," lallte er, während ich scheinbar schlafend, jedoch vor Aufregung zitternd, unter der Bettdecke lag.

Da — — wuchtig traf seine Faust meinen Unterleib.

Laut schrie ich auf vor Wut und Schmerz. Mit einem Satze war ich aus dem Bett, mit einem weiteren dem Angreifer an der Kehle. Ein kurzes Ringen, und dröhnend, mit dem Kopfe aufschlagend, fiel der Riese zu Boden. Der überraschende Angriff und die eigene Trunkenheit hatten ihn unfähig gemacht, sich erfolgreich zu verteidigen. Doch mein schmerzender Unterleib und die lange verhaltene Wut hatten mich rasend gemacht. Mit den nackten Füßen trat ich ihm ins Gesicht, um, als dieselben ermüdeten, mit den Fäusten von neuem zu beginnen. Ein dicker Blutstrom quoll ihm aus Mund und Nase, doch ich schlug weiter, bis starke Arme mich in die Höhe hoben.

Erst jetzt sah ich, daß sich der Schlafraum trotz der späten Nachtstunde mit zahlreichen Zuschauern gefüllt hatte. Überall hörte ich Rufe wie: „Das war recht"; „Das hast du gut gemacht"; „Der hat genug, aber wir mußten dazwischen kommen, sonst hättest du ihn womöglich noch totgeschlagen"; dann schwanden mir die Sinne für kurze Zeit.

Als ich wieder zu mir kam, saß einer meiner Bekannten, der schon drei Jahre in Argentinien gewesen war, und den ich kurz „Otto" nennen will, neben mir und kühlte meine Schläfen.

„Wo ist der Berliner?" fragte ich.

„Ha, der hat genug für die ganze Reise, der tut keinem Menschen mehr was. Jetzt haben sie ihn in den Waschraum geschleppt, um sein geschwollenes Gesicht zu kühlen und ihm das Blut abzuwaschen."

„Aber ich blute ja selbst," sagte ich erschrocken, riesige feuchtrote Flecke auf meinem Hemd erblickend.

„Das ist nicht von dir, das ist von deinem Gegner; aber komm und wechsle schnell dein Hemd, die Geschichte hat schon genug Aufsehen erregt, und wer weiß, was sie morgen noch für Folgen haben wird."

Folgen hatte denn auch der Vorfall insofern, als mein Gegner am anderen Nachmittag zum ersten Offizier gerufen wurde, der ihm bedeutete, daß man ihn die ganze weitere Reise in Eisen legen würde, falls er sich noch einmal betrinken oder friedliche Leute angreifen würde. Doch dieser Drohung hätte es wohl kaum mehr bedurft. Der Berliner war von der Zeit an wie umgewandelt, er hatte sich bereits für Argentinien akklimatisiert. —

Otto drängte sich jetzt öfter an mich heran. „Du gefällst mir," sagte er mir eines Tages, „solche Leute, wie du, können wir in Argentinien gebrauchen; wollen wir nicht zusammenbleiben?"

Ich stimmte freudig zu und erfaßte seine dargebotene Rechte.

„Gott," meinte er, „ich bin halt auch nur ein verlorener Sohn. Eigentlich bin ich ja Kaufmann, aber das Stubenhocken hat mir nie gefallen, und so bin ich denn eines Tages losgezogen und habe schon drei Jahre in Argentinien abgerissen."

„Was hast du denn da gemacht?"

„Alles, was zu machen war. Meist habe ich mich auf dem Kamp herumgedrückt. Habe gearbeitet, wenn es mir schlecht ging, gefaulenzt, wenn ich Geld hatte. Man schlägt sich halt so durch."

„Und jetzt?"

„Jetzt war ich auf kurze Zeit in Deutschland, aber es wollte mir da nicht mehr gefallen. Die Freiheit fehlt einem dort, weißt du, und dann die viele Arbeit und die vielen Menschen. Also, schnell wieder zurück nach Argentinien; da ist es viel schöner, da kann man noch leben wie ein Mann!"

„Und was gedenkst du diesmal dort anzufangen?"

„Diesmal? Ha, welche Frage! Darüber zerbreche ich mir jetzt noch nicht den Kopf. Mal sehen, wie der Karren läuft, wenn wir ankommen; vielleicht findet sich für mich eine Stellung als Mayordomo auf einer Estancia, dann nehme ich dich mit. Und sonst, ja sonst gehen wir als Erntearbeiter oder so was, bis wir etwas Geld haben. Ich habe nämlich keinen roten Pfennig, kannst du mir nicht lumpige 20 Mark borgen?"

„Herzlich gern, wenn wir schon zusammenbleiben; aber vergiß nicht, daß mein ganzes Vermögen auch nur aus 60 Mark besteht."

„Hm, hm, das wären nicht mal 35 Pesos, faule Sache, aber na, schadet nichts, werden's schon machen."

So blieben wir denn beide gute Freunde, waren stets zusammen, und ich war herzlich froh, einen scheinbar ordentlichen Menschen gefunden zu haben, der, der spanischen Sprache mächtig, mir durch das Dickste hindurchhelfen konnte.

Inzwischen hatten wir den Äquator passiert und die sogenannte Äquatortaufe erhalten. Letztere war für die Passagiere 1. und 2. Klasse mit einer großen Festlichkeit verbunden, für uns Zwischendeckler war sie weniger schön. Matrosen, Stewards und Kohlenschipper machten sich ein Vergnügen daraus, uns mit Wassereimern und mit Schläuchen zu bespritzen, bis die Offiziere einschreiten mußten. Dieser Mißbrauch des Wassers hatte allerdings auch sein Gutes. Namentlich die polnischen Juden waren anderen Tages kaum wiederzuerkennen.

Wir schliefen jetzt meist auf Deck wegen der großen Hitze. Stundenlang brachte ich damit zu, den prachtvollen fremdländischen Sternenhimmel und das riesige Kreuz des Südens zu betrachten.

Schwärme von fliegenden Fischen tauchten hin und wieder über dem Wasser auf, um etwa 100 Meter weiter wieder in den Wellen zu verschwinden. Auch große Mengen von meterlangen Schweinsfischen kreuzten — sich auf den Wellen wiegend — hin und wieder den Weg des Schiffes.

Eines Tages kam dann die brasilianische Küste mit ihren Bergen und Palmenwäldern in Sicht. Überall löste dies lauten Jubel aus, namentlich bei uns Neulingen. Amerika, unsere neue Heimat, war in unserem Gesichtskreis erschienen!

Anderen Tages liefen wir in den Naturhafen von Rio de Janeiro ein. Nie habe ich bis heute je etwas Schöneres gesehen als die Lage dieser Stadt. Man denke sich einen schönen runden Naturhafen, mit enger, rings von Felsen umgebener Einfahrt. Auf der linken Seite der letzteren ein riesiger, hoher und spitzer Felsen, der sogenannte Zuckerhut, das Wahrzeichen der Stadt. Diese selbst ist aber um den Hafen herumgebaut und klettert gleichsam die Berge hinauf, so daß man alle Häuser, Straßen und Plätze wie auf einer Landkarte vor sich hat. Im Hintergrunde Urwald und dahinter wieder nacktes, hohes Felsengebirge mit weißer Spitze — Schnee!

Als wir abends weiterfuhren, erglänzte die Stadt schon im Lichtermeer. Es war wie eine riesige Illumination anzusehen, die sich im Wasser widerspiegelte.

Auch hier in Rio hatten wir ein kleines Erlebnis. Ein dunkelhäutiger Sohn Brasiliens kam an Bord geklettert, um Ansichtskarten und die dazugehörigen Briefmarken zu verkaufen. Er machte gute Geschäfte. Alles kaufte, alles schrie. Auch unser Brasilianer, der im Begriff war, auszusteigen, wollte sich noch mit Briefmarken versehen. Plötzlich rief er uns zu: „Kauft die Briefmarken nicht, sie sind falsch." Entrüstet bedrängten wir den Verkäufer, der seine Unschuld in wer weiß welchen Lauten zu beteuern suchte, dabei aber immer rückwärts ging, um dann plötzlich mit einen Satze die Schiffstreppe hinunterzueilen und sich in sein Boot zu flüchten. Wir „Grünhörner" waren mal wieder die Angeschmierten.

Zwei Tage nachher hieß es, daß wir schon in den La Plata-Strom eingelaufen wären. Es war gut, daß man uns das sagte, denn abgesehen von dem furchtbar schmutzigen, gelbbraunen Gewässer, in dem wir uns jetzt befanden, sah man nur auf der rechten Seite in weiter Ferne einen Küstenstreifen liegen. Letzterer — es war Uruguay — verschwand allmählich, während links die flache argentinische Küste auftauchte, und wir bald darauf in den Hafen von Buenos Aires, der Stadt der guten Lüfte, einliefen.

Viertes Kapitel.
In Buenos Aires
Das Emigrantenhotel. Vergebliches Stellungsuchen. Gartenpeon in Rio Negro.
Bares Geld noch fünf Pesos. Auf Staatskosten ins Innere.

Nach dem herrlichen Anblick von Rio de Janeiro war es nicht anders zu erwarten, als daß Buenos Aires sehr enttäuschte. Außer dem Hafen sah man eigentlich überhaupt nichts, weil alles eben war.

Nachdem uns Zwischendeckern der Emigrantenstempel auf den Paß gedrückt war, konnten wir das Schiff verlassen, und hatten nun, mit diesem Paß bewaffnet, das Recht, fünf Tage lang im nahegelegenen Emigrantenhotel frei essen und schlafen zu können. Außerdem berechtigte der Stempel zu einmaliger freier Bahn- oder Schiffsreise nach irgendeinem Teil des riesigen Landes.

Unser Handgepäck wurde nur oberflächlich nachgesehen, worauf ich mit Otto, der gut Bescheid zu wissen schien, nach dem Emigrantenhotel schlenderte, da uns bei unseren knappen Geldmitteln nicht gut etwas anderes übrigblieb, und ich doch auch diese mir unbekannte Einrichtung gern kennen lernen wollte.

Das riesige Gebäude, das erst vor kurzem fertiggestellt worden war, glich mit seinem geräumigen Hof und den Nebengebäuden einer Kaserne. Unten im Hauptgebäude waren die Geschäftsräume. In allen Sprachen der Welt wurde hier jede gewünschte Auskunft erteilt. Wir erhielten einen Schein, den wir beim Aus- und Eingehen vorzuzeigen hatten, auch konnten wir für wenig Geld unser Handgepäck aufbewahren lassen. Dann wurden wir nach oben in die Schlafräume gewiesen. Frauen und Männer waren hier streng getrennt auf verschiedenen Korridoren untergebracht. Die Schlafräume selbst faßten wohl je 100 Betten. Die Bettstellen — immer zwei übereinander — bestanden eigentlich nur aus einem eisernen Gestell, in dessen Mitte eine starke elastische Leinwand befestigt war. Für Unterlagen und Decken hatte ein jeder selbst zu sorgen.

Die Massenabfütterung fand in einem der Nebengebäude statt. Es gab drei Tagesmahlzeiten, die jedesmal durch die Glocke angezeigt wurden. Morgens erhielt jeder ein großes Stück Weißbrot und eine große Schale schwarzen Kaffee. Die Weißbrote brachte man in riesigen Weidenkörben in den Saal, den Kaffee in Gießkannen, wirklichen großen Gießkannen. Mittags und abends gab es wieder für jeden ein Weißbrot und einen großen Teller Gemüsesuppe mit einem Stück Fleisch darin. Es war gar nicht schlecht, und ich habe später im Kamp des öfteren mit weniger fürliebnehmen müssen. Nur die Drängelei war furchtbar, denn jeder suchte natürlich eine Bank zu erwischen, um nicht während der ganzen Mahlzeit stehen zu müssen.

Im Hof des Emigrantenhotels befanden sich kleine Anlagen und schöne Promenadenwege. Sonst war auch noch ein kleines landwirtschaftliches Museum und ein Arbeitsnachweis vorhanden, durch den ich einige Tage später meine erste Arbeitsstelle nachgewiesen bekommen sollte.

Anderen Tages brachten wir unsere Koffer durch den Hafenzoll. Wir mußten alles öffnen, es wurde aber wiederum nur oberflächlich angesehen. Namentlich, wenn man sich besonders eifrig zeigte, alles auszupacken, hieß es bald: Es ist gut, Sie können passieren.

Eine Frau aus der Schweiz, die ich vom Schiff her kannte, traf ich bei dieser Gelegenheit vor einer geöffneten Kiste stehend an, Ströme von Tränen vergießend. „Alles kaput," sagte sie, „meine teuren Heiligenbilder, mein Geschirr, meine Spiegel und Nippsachen. Nicht ein Stück ist ganz geblieben!"

Später begleitete ich Otto zur Stadt, wo er einige bekannte Herren aufsuchte, von denen er den Nachweis einer besseren Stellung erhoffte. Alle diese Wege waren vergebens. Man zuckte die Achseln: alles besetzt, alles überfüllt.

So vergingen drei Tage.

„Wir müssen uns beeilen," sagte Otto, als wir am vierten Tage aus den Betten krochen, „sonst werden wir hier an die Luft gesetzt. Komm mit über den Hof zum Arbeitsnachweis, wollen sehen, was es da Gutes gibt."

Der Beamte dort blinzelte uns durch seine Brillengläser mißtrauisch an, als ihm Otto in leidlichem Spanisch unsere Wünsche vortrug.

„Wir vermitteln nur Arbeit für Leute, die neu ins Land zugewandert sind," sagte er abweisend.

„Solche sind wir," antwortete Otto prompt.

„Aber woher können Sie denn so gut Spanisch?"

„O, es gibt viele Länder, in denen man diese Sprache spricht."

Der gute Mann schien nun befriedigt zu sein und fing an, in einem dicken Schreibhefte herumzuwühlen.

„Hier sucht ein Estanciero zwei Gartenpeone,"*) sagte er, „verstehen Sie etwas von dieser Arbeit?"

„Aber sicher," antwortete Otto schlagfertig, „wir haben fast unser ganzes Leben im Garten zugebracht."

„Es ist im Süden, in der Provinz Rio Negro; man wird Ihnen bei guter Arbeit 50 Pesos im Monat, nebst Essen und freier Wohnung geben; wollen Sie?"

Und ob wir wollten! Otto, der mir alles Wort für Wort verdolmetscht hatte, gab denn auch unsere Zustimmung.

„Gut," sagte der Beamte, uns die Adresse der Estancia und den Namen der Bahnstation aufschreibend, „ich werde gleich dorthin telegraphieren, damit Sie von der Station abgeholt werden. Morgen abend geht der Zug."

Wir beeilten uns nun, noch einige Einkäufe zu machen, die Otto für den Kamp unentbehrlich hielt, wie Messer, Ledergürtel, Halstücher, Briefmarken und anderes mehr.

Als wir dann Kasse machten, waren wir nicht gerade angenehm überrascht;

---

*) Peon = Arbeiter.

unser Vermögen an barem Gelde bestand nämlich nur noch gerade aus ganzen 5 Pesos.

„Die müssen wir für außergewöhnliche Fälle aufbewahren," sagte Otto wichtig.

„Ganz meine Meinung," antwortete ich etwas gedrückt.

Anderen Nachmittags übergab man uns die Freifahrtkarten und schaffte uns auf Staatskosten mit unserem Gepäck zur Bahn. Hier angelangt, überreichte uns der Fuhrknecht mit der unschuldigsten Miene der Welt eine selbstgeschriebene Rechnung, nach der wir 6 Pesos für Fuhrlohn bezahlen sollten.

Otto widersetzte sich heftig, da er genau wußte, daß wir vom Emigrantenhotel aus alles frei hatten. Es kam zu einem kleinen Auftritt, der, als sich Leute ansammelten, damit endete, daß der Fuhrmann sich schleunigst mit seinem Wagen aus dem Staube machte.

Nun stiegen wir — endlich unbehelligt — in den Zug ein, der uns in das Landinnere bringen sollte und sich auch bald darauf in Bewegung setzte.

Fünftes Kapitel.
Als Gartenpeon unterwegs nach dem Süden

Argentinische Eisenbahn. Der Mond und anderes anders als in Deutschland, auch die Telegrammbeförderung. Auf der Station. Packträger. Verfasser lernt argentinisch essen und trinken. Karrenreise. — Dazu die Bilder 43, 60.

Da es schon dunkel war, hatte ich Zeit, mir meine nähere Umgebung anzusehen. Die Bahnwagen waren neu und gut. Es gab nur 1. und 2. Klasse. Die Bänke waren zweisitzig und rechts und links an den Fenstern angebracht, die Mitte als Durchgang freilassend. Sie waren in der 2. Klasse, in der wir fuhren, aus Holz, in der 1. Klasse mit Lederpolstern versehen. Otto störte jetzt meine Studien, indem er mich auf die Mondsichel aufmerksam machte.

„Siehst du," meinte er, „man kann daraus ein Z formen, was in Deutschland zunehmenden Mond bedeuten würde. Hier ist es gerade umgekehrt, wir haben abnehmenden Mond."

„Überhaupt ist hierzulande alles umgekehrt als drüben," fuhr er nach einer Weile fort. „Zum Beispiel ist es hier Winter, wenn man in Deutschland Sommer hat. Der Nordwind bringt hier die Hitze, der Südwind die Kälte. Selbst wenn man jemanden heranwinkt, winkt man nicht mit der Hand nach oben, wie bei uns zu Hause, sondern von sich weg, d. h. nach unten."

Es trat wieder Stille ein, und ich dachte über das nach, was kommen werde. Ich war müde und hatte Hunger, aber was half's, wir mußten haushalten mit unseren paar Groschen. So schlief ich denn allmählich ein.

Als ich aufwachte, war es 4 Uhr morgens. Es war noch dunkel, und ich fror fürchterlich, denn wir hatten ein kalte Augustnacht. Auch Otto und die anderen Leute wurden allmählich munter und wickelten sich aus ihren dicken Ponchos.

Später mußten wir zweimal kurz hintereinander umsteigen und kamen endlich, nach zwanzigstündiger Fahrt, um 2 Uhr nachmittags auf unserer Station an. Sie bestand eigentlich nur aus einem Bahnwärterhäuschen, einem Ranglergleis und einem Schuppen, in dem einige Peone mit Säcken hantierten.

Wir stiegen aus und überzeugten uns, daß auch unser Gepäck ausgeladen wurde. Dann gingen wir zum Vorsteher und erkundigten uns nach der Estancia.

„Die ist ziemlich weit," meinte er, „wohl an die 12 Leguas, an die 60 Kilometer."

„Und das Telegramm," fragte Otto, „haben Sie denn kein Telegramm für die Estancia erhalten, das unsere Ankunft hier anmelden sollte?"

„Ein Telegramm? Ja richtig, vorgestern kam ein solches an. Es liegt übrigens noch hier, und Sie können es mitnehmen, wenn Sie zur Estancia gehen sollten."

Wir sahen uns bestürzt an.

„Ist denn niemand hier zu haben, den man zu Pferd dorthin schicken könnte, damit man uns unser Gepäck hier abholen läßt?"

„Mein Sohn dort," — der Vorsteher zeigte auf einen etwa zehnjährigen Jungen, — „setzen Sie sich meinetwegen mit meinem Sohn in Verbindung."

Wir näherten uns dieser unserer letzten Hoffnung und begrüßten den Bengel respektvoll.

„Würden Sie uns einen Gefallen tun, den wir gerne bezahlen wollen?" fragte Otto. „Würden Sie zur Estancia reiten, um ein Telegramm dort abzugeben?"

Der Knabe musterte uns mit frechen Blicken.

„Morgen vielleicht," sagte er, „heute ist es mir schon zu spät."

„Aber wir haben es sehr eilig und wollen doch bezahlen."

„Gut," antwortete der Lümmel, „geben Sie 5 Pesos, dann werde ich reiten."

„Wieviel haben wir noch?" fragte mich Otto auf deutsch.

„Vier Pesos und 20 Centavos," antwortete ich, „denn wir haben uns ja unterwegs noch Brot gekauft."

„So gib her, er wird es auch dafür tun."

„Hier ist Geld, unser letztes Geld," sagte Otto, dem Jungen die Papierscheine reichend.

Dieser warf uns einen verächtlichen Blick zu, nahm die Lappen, sattelte sein Pferd und war bald am Horizont verschwunden.

„Komm," sagte Otto darauf, einen langen Seufzer ausstoßend, „wir wollen nach dem Schuppen gehen und sehen, ob wir uns nicht mit den Peonen anfreunden können, denn vor morgen mittag wird der Wagen nicht hier sein."

Gesagt, getan. Wir begrüßten die Arbeiter, die sich nicht weiter um uns kümmerten und jetzt Lein in einige leere Wagen zu laden begannen.

„Die Säcke sind nicht schwer," meinte Otto, „mehr als 75 kg trägt hier in Argentinien überhaupt kein Peon. Ich werde fragen, ob wir ihnen nicht helfen dürfen, denn dann laden sie uns nachher sicher auch zum Essen ein."

Man widersetzte sich unserem Vorschlag, mitzuarbeiten, in keiner Weise. Wir zogen die Röcke und später auch die Westen aus. Wir arbeiteten, daß es eine Freude war, und der Lohn ließ denn auch nicht auf sich warten, denn nach Sonnenuntergang wurden wir wirklich eingeladen, am Abendbrot teilzunehmen.

Zum ersten Male hatte ich hierbei Gelegenheit, die Zubereitung eines Spießbratens mit anzusehen. Die Peone machten im Freien Feuer an, holten aus einem alten Sack das Rippenstück eines Ochsen hervor, spießten es auf einen mehr als meterlangen eisernen Stab und steckten diesen in die Erde, so daß das Fleisch schräg über dem Feuer schwebte. Es wurde oft gewendet, wobei das Fett in das Feuer tropfte.

„Gib nur genau acht nachher beim Essen," belehrte mich Otto wieder, „und mache es genau so wie die anderen, damit du nicht unnötig auffällst."

Ich nickte etwas ungnädig. War es denn schon so weit mit mir gekommen, daß mein Begleiter fürchtete, ich würde durch schlechte Manieren beim Essen unter den Arbeitern tief im Innern Südamerikas Anstoß erregen?

Der Braten war inzwischen fertig geworden. Ein dunkelhäutiger Sohn des

Landes erhob sich und steckte den Spieß mit dem daranhängenden Fleischstück etwas abseits vom Feuer steil in die Erde, während ein anderer es mit einer dünnen Lösung von Salz und Pfeffer übergoß. Jetzt zogen alle ihre langen Messer aus dem Gürtel. Ein jeder löste sich eine Rippe aus dem Braten aus, biß in das daransitzende Fleisch und schnitt das angebissene Stück dicht am Munde ab, und zwar in der Richtung von unten nach oben, so daß ich jeden Augenblick fürchtete, daß auch die Nasenspitze mit abgesäbelt werden würde. Überhaupt machte dies alles auf mich einen so komischen Eindruck, daß ich beinahe herausgeplatzt wäre. Ein wütender Blick Ottos belehrte mich aber bald eines Besseren, und ich tat denn auch mein möglichstes, um nicht aufzufallen und niemanden zu beleidigen.

Während des Essens wurde der übliche rote Landwein herumgereicht; aber nicht etwa in Gläsern, Gott bewahre. Der Wein befand sich in einem Lederbeutel, der nur eine ganz feine, aus Holz geschnitzte Öffnung besaß. Diese hielt man in etwa 30 cm Entfernung gegen den Mund, drückte mit der anderen Hand gegen den Beutel und spritzte sich so die Flüssigkeit in den Hals. Es schmeckte mir alles ausgezeichnet, denn ich hatte Hunger gehabt, qualvollen, nie zuvor gekannten Hunger.

Nach dem Essen wurde Maté gereicht. Man setzte einen kleinen Kessel mit Wasser, welches man aus der nächsten Pfütze geschöpft hatte, auf das Feuer, bis es kochte. Darauf füllte man ein kleines rundes Töpfchen dreiviertel voll mit einem grünlichen Etwas, goß heißes Wasser darauf, steckte ein Röhrchen aus Blech hinein und sog das warme Getränk, das immer die Reihe herumging, in sich hinein. Es hatte einen etwas bitteren, aber durchaus angenehmen Geschmack und wäre wirklich nicht zu verachten gewesen, wenn ich mir nur nicht meine ungeübten Lippen und die Zunge so furchtbar an der heißen Metallröhre verbrannt hätte.

Otto wurde wieder redseliger; ich schien also die Probe gut bestanden und ihm keinen Kummer gemacht zu haben.

„Die Maté," erklärte er mir, „ist das Nationalgetränk der Südamerikaner. Man trinkt sie statt des Kaffees oder des Tees, und die Leute sind so daran gewöhnt, daß sie Kopfschmerzen und Verdauungsstörungen bekommen, wenn ihnen die Yerba mal nicht zur Hand ist. Yerba ist nämlich der Name der Pflanze, aus deren getrockneten Blättern das Getränk bereitet wird. Maté nennt man es dagegen nach den oval-runden Töpfchen, aus denen man die Yerbalauge zu sich nimmt.

Später erhob man sich, um schlafen zu gehen. Die Peone begaben sich in den Schuppen, rollten sich in ihre Ponchos ein und schliefen auf der bloßen Erde. Uns hatte man zwei große Schaffelle in die Hand gedrückt und uns einen leeren Bahnwagen angewiesen.

„Wie schläft man denn hier so anständig wie möglich, um nicht aufzufallen?" fragte ich ironisch.

„Das wirst du gleich sehen," lachte Otto und fing an, unser Bett zu bauen. Ein Schaffell gab die Unterlage, ein voller Leinsack das Kopfkissen und das andere Schaffell die Bettdecke. Nie im Leben habe ich schöner und fester geschlafen als in dieser Nacht. Die Aufregungen der letzten Tage, die ungewohnte schwere Arbeit und der Wein forderten ihre Rechte.

Anderen Morgens wachte ich gestärkt auf, nur alle Knochen taten mir weh. Das mochte vom ungewohnten harten Liegen, aber auch vom Säckeschleppen her kommen. Trotzdem ging es wieder frisch an die Arbeit, die mir Spaß zu machen begann, und bald waren alle Schmerzen vergessen.

Als wir gegen Mittag aufhörten und uns schon auf das saftige Fleisch freuten, kam unser Gepäckwagen angerasselt. Der Kutscher, ein unfreundlicher alter Kerl, drängte zur Eile, da der Weg weit sei, und so mußten wir notgedrungen von unseren neuen Freunden Abschied nehmen und Braten Braten sein lassen.

Mißvergnügt luden wir unser Gepäck auf den Karren und gondelten der Estancia entgegen.

Sechstes Kapitel.
Auf einer Estancia in Rio Negro

Warum kein Wald? Unsere Behausung. Der Patron. „Ich wollte eigentlich keine Deutschen." Der faule italienische Gärtner. Otto wird Koch, der Verfasser Gärtner. Das Almacen. Arbeitwechsel.

Die holprige Fahrt ging langsam vonstatten. Die Gegend machte auch hier denselben Eindruck auf mich, den ich im Zuge schon von ihr gehabt hatte. Überall ebenes, oft von Sümpfen durchschnittenes Weideland. Kein Busch, kein Baum oder gar Wald. Kein Hügel, nichts, gar nichts, an dem das Auge mit Behagen hätte haften bleiben können. Nur Drahtzäune, Viehherden und Viehskelette; Sümpfe, aus denen erschreckt ein paar Wildenten aufflatterten, und Kiebitze, die uns schreiend umflogen. Sonst nichts als Steppe und immer wieder Steppe. Ab und zu nur tauchte am Horizont eine kleine Hütte mit ein paar Bäumen rings herum auf.

„Warum pflanzt man denn hier keinen Wald?" fragte ich Otto.

„Das ist unmöglich," entgegnete dieser, „alle Jahre im Hochsommer, wenn das Gras hart und trocken geworden ist, wird es nämlich angesteckt, damit dem Vieh das nach dem Brande aufsprießende junge Grün zugute kommt. Diese Brände dehnen sich oft meilenweit aus, bringen dann Menschen und Häuser in Gefahr und lassen keinen Baumwuchs aufkommen."

„Aber mit was macht man denn Feuer an? Kistenbretter, wie sie die Sackträger auf der Station hatten, sind doch nicht immer zur Hand?"

„Nu, da nimmt man halt Kuhmist."

„Ku—uh—mist!?"

„Warum nicht; auch wir werden wahrscheinlich bald genug mit Säcken in den Kamp geschickt werden, um die trockenen Fladen zu sammeln, damit man uns das Essen kochen kann."

Ich konnte all dieses Neue noch gar nicht so recht verdauen. Dung hatte ich als junger Beamter in Deutschland schon oft laden helfen, Kuhmist zu sammeln hatte mir bisher noch niemand zugemutet.

Eintönig ging die Fahrt weiter. Inzwischen war die Dunkelheit eingebrochen, und weit in der Ferne machte sich ein Lichtschein bemerkbar.

Der Kutscher schlug auf die Pferde. „Jetzt sind wir gleich da," sagte er, das Schweigen unterbrechend. Unsere Augen suchten das Dunkel zu durchbohren, doch nichts war zu erkennen.

Plötzlich hielt der Karren; „aussteigen", befahl der Kutscher unwirsch.

„Aber das Licht ist doch noch so weit ab, wenigstens 300 Meter," wagte Otto einzuwenden.

„Jenes da ist die Küche und das Herrenhaus, dort könnt ihr nachher hingehen und euch Essen geben lassen, euere Wohnung aber ist dies hier."

Der Kutscher deutete auf ein kleines Rancho mit Strohdach, dessen Umrisse etwa 20 Meter seitwärts zu erkennen waren, und fing an, unser Gepäck vom Wagen zu stoßen.

Ich nahm meinen Koffer auf die Schulter und ging voran. Kaum hatte ich jedoch zehn Schritte gemacht, als ich auch schon stolperte. Mein Koffer löste sich eigenmächtig von meiner Schulter und endete seitwärts in einer Wasserlache, während ich nach vorn schlug und in einem Drahtzaun hängen blieb.

Mit einem kräftigen Fluch suchte ich meine Gebeine wieder ins Gleichgewicht zu bringen. Ich war wütend über mein Mißgeschick, wütend, weil ich kräftig ausgelacht wurde, und wütend über den Stacheldraht, der mir den Rock zersetzt und die Hände blutig gerissen hatte.

„Nur die Ruhe nicht verlieren," tröstete mich Otto, immer noch lachend, „nur hier in Amerika keine Hast oder Nervosität, und Vorsicht, wenn du in die Hütte trittst, die Tür wird wahrscheinlich sehr niedrig sein."

„Tür?" entgegnete ich, nun selbst lachend, „hier ist überhaupt keine Tür, nur ein Loch, ein großes Loch mit einem alten Sack davor."

Otto schien diese neue Entdeckung nicht aus dem Gleichgewicht zu bringen.

„Immer noch besser als gar nichts," meinte er schmunzelnd und sich über meine Entrüstung freuend.

Wir traten nun ein und zündeten ein Streichholz an. Was wir sahen, war jedoch nicht vertrauenerweckend. Die ganze Hütte bestand nur aus einem kleinen Raum, und alles starrte von Schmutz und alten Lumpen. Große Ratten flüchteten, vom ungewohnten Lichtschein geblendet, in die Ecken. Als einziges Möbel war nur eine lange Bank zu sehen. Ein Fenster war überhaupt nicht vorhanden, und das Dach hatte große offene Stellen.

Trotzdem schien Otto befriedigt. „Auf dieser Bank werden wir schlafen," bestimmte er, „und nun laß allen Krempel ruhen und laß uns nach der Küche gehen, denn seit 26 Stunden haben wir nichts mehr in den Leib bekommen, und sowas hält selbst der stärkste Schmied nicht auf die Dauer aus."

Wir gingen nun oder stolperten vielmehr über die hohen Grasbüschel dem Licht und der Küche entgegen.

Hier sah es schon freundlicher aus. Schöne Gebäude aus Backstein, quadratisch angelegt, mit einem Hof und kleinem Rosengarten in der Mitte, konnten wir beim Lampenschein erkennen. Wir traten in die leidlich saubere Küche ein und boten den beim Essen sitzenden Diehpeonen unser „buenos tardes". Neugierig wurden wir gemustert, während die Köchin uns aufforderte, Platz zu nehmen und zuzugreifen. Wir ließen uns nicht lange nötigen. Der Hunger siegte über die augenblickliche Verlegenheit, und wir verschlangen die mit Fleischstücken zusammengekochten Nudeln wie ein Festgericht.

Nach dem Essen wurden wir zum Patron, dem Estanciero, gerufen. Ein großer Herr, mit dunklen Augen und schwarzem Schnurrbart, dem man die spanische Abstammung schon von weitem ansah, musterte uns sekundenlang.

„Welcher Nation gehören Sie an?" fragte er.

„Wir sind Deutsche, Señor," erwiderte Otto.

„Caramba, habe mir's doch gleich gedacht," entgegnete unser neuer Gebieter. „Ich wollte eigentlich keine Deutschen; aber na, da Sie mal hier sind, werden wir ja sehen, was Sie leisten können. Sie sind meinem italienischen Gärtner unterstellt und haben sich seinen Anordnungen zu fügen. Melden Sie sich morgen früh bei ihm."

„Si, Señor." Wir verbeugten uns und schritten unserer Hütte zu, wo wir halb auf der Bank und halb auf den Koffern liegend die Nacht verbrachten.

Am anderen Morgen meldeten wir uns zur Arbeit. Der Gärtner — selbst erst kurze Zeit im Lande und des Spanischen kaum mächtig — drückte uns einen Spaten in die Hand und ließ uns Beete umgraben. Wir besorgten das denn auch so eifrig wie möglich, damit man uns nur nicht wieder fortjagte; denn wir hatten fürs erste genug durchgemacht.

So verging der Monat September. Die kühle Witterung ließ nach, und mildes warmes Wetter trat ein. Die Pfirsichbäume, die einzigen Obstbäume, die die Estancia besaß, waren schon verblüht, und der Garten in bester Ordnung. Wir taten weiter unsere Schuldigkeit, und ich fand als Landwirt besonderes Interesse an dieser Arbeit und verstand bald mehr als unser vorgesetzter Gärtner, der Italiener. Letzterer hatte — der Art seiner Stammesgenossen entsprechend — das Arbeiten mit der Zeit überhaupt aufgegeben und kommandierte nur noch. Doch dem Patron, der keine Frau, sondern nur eine Companiera, eine Freundin bei sich hatte, war das nicht entgangen, obwohl er fast nie vor 11 Uhr morgens aufstand. Eines Tages gab es denn auch einen gelinden Krach, und unser Gärtner flog auf die Straße. Mit ihm ging selbstredend auch seine Frau, die gleichzeitig Köchin war.

Als sie ihr Bündel geschnürt hatten und abgezogen waren, ließ uns der Estanciero zu sich rufen.

„Versteht keiner von euch zu kochen?", fragte er.

„Ei gewiß," log Otto, der der Erdarbeit schon lange überdrüssig war, „ich bin gelernter Koch."

„Gut, dann können Sie in der Küche bleiben, und der dort — auf mich zeigend — kann den Garten übernehmen. Gleichzeitig können Sie am Nachmittag die Stube des Italieners beziehen."

Wir waren an diesem Abend sehr heiterer Stimmung, waren wir doch aus eigener Kraft einen Schritt vorwärts gekommen und besaßen jetzt dicht neben der Küche eine anständige, gepflasterte Stube. Selbst einen Tisch und zwei Stühle fanden wir darin vor, auch zwei Catres. Das sind die allgemein gebräuchlichen Feldbetten, hergestellt aus zwei zusammenklappbaren Holzkreuzen, die oben mit zwei langen

Leisten verbunden sind. Über diese Leisten wird ein starkes Segeltuch genagelt, und die leicht bewegliche Schlafeinrichtung ist fertig.

Otto schien doch schon einmal in einer Küche als Peon gearbeitet zu haben und machte seine Sache leidlich. Nebenbei hatte er stets abends für mich einen Leckerbissen bereit, während ich ihm die Taschen voll Früchte und Tomaten aus dem Garten mitbrachte. So schien sich alles für uns zum besten gewendet zu haben, und keiner war glücklicher darüber als ich.

Nur eins machte mir mit der Zeit Sorgen: Otto trank! Er hatte wahrscheinlich früher schon immer getrunken und es nur des fehlenden Geldes wegen eine Zeitlang unterlassen. Jetzt aber bat er alle vierzehn Tage um sein Geld und setzte es in Spirituosen um. Gelegenheit dazu war leider vorhanden. Etwa eine Stunde weit von der Estancia, einsam im Kamp gelegen, befand sich nämlich ein Almacen, ein sogenannter Kampfausladen. Nach dort ritt er gar zu gerne, namentlich, wenn es ihm die Zeit nach dem Mittagessen erlaubte und er irgendetwas für die Küche zu besorgen hatte. Auch seine freien Stunden des Sonntags verbrachte er dort, während ich meist auf die Jagd ging.

Dieses Almacen, das auch ich verschiedene Male aufsuchte, um mir fehlende Sachen zu kaufen, sah mehr einem Gefängnis als sonst etwas anderem ähnlich. Das Gebäude war aus Backsteinen aufgebaut und mit einem Wellblechdach versehen. Die Fenster waren stark vergittert. Auch vom Ladentisch, der den Kaufladen in zwei Teile teilte, erhob sich ein starkes Eisengitter, das bis zum Dache reichte. Durch dieses Gitter hindurch wurden Waren und Getränke verabreicht. Überall hinter dem Ladentisch sah man geladene Revolver hängen, dem Kaufmann zur Hand, um plötzlichen Angriffen wehren zu können.

Also Otto trank und hatte in diesem Zustande seine Mucken. Stets wollte er dann „in den Sack hauen", wie er sich ausdrückte, und wo anders sein Heil versuchen. Immer wieder gab ich mir die allergrößte Mühe, ihn zu halten, schon in meinem eigenen Interesse. Mein Spanisch, das ich inzwischen gelernt hatte, reichte nämlich noch nicht weit, und ich beabsichtigte, erst noch etwas mehr Geld zu sparen, um dann wieder — auf eigene Faust — nach Buenos Aires zu fahren und zu versuchen, eine bessere Stellung zu erlangen.

Es sollte nicht dazu kommen. Eines Abends, es war Anfang Dezember, passierte nämlich ein mit acht Pferden bespannter Frachtwagen die Estancia, und der Führer bat, bei uns übernachten zu dürfen. Otto freundete sich sofort mit dem Manne an und erfuhr, daß dieser Waren nach einer größeren Ortschaft mit Bahnstation zu bringen hatte.

„Wie weit ist diese Ortschaft entfernt?" fragte er.

„Etwa zwei Tagereisen."

„Gibt es dort Arbeit?"

„O, warum nicht, zumal wo jetzt die Ernte beginnt."

„Würden Sie uns mitnehmen? Wir haben wenig Gepäck."

„Darüber ließe sich reden."

„Was fordern Sie?"

„Geben Sie 10 Pesos, dann bin ich zufrieden."

„Abgemacht," schrie Otto, übersetzte mir alles, was ich nicht verstanden hatte, und sagte dann: „Schmidt, wir schmeißen hier den Kram hin und arbeiten an einer Dreschmaschine. Da ist noch was zu verdienen, sage ich dir, 8—10 Pesos täglich und das Essen, ich kenne den Rummel."

Ich hatte nichts einzuwenden, Otto mußte es ja wissen, und ich selbst hatte noch zu wenig Erfahrung im Lande, um mir ein eigenes Urteil erlauben zu können.

Noch am gleichen Abend bat Otto um unser, besser gesagt um mein Geld, denn er selbst hatte, wie sich nun herausstellte, schon 20 Pesos zuviel abgehoben, die mir nun von meinem Lohn abgezogen wurden. So kam es, daß wir, als wir am anderen Morgen abzogen, nicht viel mehr als 100 Pesos in den Händen hatten, denn auch ich hatte ja natürlich Ausgaben gehabt.

Siebentes Kapitel.
Tierleben und Jagderlebnisse in Rio Negro

Angeborene Jagdleidenschaft. Der Sumpfbiber. Der Zorrino, ein Stinktier. Der Azarafuchs. Die Comadreja. Hasenbraten wird verachtet. Martinettas. Perdices. Wildenten. Wildtauben. Kiebitze. Eulen. Möwen. Der Albanil. — Dazu die Bilder 11, 14, 15, 16.

Um dieses Kapitel recht zu beginnen, muß ich etwas weit ausholen. Schon zu Anfang dieses Buches deutete ich an, daß ich von Jugend auf stets großer Naturfreund und Jäger gewesen bin. Dies hatte mich denn auch hauptsächlich veranlaßt, den landwirtschaftlichen Beruf zu ergreifen, und ich hatte in dieser Hinsicht unbeschreibliches Glück mit meinen Stellungen gehabt.

Schon als Eleve hatte ich in der Provinz Sachsen meine ersten Rehböcke, Hasen, Rebhühner und Enten schießen dürfen. Als junger Beamter kam ich dann in die Elchreviere Ostpreußens, auf ein Rittergut, dessen Besitzer — selbst Nichtjäger — mich mit den Worten empfing: „Meine Frau wird sich sehr freuen, wenn Sie ihr ab und zu ein Stück Wild in die Küche bringen." Manchen starken Rehbock habe ich da in zweijährigem Aufenthalte erlegt, machte auch meine erste und einzige Dublette auf zwei kämpfende Sechserböcke. Im Frühjahr, Februar bis April, ließen mich die durchziehenden Wildschwäne, Wildgänse, Kraniche, Enten und Schnepfen nicht schlafen, von denen manches Stück meinem Drilling zum Opfer fiel. Von der übrigen Wasserjagd oder von Füchsen, Hasen, Rebhühnern und Wachteln gar nicht zu reden.

Nur der ernsten Ermahnung des Gutsherrn verdanke ich es, daß ich nicht in meinem Jagdeifer zum Wilderer wurde und einen kapitalen Achtender — Elch — erlegte, der sich während der Schonzeit — Oktober bis Dezember — ständig in den Waldungen des Rittergutes aufhielt. An der pommerschen Küste war es mir endlich vergönnt gewesen, meine ersten Hirsche und Wildschweine zur Strecke zu bringen.

Meine Heimat konnte mir also in dieser Hinsicht nichts Neues mehr bieten. So ließ es mich nicht ruhen, es drängte mich hinaus nach fernen Weltteilen und ihrem vermeintlichen Wildreichtum. Wenn Deutschland mit seiner dichten Bevölkerung und seinen vielen Jägern noch Raum für reichen Wildstand hatte, wie mußte es da erst in dem wenig bevölkerten Südamerika aussehen! Welches Wunschland für einen Jäger!

Wie sehr, wie furchtbar hatte ich mich getäuscht! Schon auf der Seereise hatte ich wenig von der Tierwelt zu sehen bekommen und während der Bahnreise mir die Augen vergebens nach einem Stück Hochwild ausgeguckt.

Nachdem ich nun auf der Estancia etwa vierzehn Tage brav gearbeitet hatte, bat ich Otto, für mich die Erlaubnis zu erwirken, die Sonntage mit jagdlichen Streifzügen hinzubringen. Diese Erlaubnis erhielt ich denn auch ohne weiteres, und schmunzelnd grinste unser Patron, als ich daraufhin meinen Drilling hervorholte und ihm den Mechanismus erklärte.

„Sie können hier meinetwegen alles totschießen, was Ihnen in den Weg kommt," sagte er wohlwollend, „nur lassen Sie mein Vieh ungeschoren. Auch die Nutrias, die sich hier — er deutete nach Norden — in einem Flüßchen befinden, wollen wir nicht stören."

„Was sind denn das für Tiere, die Nutrias?" fragte ich später Otto, als wir wieder allein waren.

„Die Nutria ist der südamerikanische Sumpfotter oder Sumpfbiber," erklärte dieser mir nun, „er lebt an kleinen, langsam fließenden Flüssen, sich Höhlen in die Ufer grabend; oder auch in Esteros, d. h. schilfbewachsenen Sümpfen, in denen er sich Nester aus Binsen und Schilf zurecht macht. Er wird etwas größer und schwerer als ein Hase und hat einen langen, fast unbehaarten Rattenschwanz und Schwimmhäute zwischen den Zehen. Sein braunes Fell liefert ein kostbares Pelzwerk, und man bezahlt für das Kilo 12—14 Pesos in Buenos Aires. Auf ein Kilo gehen etwa 3—4 trockene Felle. — Wahrscheinlich will der Alte selbst das Geschäft machen und verbietet dir daher, die Tiere zu schießen."

„Und wie ist es mit der Schonzeit hierzulande? Muß ich mir einen Jagdschein kaufen?"

„Dummes Zeug, hier kann jeder tun und lassen, was er will. Festgesetzte Schonzeit für einzelne Tiere gibt es überhaupt nicht. Soviel ich mich erinnere, gibt es ein Schongesetz, das das Schießen jagdbarer Tiere in den Sommermonaten — Oktober bis März — verbietet. Aber kein Mensch kümmert sich darum. Höchstens, daß die Landpolizei sich mal seiner erinnert, wenn sie einen Jäger mit vielen wertvollen Federn oder Fellen antrifft, aber dann auch nur, um Geld von ihm zu erpressen."

Ich war nun befriedigt und beschäftigte mich im Geiste mit den Nutrias. Unbedingt mußte ich diese sonderbaren Tiere kennen lernen und wenigstens einige von ihnen erlegen. Am nächsten Sonntag zog ich denn auch schon vor Tagesanbruch los, damit der eingeschlagenen Richtung wegen kein Verdacht aufkommen konnte. Bald befand ich mich an dem Flüßchen, das sich — nur etwa 10 m breit — durch die Steppe schlängelte und auf beiden Seiten mit 1—2 m hohen Uferrändern versehen war. Einige Enten flatterten vor mir hoch, sonst konnte ich fürs erste nichts Auffälliges erblicken. Aber doch, da ganz oben, an der nächsten Biegung, da schwamm ein Etwas, ein dunkler Punkt, der Kopf einem Fischotter ähnlich; das mußte eine Nutria sein. Ich trat vorsichtig zurück und pirschte mich, im hohen Grase Deckung suchend, am Ufer entlang. An der Biegung angekommen, warf ich mich zur Erde und kroch nach vorn, bis ich über das Ufer hinwegsehen konnte.

Was ich da zu sehen bekam, ließ mein Weidmannsherz höher schlagen. Ich war mitten in eine Nutriakolonie hineingeraten. Überall am gegenüberliegenden Ufer sah ich ihre Bauten, deren Eingänge halb im Wasser lagen. Oft waren diese Höhlen über oder dicht nebeneinander angelegt, so daß die dazwischen stehengebliebenen schmalen Lehmwände wie wohlgeformte Säulen erschienen. Und nun die Tiere selbst. Überall sahen ihre Köpfe aus dem Wasser heraus, in dem sie sich wohl und sicher zu fühlen schienen. Andere befanden sich am Ufer und ließen sich die saftigen Gräser schmecken, indem sie, aufrecht sitzend wie Eichhörnchen, auch ihre Vorderpfoten wie diese zu gebrauchen wußten.

Wohl eine Stunde lag ich so da und schaute diesem interessanten Bilde zu. Da — ich mußte mich wohl etwas bewegt haben — ließ ein altes Männchen den Warnruf ertönen, der wie ein Stöhnen eines kranken Menschen klang, und alles flüchtete in die Baue. Doch nicht lange währte dies, dann waren sie auch schon wieder da, zuerst die Jungen, sich im Wasser balgend, dann die Alten hinterher.

Inzwischen war mir wieder zum Bewußtsein gekommen, wozu ich eigentlich hierhergekommen war. Ich wollte ja ein paar dieser Tiere schießen und die kostbaren Felle heimlich bergen. Daher zog ich denn auch den Drilling nach vorn und wartete die Gelegenheit ab, einen günstigen Schuß anzubringen. Links unten in etwa 30 m Entfernung erblickte ich die dicht beieinander befindlichen Köpfe zweier im Wasser sich sonnender alter Tiere. Ich hielt auf diese Köpfe, um das Fell nicht zu verletzen, und der Schuß krachte. Alles flüchtete in die Baue, daß das Wasser spritzte, nur die beiden Nutrias trieben langsam den Fluß hinab.

Nun war kein Halten mehr. Schuhe und Strümpfe flogen beiseite, und ich sprang den Tieren nach, um sie aus dem Wasser zu ziehen. Ängstlich schaute ich mich um, ob wohl auch niemand den Schuß gehört habe, aber die Steppe war menschenleer und schweigsam.

Nun betrachtete ich meine Beute. Es waren schwere ausgewachsene Tiere, mit langen gelben Nagezähnen. Zwischen den Zehen hatten sie tatsächlich Schwimmhäute, genau wie der Fischotter. Schnell wurden sie abgezogen und die Felle im Rucksack verstaut; dann ging es erhobenen Herzens heimwärts. —

Ein weiteres Pelztier, das zu erlegen ich mir herbeisehnte, war der Zorrino, ein Stinktier, gleich dem nordamerikanischen Skunk ein Lieferant kostbaren Pelzwerkes. Nach den Aussagen der Peone sollten sich deren viele in der Nähe der Estancia herumtreiben. Der Patron hatte nämlich alle Hunde totschlagen lassen, weil sie ihm eines Tages einen kostbaren, importierten Schafbock zerrissen hatten, es war also für die Zorrinos nichts zu befürchten. Auch von diesen Tieren mußte mir Otto abends im Bett berichten.

„Der Zorrino," erzählte er, „ist eine Marderart und hat etwa die Größe unseres deutschen Hausmarders. Sein Fell ist schwarz und hat zwei lange weiße Streifen, die den Rücken längslaufen. Sein Schwanz ist lang und buschig. Er nährt sich von Vögeln und ihrer Brut, Fröschen und Käfern. Ganz besonders liebt er aber Hühnereier, die er fortschleppt, dann im Kamp vorsichtig öffnet und austrinkt. Er lebt in Erdlöchern, unter Baumwurzeln oder hohlen Ufern und zieht nach Sonnenuntergang auf Raub aus. Klettern kann er nicht. Begegnet man ihm bei Mondschein oder des Morgens, wenn er sich mal etwas verspätet hat, so reißt er nicht aus, sondern setzt sich gemütlich hin und dreht einem sein Hinterteil zur Verteidigung zu. Im Mastdarm besitzt er nämlich Drüsen mit einer gelben Flüssigkeit, die er dem Angreifer bis auf mehrere Meter Entfernung entgegenspritzt und die so schrecklich stinkt, daß man es noch nach Wochen riecht und daß selbst die meisten Hunde heulend davonlaufen. Du mußt dich daher vorsehen, daß du nicht angespritzt wirst, denn aus den Kleidern geht der Geruch nie mehr heraus, es sei denn, daß man sie acht Tage lang eingräbt. Für das Fell bezahlt man hier etwa 2 Pesos."

Meine erste Begegnung mit diesem Teufelstier hatte ich eines Morgens kurz nach Sonnenaufgang im Garten. Gemütlich kam mir da eins den Weg entlang entgegenspaziert. Schnell sprang ich hinter einige Büsche, ergriff eine lange Stange und erwartete hier den Stänker. Als er dann an mir durchwollte, schlug ich ihm die Stange mit wohlgezieltem wuchtigen Hieb auf die Nase, gleichzeitig mit einem gewaltigen Satze wieder hinter die Büsche verschwindend. Nachdem sich darauf nach minutenlangem Warten nichts regte, wagte ich mich endlich hervor. Da fand ich denn den Zorrino mausetot, mit blutender Nase im Grase liegend, ein prächtiges Exemplar. Der Tod war so schnell eingetreten, daß er zum Spritzen gar keine Zeit mehr gehabt hatte. Trotzdem stank er mächtig, wenn es auch nicht gerade zum Davonlaufen war. Da der Patron noch in den Federn lag, benutzte ich die Gelegenheit, das Tier gleich abzuziehen, was mir auch gelang, ohne die Stinkdrüsen zu verletzen. Das Fell stülpte ich dann sauber über ein Brett und versteckte es in unserer Stube unter dem Dach, da ich Otto, der sehr empfindlich war, nichts davon sagen wollte.

Trotzdem fand ich mittags unsere Stube stark verpestet und Otto in heller Aufregung.

„So eine Gemeinheit von dir," schrie er mir entgegen, „ein Zorrinofell in unsere Stube zu schleppen! Wir müssen ausziehen oder mindestens vierzehn Tage im Freien schlafen, bis der Geruch sich verzogen hat."

„So beruhige dich doch," antwortete ich, „ich werde das Fell gleich nach dem Garten bringen."

„Ja das wirst du vergebens suchen, das schwimmt längst im Wasser, ich selbst habe es in den Teich geworfen."

„Meine schöne Arbeit!" jammerte ich nun, um ihn milder zu stimmen, „aber wie hast du es denn gefunden?"

„Na," meinte er schon etwas ruhiger, „als ich in die Stube trat, wurde ich beinahe ohnmächtig und glaubte erst, daß ein leibhaftiger lebender Zorrino darin wäre. Da ich aber keinen fand, und die Tür ja auch geschlossen gewesen war, dachte ich mir gleich so etwas und bin dem Geruch nachgegangen, bis ich das Fell fand."

„Gut denn, ich werde keinen Zorrino mehr anfassen."

„Das mußt du mir auch versprechen, und nun wasche dich tüchtig und ziehe dir einen anderen Rock an, sonst jagen dich die Peone aus der Küche."

Ich befolgte denn auch seine Ratschläge peinlichst, hatte aber wahrscheinlich noch immer etwas Geruch an mir, denn ich mußte einige Bemerkungen beim Essen über mich ergehen lassen, die mir Otto, da ich sie nicht verstand, schadenfroh ins Deutsche übersetzte. —

Einen anderen Zorrino entdeckte bald darauf die Köchin beim Hühnereierstehlen. Schreiend war sie vor ihm ausgerissen, Otto und mich zu Hilfe rufend. Wir verfolgten von weitem das Tier, das gemütlich hoppelnd in einem Loch verschwand. Otto rief mir nun zu, meinen Drilling zu holen, während er selbst mit zwei Eimern voll Wasser an das Loch eilte.

„Das beste Mittel, ihn auszuräuchern," meinte er, „und wenn er nachher weit genug ist, brennst du ihm eins auf."

Ich wartete gespannt. Endlich, nach dem vierten Eimer Wasser, kam das Tier — naß wie ein Pudel — zum Vorschein und suchte gemächlich das Weite. In etwa 40 m Entfernung erreichten ihn aber meine Schrote, und wir gruben ihn an Ort und Stelle ein. Leicht war diese Arbeit nicht, denn der Zorrino hatte sich sterbend mit seinem Drüsensaft besudelt und stank zum Erbrechen und Ersticken. Um überhaupt nur annähernd diesen fürchterlichen Geruch zu beschreiben, möge man sich eine starke Dosis Schwefelwasserstoff denken, gemischt mit den Dämpfen brennenden Schwefels.

Noch von einer dritten Begegnung möchte ich erzählen. Es war bereits November, die Hitze begann schon unerträglich zu werden, und wir schliefen daher bei offener Tür. Eines Nachts hörte ich nun ein Geräusch in der Stube, zündete Licht an und erblickte einen Zorrino, welcher, durch den ungewohnten Lichtschein geblendet, hinter unseren Koffern verschwand.

„Otto, ein Zorrino," schrie ich, vom Jagdteufel gepackt, und war mit einem Satze aus dem Bette. Doch ich kam nicht weit, denn schon hatte mich Otto beim Hemdenzipfel.

„Um Gottes willen," keuchte er, „rühre dich nicht von der Stelle, bis das Tier von selbst wieder hinausgeht, wenn du nicht nochmals ganze Wochen im Freien zubringen willst."

Was half's, ich mußte einsehen, daß er recht hatte, und mein Jagdeifer verrauchte allmählich. Nach etwa einer halben Stunde war denn auch unser Besuch so gnädig, sich ohne Gestank zu verziehen. Wir schlossen tiefaufatmend die Tür und waren gerettet.

Auch den Azarafuchs, die Zorra, der ja über ganz Südamerika verbreitet ist, und dessen Winterbalg im kalten Süden mit 3 Pesos, im heißen Norden mit nur 50 Centavos bewertet wird, lernte ich hier kennen. Sein Fell ist silbergrau, im übrigen ähnelt er unserem deutschen Fuchs, nur daß er etwas kleiner ist. Viel gab es ihrer nicht auf der Estancia, denn sie wurden eifrig verfolgt, des Schadens wegen, den sie unter den Schaflämmern anrichteten. Meist hielten sie sich nämlich in der Nähe der Schafherden auf, und die wenigen, die ich bekam, schoß ich stets dicht bei diesen Herden.

Ein dem Zorrino verwandtes Tier lernte ich auch noch in der Comadreja, einer Beutelratte, kennen. Dieses Tier, so groß wie ein Iltis, hat einen schön gestreiften spitzen Kopf, grauen, nicht besonders geschätzten Balg und einen halb schwarzen, halb weißen, fast unbehaarten langen Rattenschwanz.

Die Comadreja ist ein ausgesprochenes Nachttier, sehr scheu und gerade nicht häufig. Sie kann vorzüglich klettern, gebraucht ihre Vorderpfoten wie ein Affe und ist ein gefürchteter Hühner- und Eierdieb. Ich fing zwei Stück im Tellereisen. Als ich in ihre Nähe kam, kreischten sie laut auf vor Wut und suchten mich, trotz ihrer vom Eisen festgehaltenen Vorderpfoten, anzugreifen.

Auch Hasen, Liebres genannt, waren in leidlicher Anzahl vertreten, so daß sie oft bis in den Garten kamen und dort großen Schaden anrichteten. Die ersten, die ich schoß, brachte ich mit einem gewissen Stolz nach der Küche, glaubend, der Hausfrau damit eine Freude zu bereiten. Wunderbarerweise beachtete man aber die wertvollen Braten gar nicht, und am anderen Tage wanderten sie einfach in die Müllgrube. Diese Entdeckung empörte mein Jägerherz beträchtlich, und ich bat Otto, doch den Leuten über den Wert und guten Geschmack eines Hasenbratens einen Vortrag zu halten.

Otto lächelte. „Auch das ist hier anders als in Europa," meinte er, „hierzulande ist das Fleisch noch billig, und die Leute ziehen einen fetten Rinder- oder Schafbraten dem Hasenfleisch vor. Kein Mensch kümmert sich hier um Hasen. Man schlägt sie tot des Schadens wegen, den sie in den Chacras, den Bauernhöfen, verursachen und läßt sie dann einfach liegen. Auch ist das Hasenfleisch selbst hier nicht so schmackhaft wie in Deutschland. Das liegt wohl etwas an der Zubereitung, hauptsächlich aber an der Äsung, die die Hasen hier haben. Bedenke doch, daß die deutschen Hasen jahraus jahrein die zartesten Gräser, Kleearten und Rübenblätter aufgetischt bekommen, während sich ihre hiesigen Vettern meist mit den harten Pampagräsern begnügen müssen.

Sonst gab es weiter kein vierfüßiges Wild in der Umgebung. Niemand erinnerte sich mehr an Hirsche, und hatte es einst welche gegeben, waren sie längst den Viehpeonen, Hunden und Drahtzäunen zum Opfer gefallen.

Die größten jagdbaren Vögel, die ich in sehr reichlicher Anzahl antraf, waren die Martinettas (Helmsteißhühner). Es gab ihrer zwei Arten. An Größe und Farbe den Fasanenweibchen nicht unähnlich, hatten sie eine schöne Haube auf dem Kopfe, jedoch einen nur kurzen Schwanz. Man traf sie fast stets zu dreien an. In ihrem Gebaren und Auffliegen unterschieden sie sich ebenfalls nicht von den Fasanen und waren leicht zu schießen. Im Oktober fanden wir viele Gelege mit 10, 12 und mehr Eiern, die so groß wie Hühnereier und sehr wohlschmeckend waren. Diese Eier hatten — frisch gelegt — eine prächtige hellgrüne Farbe, wie ich sie sonst noch nie bei anderen Vogelgelegen beobachtet hatte. An die Sonne gebracht, dunkelten sie aber bald nach und sahen dann schmutzig dunkelgrün aus. Auch bebrütete oder zu Sammelzwecken ausgeblasene Eier wechselten so die Farbe.

Ebenso häufig wie die Martinettas waren die Perdices (Steißhühner). An Größe, Farbe und Gebaren sind sie unseren Rebhühnern ähnlich, nur daß dem Männchen die schöne Brustzeichnung fehlt und daß man die Vögel außerhalb der Paarungszeit fast immer nur einzeln antrifft. Aufgejagt fliegen sie höchstens nur 50 Schritt weit, und dies nur 2—3 mal, so daß man sie — im Auge behaltend — leicht zu Pferd verfolgen und dann mit der Rebenque, der südamerikanischen Reitpeitsche, erschlagen konnte. Die Viehpeone taten dies sehr oft und brieten sie sich dann am Spieß. Das Fleisch wurde dadurch allerdings sehr trocken, und man hatte tüchtig zu würgen, um es die Kehle hinunter zu bekommen.

Von Wildenten, den sog. Patos, erlegte ich mehrere Arten; alle waren jedoch verschieden von den deutschen und weniger scheu als diese. Aus ihren Federn und den sauber gewaschenen Resten eines alten Hemdes hatte ich mir bald ein famoses Kopfkissen angefertigt, denn solche gab es hier nicht, und an ein Schaffell als Unterlage konnte ich mich fürs erste nur schwer gewöhnen.

An Wildtauben, den Palomas und Palomitas, lernte ich drei Arten kennen; eine große, der deutschen Hohltaube ähnliche, mit blauem Gefieder, eine mittlere, etwa lachtaubengroße Art mit graubraunem Gefieder und eine ganz kleine, allerliebste Zwergtaubenart. Letztere, nicht viel größer als ein Sperling, war überall anzutreffen, sowohl in großen Schwärmen als auch paarweise.

Weiter gab es viele Kiebitze, die Tero-tero (Cayenne-Kiebitze) hießen, und zwei Arten Eulen, die sogenannten Lechusas. Die größere Art, etwa so groß wie eine Ohreule, sah man nur des Abends und des Nachts; die kleinere, nicht größer als unser Käuzchen, jagte am Tage, und man traf sie meist auf Zaunpfosten oder Erdklumpen sitzend. Sie nistet in Erdlöchern.

Möwen, unseren Lachmöwen ähnlich, kamen öfter laut schreiend von der See her über die Estancia hinweggezogen, und unser deutscher Sperling schilpte vergnügt auf den Dächern.

Ein Vogel, der noch mein besonderes Interesse erregte und sehr häufig vorkommt, ist der Albanil, der Maurer. Dieser einfach braun gefärbte, einer Drossel ähnliche Töpfervogel mauert seine runden kopfgroßen Nester aus Lehm zusammen. Die Nester befinden sich auf Baumästen, an Hausfirsten, sogar auf Zaunpfählen und Telegraphenstangen. Der Eingang zu dem Kunstbau führt nicht gerade, sondern in Windungen in das Nestinnere, ähnlich wie bei einem Schneckenhaus. Die Eier sind rein weiß. Mit Bedauern bemerkte ich, daß dieser nützliche Vogel oft sein eben fertiggestelltes Wohnhaus dem frechen Spatz überlassen mußte, der ihn einfach herausbiß, genau so, wie er es leider in Deutschland mit der Stadtschwalbe zu machen beliebt.

Von Schlangen habe ich wenig bemerkt, Ameisen dagegen waren reichlich vertreten.

Moskitos und andere menschliche Plagegeister gab es hier nicht mehr und nicht weniger als auch in Deutschland.

Achtes Kapitel.
Maurerhandlanger im nächsten Kampstädtchen

Reise im Frachtwagen. Die Stadt und das „Hotel." Die Dreschmaschine geht noch nicht. Ein deutscher Grobian. Maurerhandlanger. Weindiebstahl. Nicht einmal die Kost verdient.

Dahin schwankte der schwere, achtspännige Frachtwagen. Otto und ich gingen meist nebenher und plauderten mit dem Fuhrmann, der Land und Leute gut kannte. Die Nacht ward auf einer anderen Estancia Halt gemacht, und anderen Tages gegen Abend sahen wir unser Reiseziel auftauchen, das Städtchen.

Wieviel Einwohner hat es? fragte ich.

„Wohl an die 4000," antwortete der Carrero, „und doch ist es erst zwei Jahre alt. Da wurde hier die Bahnstation angelegt; vorher war alles Kamp, nichts als Grassteppe."

Wir stiegen aus, zahlten und begaben uns zum „Hotel". Das war ein Bretterhaus und nur notdürftig zusammengeschlagen. Für 10 Pesos täglich erhielten wir beide Kost und Schlafzimmer und waren so für den ersten Augenblick gut aufgehoben. Zwar konnten wir durch die Fugen unserer Schlafstubenwände bequem in die anderen Gemächer hineinblicken oder selbst gesehen werden, aber wen stört so etwas im Herzen Südamerikas.

Otto wäre wohl nun am liebsten hinter dem Schenktisch sitzengeblieben, bis mein Geld alle gewesen wäre. Am nächsten Tage trat ich jedoch energisch dafür ein, uns zu erkundigen, ob wir bei einer Dreschmaschine Arbeit bekommen könnten. Wir fragten uns denn auch nach dem Besitzer des einzigen Dreschsatzes durch, mußten aber zu unserem Bedauern erfahren, daß der Betrieb erst in etwa 3—4 Wochen losgehen würde, weil die Maschine nicht in Ordnung sei und erst vollständig auseinandergenommen werden müsse. Da dem Manne jedoch noch Leute fehlten, schrieb er unsere Namen auf und versprach uns mitzuteilen, sobald es losgehen würde.

Nun war guter Rat teuer. Unbedingt mußten wir für die Zwischenzeit andere Arbeit haben, um nicht auf die Straße gesetzt zu werden.

Abends beim Essen bot sich dazu Gelegenheit. Wir aßen nämlich mit anderen Leuten an demselben Tische, und Otto erzählte diesen unsere Not. Man empfahl uns, nach einer ganz in der Nähe befindlichen Estancia zu gehen, zu einem Deutschen, wo wir als Landsleute ganz sicher Arbeit bekommen würden. Am folgenden Morgen zogen wir also los, und ich freute mich schon darauf, endlich einmal wieder deutsche

Laute zu hören. Bald waren wir an Ort und Stelle. Den Mayordomo, den Leiter der Estancia, fanden wir im Hofe, in einen Brunnen schauend, in dem sich ein Arbeiter zu befinden schien.

Wir zogen die Mützen, boten ihm einen guten Tag und fragten, ob er nicht Arbeit für uns hätte.

Flüchtig musterte uns der hochgestiefelte Herr, blickte dann wieder zu seinem Maurer in den Brunnen und antwortete nur: „No tengo trabajo" (ich habe keine Arbeit).

Otto versuchte ihm nun in der höflichsten Weise klarzumachen, in welcher Zwickmühle wir uns befanden, kam jedoch nicht weit damit.

„No tengo trabajo!" scholl es nun schon energischer aus der Futterluke unseres weiter in den Brunnen stierenden Landsmannes, so daß wir es vorzogen, uns schleunigst aus dem Staube zu machen.

Auf dem Rückwege war ich sehr niedergeschlagen über den Korb, den wir uns geholt hatten. Was für schlechte Erfahrungen mußte dieser Herr schon mit arbeitsuchenden Deutschen gemacht haben, daß er so rücksichtslos sein konnte!

Otto machte — wie immer in solchen Fällen — seinem Ärger in zornigen Worten Luft.

„Das sind die Deutschen," sagte er wütend, „o, es gibt viele solche unter unseren Landsleuten hier in Amerika. Geh nie zu einem Deutschen, wenn du es möglich machen kannst, immer zu einem Engländer oder Argentinier, das sind die Anständigsten."

Am sechsten Tage schließlich fanden wir Arbeit als Maurerhandlanger an dem Neubau eines Almacens*). Der Unternehmer machte mit uns einen Tagelohn von 2,50 Pesos aus, bei neunstündiger Arbeitszeit. Gleichzeitig fanden wir auch billige Wohnung und Beköstigung in der Hütte einer alten Negerin, die für beides 2 Pesos für die Person täglich verlangte. Wir waren glücklich, und es machte mir durchaus keine Kopfschmerzen, daß ich nach Bezahlung der Gasthausrechnung und anderer Kleinigkeiten wieder nur noch 10 Pesos in der Tasche hatte.

Unsere Arbeit war hart, der Kalk verbrannte uns Schuhe und Füße, die heiße Dezembersonne tat das übrige, und das Essen, das uns das alte schmutzige Weib vorsetzte, war ungenießbar.

Otto fluchte bei der Arbeit das Blaue vom Himmel herunter, zumal ich mit meinen letzten 10 Pesos geizte, und er nun fürs erste wieder ohne geistige Getränke auskommen mußte. Trotzdem ging er alle Abend auf den Bummel und kam meist erst zurück, wenn ich schon schlief. Eines Abends — ich lag noch wach im Bette — kam er vollständig betrunken in die Stube.

„Hast du schon wieder Vorschuß genommen?" fragte ich vorwurfsvoll.

„Ja Kuchen, der Maurer hat ja kein Geld."

„Dann hast du dir also wo anders Geld geborgt?"

---

*) Almacen = Kaufladen, in dem alles und jedes vorrätig ist, das der Landbewohner bedarf.

„Kein Gedanke, alles gratis, ich trinke überhaupt nur noch gratis."
„Also erzähle."
„Fällt mir nicht ein, wenn du wie ein altes Weib immer schon um acht im Bette liegst. Komm selbst mit, morgen abend holen wir wieder frische Ladung. Wirst dich wundern."

Am anderen Abend begleitete ich Otto schon aus Neugierde. Er führte mich in das Haus eines Bahnangestellten, mit dem er dick befreundet zu sein schien, und bedeutete diesem, daß meine Gegenwart gar nichts, auch nicht das geringste zu sagen hätte. Darauf tuschelten beide, drückten mir zwei Eimer in die Hand, nahmen selbst noch zwei weitere und einige Flaschen mit und machten sich auf den Weg nach dem Bahnhof; ich immer hinterdrein.

Dort angekommen, machten wir halt, Otto deutete auf einen abseitsstehenden, geschlossenen Bahnwagen, dessen Umrisse trotz der Dunkelheit zu erkennen waren.

„Der ist voll gefüllter Weinfässer," erklärte er mir, „er kommt von Buenos Aires und ist für eine andere Station bestimmt. Der Bahnmensch hier hat ihn aber einfach vom Güterzug abgehängt, damit wir auch unseren Tribut bekommen, und schickt ihn erst morgen weiter."

„Dann wollt ihr den Wagen also erbrechen und ein Weinfaß einschlagen, um euch besaufen zu können?" fragte ich betroffen.

„Kein Gedanke."
„Aber wie denn sonst?"
„Das wirst du gleich sehen."

„Und ich sah, wie der Bahnkerl unter den Waggon kroch und den Boden mit einem Holzbohrer anbohrte. Nach einer Weile stieß er einen Fluch aus und zog den Bohrer zurück.

„Er ist durchgekommen, hat aber eine Stelle getroffen, an der gerade kein Faß steht," erklärte mir Otto.

Das nächste Mal hatte der Mann denn auch mehr Glück, und als er das Eisen herauszog, spritzte ein feiner Strahl roten Weines zur Erde. Schnell wurde ein Eimer untergehalten, und dann wieder und wieder einer. Langsam füllten sich die Gefäße. Schließlich, als auch die letzte Flasche voll war, stieß der Bahnangestellte einen langen dünnen Holzpflock in die Öffnung, der den Weinquell versiegen machte, und wir trugen unseren Raub nach Hause. Ich muß gestehen, daß ich an diesem Abend mitgetrunken habe, am anderen aber lag ich wieder um 8 Uhr in der Falle.

Inzwischen — es war Anfang Januar — hatten wir Nachricht erhalten, daß der Dreschsatz zu arbeiten anfangen würde. Freudig zogen wir zu unserem Bauunternehmer und baten um unseren sauer verdienten Lohn. Der Mann zuckte aber nur die Achseln:

„Ich habe augenblicklich kein Geld, ich werde euch einen Gutschein geben."
„Und wie sollen wir denn unsere Kost bezahlen?" fragte Otto wütend.
Wieder zuckte der Mann die Achseln und schwieg.

„Dann kommen Sie wenigstens mit uns und garantieren Sie unserer Wirtin persönlich das Geld."

Dagegen hatte er nichts einzuwenden, und wir rückten mit ihm der Schwarzen auf den Hals. Diese wollte aber nichts von dem Handel wissen und fing furchtbar zu keifen an, immer wieder ihr Geld fordernd. Schließlich holte der Maurer noch einen Bürgen herbei, so daß endlich der Ausgleich ohne Rechts- oder Linksanwalt zustande kam.

Zu unserer größten Enttäuschung stellte sich aber nun heraus, daß unser Verdienst nicht einmal für die Kost gereicht hatte, was ja auch ganz natürlich zuging, da wir an Sonn- und Regentagen wohl gegessen, aber nicht gearbeitet hatten. So mußte ich wohl oder übel noch 8 Pesos draufbezahlen.

Neuntes Kapitel.
Akkordarbeiter bei der Dreschmaschine

An der Dreschmaschine. Schwere Arbeit, 15—17 Stunden täglich. Das deutsche Ehepaar. Das Buch des Generals von der Goltz. Einer, der sich selbst den Backzahn zieht. Die Arbeit wird zu schwer. Abschied von Otto. Der frühere Patron ermordet. Nach Buenos Aires. — Dazu das Bild 39.

Am nächsten Morgen fanden wir uns vor dem Hause des Unternehmers ein. Dieser schickte uns nach einem Galpon, einem Schuppen, in dem unsere neuen Arbeitskollegen — etwa 20 an der Zahl — schon versammelt waren und Mate tranken. Neugierig wurden wir gemustert, aber auch ich blickte verstohlen im Kreise umher. Wüste abenteuerliche Gestalten waren darunter, meist Ausländer oder Gringos, wie der Argentinier sich verächtlich ausdrückt. Südamerikanische Sachsengänger konnte man sie nennen, diese Spanier und Italiener, die nur in der Ernte hier arbeiteten, um dann wieder in die Heimat zurückzukehren und dort — durch den Geldkurs begünstigt — den übrigen Teil des Jahres von ihren Ersparnissen zu leben. Ein hünenhafter Neger erregte mein besonderes Interesse. Er war aus Brasilien und schien sich vollkommen gleichberechtigt unter dem übrigen Gesindel zu fühlen, denn er führte ein ziemlich großes Wort. Bald darauf mahnte der Pfiff der Lokomobile des Dreschsatzes zum Aufbruch. Alles sprang auf, nahm seine Lingera, sein Bündel, und zottelte dem vorausfahrenden Dreschsatz nach. Wir hinterdrein.

Wie so ganz anders war doch hier alles als in Ostpreußen! Dort hatte jedes größere Gut seine eigene Dreschmaschine, hier gab es nur Unternehmer, die sich einen Dreschsatz hielten und diesen verliehen, indem sie mit ihm von Estancia zu Estancia zogen.

Und nun erst dieser Dreschsatz selbst! Er sah aus wie ein kleiner Eisenbahnzug. Voran die riesige Lokomobile, die nur mit Stroh geheizt wurde und sich selbst fortbewegte. An sie war zunächst ein Wagen angehängt, mit riesigem Gestell, vollgepfropft mit Stroh, dem einzigen Heizmaterial, das wir besaßen. Dann kam der Dreschkasten, denen ähnlich, die mir schon von Deutschland her bekannt waren; nur etwas größer und vollkommen aus Eisen und Blech, ohne jede Holzbekleidung. Es war ein nordamerikanisches Modell, das keiner Feuersgefahr ausgesetzt war und ganz gut arbeitete. An vierter Stelle bewegte sich eine Art Zigeunerwagen, in dem sich die Wohnung und das Almacen des Eigentümers befand. Diese geheiligten Räume durften wir nur betreten, wenn wir etwas kaufen wollten. Es war uns aber gestattet, unter diesem Wagen zu essen und zu schlafen, soweit wir nicht vorzogen, die Nacht in einem Strohhaufen zuzubringen. Hierauf folgte der

Gepäckwagen. Dieser enthielt Nahrungsmittel, wie Nudeln, trockene Semmeln und Fleisch, Ersatzteile für die Maschine, unsere Kleider- und Wäschebündel, Sättel und was dergleichen mehr ist. An sechster Stelle befand sich die fahrbare Feldküche, auf der der alte Koch rittlings saß, da ihm das Laufen zu schwer wurde. Den Schluß bildete ein Sulky, ein zweirädriger Karren, den man benötigte, um schnell einmal nach der Stadt fahren zu können.

Hinter diesem langsam sich fortbewegenden schnaufenden Zuge ritt ein Junge, der einige Pferde vor sich her trieb, die den Peonen gehörten. Dann kamen ein paar Hunde und zuletzt wir.

Diese Hunde, die uns begleiteten, waren kurzhaarige, langbeinige, meist gelbbraune Tiere, Galgos genannt, wie man sie hier allgemein auf dem Kamp zu sehen bekam. Sie waren zur Hasenjagd abgerichtet, so daß wir verschiedene Male unterwegs das Vergnügen hatten, das aufregende Schauspiel mit anzusehen, wie die Tiere einen Hasen aufstöberten, verfolgten, überholten, ihm den Weg abschnitten, ergriffen und totbissen. Mit einem Freudengeheul verfolgten die Peone jedesmal diese Hetze, den getöteten Hasen jedoch ließen sie liegen.

Vor einer Hafermiete machten wir endlich halt, und nun wurde zunächst abgekocht. Dann ermahnte man uns, zeitig schlafen zu gehen, da es anderen Tages in üblicher Weise frühzeitig losgehen würde.

Schon um drei Uhr morgens erscholl der erste Pfiff der Lokomobile. Das hieß aufstehen. ¼4 Uhr, noch immer in der Dunkelheit, pfiff es dann zum zweiten Male, zur Arbeit.

Otto hatte wieder einmal Glück gehabt. Er hatte nämlich dem Unternehmer erklärt, daß er in seinem Leben nie etwas anderes gemacht habe, als Maschinen geschmiert, und so wurde er Schmierer.

Ich mußte leere Säcke aufhängen, den einlaufenden Hafer gut einstauchen und den vollen Sack dann an die beiden Sacknäher, die hinter mir standen, weitergeben. Von diesen ging der geschlossene Sack dann an die Sackträger über. Diese legten immer zehn zugleich auf die Wage und stapelten sie dann in Pyramiden auf. Von den Pyramiden weg wurden die Säcke endlich auf hohe Karren geladen und dann mit 12—16 Pferden zur Station gefahren. Jeder dieser starken Karren lud etwa 200 Zentner.

Das hinten aus dem Dreschkasten herausfliegende Stroh wurde sofort auf einer Schleppe nach vorn gebracht, wo es in den Feuerschlund der Maschine wanderte. Auf diese Weise war wenig mehr von Stroh zu sehen, wenn wir eine Getreidemiete fertig ausgedroschen hatten.

Die Säcke liefen so schnell voll, daß ich auch nicht einen Augenblick Ruhe hatte, und den beiden Sacknähern hinter mir ging es trotz ihrer Geschicklichkeit nicht besser.

Endlich, vormittags 8 Uhr, pfiff die Maschine zum Frühstück, welches aus gekochter Yerba mit Zucker und trockenen Semmeln bestand.

Zehn Minuten später ging der Jammer schon wieder von neuem los.

Die Sonne brannte und meine Hände noch viel mehr. Wahrscheinlich waren sie schon voller Blasen, aber ich hatte nicht Zeit, danach zu sehen. Es wäre mir auch kaum möglich gewesen, denn so dicht am Dreschkasten hatten Schmutz und Staub meine Augen fast zugeklebt.

Gegen 10 Uhr brachte der Pferdejunge zwei Flaschen Caña, das ist Zuckerrohrschnaps, aus dem Wagen, um die erschlaffenden Lebensgeister wieder etwas aufzufrischen. Um 1 Uhr wurde Mittag gemacht. Man klopfte sich den Staub ab, holte tief Luft und eilte zum Kochwagen, wo Blechteller und Löffel bereitstanden, und der Koch jedem ein großes Stück Rindfleisch und etwas Nudelsuppe zuteilte.

Doch auch diese wohlverdiente Erholung dauerte nur eine halbe Stunde, und schon ging es wieder an die Arbeit, die — nur einmal durch einen Schluck Caña unterbrochen — bis zur Dunkelheit, d. h. bis abends 7 Uhr andauerte. Dann gab es wieder ein Stück Rindfleisch, und man kroch in irgendeinen Strohhaufen, um am anderen Morgen um 3 Uhr wieder durch den Pfiff der Lokomobile aus dem schönsten Schlafe herausgepeitscht zu werden.

So arbeiteten wir 15 Stunden täglich, und oft wurden es deren 16 und 17, wenn gerade noch eine Getreidemiete fertig ausgedroschen werden sollte. Dafür verdienten wir aber auch 3, 5, 8, ja einmal sogar 11 Pesos täglich, je nachdem der Hafer schüttete.

So ging es nun von Getreidemiete zu Getreidemiete, und von Estancia zu Estancia. Diese Umzüge und einige Regentage bildeten die einzige Unterbrechung dieser anstrengenden Arbeit, die mir allmählich unerträglich wurde, von der ich mich aber doch nicht lossagen konnte, nur um zu etwas Geld zu gelangen.

Oft kam es zu Streitigkeiten unter den zehn oder zwölf Spaniern und Italienern, die die Garben heranbrachten. Jedesmal war es wegen eines Arbeitskollegen, der schlapp zu machen drohte oder sich etwas in der Arbeit schonte, und jedesmal gingen sie mit Messern und Forken aufeinander los und verletzten sich verschiedene Male nicht unerheblich.

Gott sei Dank war ich auf meinem Posten diesen Angriffen nicht ausgesetzt, auch hatte ich einen starken Freund, jenen baumlangen Neger, der, Sacknäher, auch außerhalb der Arbeitszeit nicht von meiner Seite wich, und mit dem ich mich schon ganz gut zu verständigen wußte.

Eines Abends bemerkten wir einen gewaltigen Feuerschein am Horizont. Der Pferdejunge ritt dem Brande entgegen und brachte am anderen Morgen die Nachricht zurück, daß eine Getreidemiete beim Dreschen Feuer gefangen habe, und der hölzerne Dreschkasten nebst Zigeunerwagen verbrannt seien.

Gegen Abend schon trafen die durch den Brand brotlos gewordenen Arbeiter in unserem Lager ein und baten, bei uns essen und schlafen zu dürfen, da sie auf dem Wege zur Stadt seien, wo sie andere Arbeit zu finden hofften. Unter diesen Leuten fiel mir ein Ehepaar auf, das seinem Benehmen nach wohl schon bessere Tage gesehen hatte und merkwürdig deutsch aussah. Und richtig, bald hörte ich deutsche Laute, worauf ich mich ihnen als Landsmann vorstellte. Die Freude war groß. Auch Otto kam heran, und so saßen wir vier noch eine Stunde um das Feuer herum und erzählten uns unsere Leidensgeschichten, während die anderen schon schliefen.

Was ich da hörte, machte einen tiefen Eindruck auf mich. Der Mann war ebenfalls in Deutschland Gutsinspektor gewesen. Nach dem Tode der Eltern hatten sie etwa 8000 Mark geerbt, und da damit in Deutschland nicht viel anzufangen gewesen war, waren sie ausgewandert. Hier in Argentinien hatten sie dann leichtsinnigerweise gleich ein Stück Kamp auf Abzahlung gekauft, dessen billiger Preis sie angelockt hatte. Sie hatten aber nicht in Rechnung gezogen, daß der Kamp weder Haus noch

Brunnen, weder Vieh noch Zäune hatte, und daß alles dieses anzuschaffen oder herzustellen mehr kostete als der Kauf des Landes selbst. So war das Geld nur zu schnell alle geworden, und sie hatten die monatlich zu entrichtende Abzahlung nicht mehr entrichten können. Als dann zu guter Letzt auch die Ernte noch schlecht ausgefallen war, hatte man sie einfach von ihrem Grundstück vertrieben.

Nur mit dem Nötigsten versehen, waren sie zu Fuß losgewandert und hatten bei jener Dreschmaschine Arbeit gefunden, er als Sackträger, seine Frau als Köchin. Schon hatten sie geglaubt, sich so viel sparen zu können, um wieder nach der alten lieben Heimat zurückzukehren, als die Dreschmaschine abbrannte, und sie von neuem brotlos wurden.

„Wie waren Sie denn auf den Gedanken gekommen, gerade nach Argentinien zu gehen?" fragte ich mitleidig.

„Wir hatten viel von dem Lande gehört," antworteten sie mir, „dann gab ein Buch den Ausschlag, das General von der Goltz herausgegeben hatte, und in dem Argentinien in den herrlichsten Farben geschildert worden war."

Nie hatte ich selbst von diesem Buche gehört oder es gar gelesen, nur später, viel später, hörte ich von einem gebildeten deutschen Herrn, einem Fabrikdirektor, nochmals etwas von diesem Werke.

„Dieser Feldmarschall," sagte er, „ist unbestreitbar ein hervorragender Soldat und Schriftsteller. Er hätte jedoch nie über Dinge schreiben sollen, die zu beurteilen nicht Tage, sondern Jahre gehören. Zur Zentenarfeier 1910 nach Argentinien gesandt, erhielt er unzählige Einladungen sowohl von reichen Landsleuten als auch von Argentiniern, sie auf ihren Estancien zu besuchen, und reiste von Festlichkeit zu Festlichkeit. So machte er sich ein nur zu falsches Bild über dieses Land, das, in seinem Buche wiedergegeben, schon viele unserer Landsleute ins Unglück gestürzt hat."

Noch ein anderer Deutscher suchte eines Abends Kost und Schlafgelegenheit in unserem Lager, ein Kupferschmied, der — schon fünf Jahre in Amerika — noch immer ein armer Teufel geblieben war. Allerdings kam es mir so vor, als ob er die Arbeit nicht gerade suchte und es lieber vorzog, als Landstreicher sein Dasein zu fristen. Er war aus der Provinz Sachsen, und ich fragte teilnehmend, ob er noch Eltern habe.

„Das weiß ich nicht," antwortete er mir.

„Aber wieso denn nicht?"

„Weil sie inzwischen gestorben sein können."

„Aber schreiben Sie denn nicht nach drüben?"

„Gott bewahre, Sie etwa?"

„Aber natürlich."

„Dann sind Sie wohl noch nicht lange im Lande?"

„Etwa ein halbes Jahr."

„Na, seien Sie erst mal ein volles Jahr hier, dann schreiben Sie auch nicht mehr. Die da drüben können uns nicht helfen, und wir ihnen nicht; also wozu da noch schreiben, das tut kein Mensch, das ist hier nicht Mode."

Dann klagte er über furchtbare Zahnschmerzen, die er schon seit drei Tagen hätte. Er habe aber den Backenzahn mit dem Messergriff schon ganz lose geschlagen und hoffe ihn in der Nacht noch mit der Hand vollends loszubekommen. Und wirklich, am folgenden Morgen, als er Abschied nahm, hielt er mir den riesigen hohlen Zahn triumphierend entgegen. Er hatte das Unglaubliche fertiggebracht.

Inzwischen war die Hitze fast unerträglich geworden, meine Hände waren wie Leder, und meine Kräfte ließen immer mehr nach. Daher sprang ich eines Tages, als wir mit dem Dreschsatz einen kleinen Fluß passierten, in voller Kleidung in das Wasser, nur um mich etwas abzukühlen und zu erholen. Lange hielt das jedoch auch nicht vor, denn nach einer halben Stunde waren meine Sachen schon wieder vollständig trocken, und die Sonne brannte mir nur um so furchtbarer in den Nacken.

Dann kam der Tag, an dem es durchaus nicht mehr gehen wollte. Durch die ungewohnte Arbeit bis zum Skelett abgemagert, mit entzündeten Augen und schmerzenden Lungen, bat ich um meine Entlassung, obwohl Otto noch bleiben wollte. Doch letzteres machte mir keine Sorgen mehr, ich war seiner Schule entwachsen und konnte mir jetzt schon allein weiterhelfen.

Der Unternehmer stellte mir einen Schein aus, auf den hin mir ein Almacen des Städtchens etwa 150 Pesos auszuzahlen hatte. Er wollte aber von einem Vorschuß für Otto, der mir noch etwa 70 Pesos schuldete, nichts wissen. Ich glaube allerdings bestimmt, daß Otto sich hinter den Mann gesteckt hatte, um so über seine Schulden leichter hinwegzukommen, denn alle Briefe, die ich später noch an ihn schrieb, blieben unbeantwortet. Ich weiß auch, daß der Unternehmer mich übervorteilt hatte, denn nach meinen Aufzeichnungen zu urteilen, hätte ich wenigstens 200 Pesos erhalten müssen. Was half's, ich war froh, der furchtbaren Arbeit entronnen zu sein, froh, 150 Pesos zu besitzen, und freute mich auf Buenos Aires, wohin ich fürs erste zurückzukehren trachtete.

Unverzüglich machte ich mich auf den Weg nach dem Städtchen, das ich nach Aussagen der Leute in etwa drei Stunden erreichen konnte.

Unzählige Nashornkäfer, von der Größe und Farbe unserer Maikäfer, waren die einzigen Lebewesen, die mir auf dem ganzen Wege begegneten. Mich ausruhend, war ich zufällig Zeuge eines Kampfes zweier dieser Tierchen. Sie kämpften wie Miniaturnashörner. Die Erde ringsum aufwühlend, suchten sie sich gegenseitig umzustoßen und sich das Horn zwischen die Ringe des Unterleibes zu bohren. Endlich blieb denn auch einer wie tot auf der Strecke. Der andere kratzte darauf etwas abseits in der Erde herum, aus der nun ein dritter Nashornkäfer, wahrscheinlich das Weibchen, zum Vorschein kam und mit dem Sieger gemütlich fortkroch.

Ich verfolgte meinen Weg weiter, andere Betrachtungen anstellend. Was für wunderbare Erde gab es doch hier! Alles schwarzer Humusboden bis zu 1 m Tiefe, wovon ich mich auf der Estancia hatte überzeugen können. Keine Steine oder Baumwurzeln störten hier den Pflug. Trotzdem fühlte ich mich hier nicht wohl. Wie häßlich war doch dieses Landschaftsbild! Nicht ein Hügel rings am Horizont, nicht ein einziges Wäldchen. Alles eben, ein großes Grasmeer, und kein einziger Punkt, auf dem das Auge Ruhe fand.

In der Hütte der Negerin fand ich meinen großen Korbkoffer unversehrt vor. Mit vielen Worten und noch mehr Gesten erzählte sie mir, daß unser früherer Patron vor zwei Tagen auf der Estancia ermordet worden sei. Neunzehn Messerstiche habe er erhalten, von italienischen Arbeitern, die er sich habe an unserer Stelle von Buenos Aires kommen lassen.

Ich aß und ging dann zur Station, um nach dem Zug zu fragen, da ich wußte, daß nur zweimal die Woche ein solcher nach Buenos Aires ging. Dort angekommen, hörte ich, daß gerade heute die Fahrt losgehen würde, und zwar schon in einer Stunde. Im Laufschritt eilte ich daher zum Almacen, löste meinen Schein ein und stürzte dann zurück zu meiner Wirtin, von der ich mir einen Schubkarren borgte, um meinen schweren Koffer zur Bahn zu schaffen. Die Entfernung war jedoch groß, der Schmutz noch größer, und ich hatte noch nicht die Hälfte des Weges zurückgelegt, als mein Karren plötzlich in einer Pfütze steckenblieb und weder vor- noch rückwärts zu bewegen war.

Verzweifelt stand ich da, mein Herz klopfte, und meine Knie zitterten von der Anstrengung. Wie, wenn ich den Zug versäumte und drei oder vier Tage verlor!

Da kam mir ein rettender Gedanke. Ich sprang in ein am Wege stehendes Gasthaus und bat um einen Liter Wein, den ich in langen Zügen austrank. Die Wirkung ließ nicht lange auf sich warten. Mit erneuten Kräften ergriff ich den Schubkarren, arbeitete ihn aus dem Sumpf heraus, und fast im Galopp ging es zur Station. Noch war es Zeit. In Eile kaufte ich die Fahrkarte, gab meinen Koffer auf und bestieg den Zug, als schon das Zeichen zur Abfahrt gegeben worden war.

Erschöpft sank ich auf einen der Sitze nieder, merkte noch, daß jemand nach meiner Fahrkarte frug, und versank dann in einen tiefen, todähnlichen Schlaf.

Zehntes Kapitel.
Wieder in Buenos Aires

Man braucht keinen landwirtschaftlichen Beamten. "Es ist in der Welt da am schönsten, wo man gerade nicht ist." Von denen, die nach Deutschland zurückfuhren. Verhaftet. Als Gärtner nach dem Chaco angenommen. Bange machen gilt nicht. Gasthaus.

Die Bahnfahrt, die ich zum größten Teil verschlief, brachte nichts Neues, und als ich am übernächsten Morgen in Buenos Aires eintraf, nahm ich eine Droschke und begab mich in ein einfaches deutsches Gasthaus. Unverzüglich bemühte ich mich wiederum um eine bessere Stellung als Landwirt. Ich erließ eine Anzeige in der Deutschen La Plata-Zeitung, schrieb an einige Estancieros, deren Adressen mir angegeben wurden, und suchte andere auf, die in Buenos Aires selbst wohnten. Überall erhielt ich freundlichen, aber abschlägigen Bescheid.

"Sie können ja noch kein Spanisch," sagte mir einer; "ich brauche keine Beamten," ein anderer.

Nur in einem Falle wurde mir die Stellung eines dritten Mayordomo auf einer Estancia angeboten. Ich hätte aber dann mitarbeiten und im ersten Jahre auf jedes Gehalt verzichten müssen. Ohne jeden Lohn wollte und konnte ich aber nicht arbeiten, und so war ich denn wieder um eine Hoffnung ärmer.

Das also war das Land des Ackerbaues und der Viehzucht! Man brauchte einfach keine landwirtschaftlichen Beamten. Ich verzichtete, hängte meinen erlernten Beruf an den Nagel und ließ mich als Gärtner in das Buch eines Stellenvermittlers eintragen.

"Es ist augenblicklich wenig Nachfrage nach Gärtnern," hatte auch dieser mich vertröstet, "denn der Herbst steht vor der Tür. Sprechen Sie aber jeden Morgen vor, mit der Zeit wird sich schon etwas finden."

Ein netter Trost für mich, der ich mich nun schon wieder acht Tage in Buenos Aires herumtrieb.

Geknickt ging ich in das Gasthaus zurück, wo ich einigen Leidensgenossen meinen Kummer erzählte. Diese lachten aber nur. Ein älterer Handwerker rückte näher an mich heran.

"Sie müssen," sagte er, "sich hier in Amerika nicht an einen Beruf anklammern und mit Gewalt nur diesem nachzugehen versuchen. Hier muß man nehmen, was einem gerade in die Hände fällt oder was am besten bezahlt wird. Wird z. B ein Mechaniker oder Schmied gesucht, Gott, dann meldet man sich eben, auch wenn man nie zuvor solche Arbeit gemacht hat. Von niemandem wird hier so viel Können verlangt wie in Deutschland, und ein paar Schrauben anziehen oder ein Stück Eisen heißmachen und zurechtklopfen kann schließlich jeder. Sehen Sie, ich bin Klempner, habe aber schon als Maler, Schlosser, ja sogar schon als Bäcker gearbeitet."

Ein anderer, ein gewecktes Kerlchen, kam und mischte sich in unser Gespräch.

„Was sind Sie eigentlich?" fragte er mich.

Ich erzählte ihm von meiner Vergangenheit.

„Ach, da hätten Sie nicht hierher kommen dürfen," meinte er. „Hier, wo das Vieh jahraus jahrein auf der Weide liegt und in der Ackerwirtschaft so gepfuscht wird, braucht man keine landwirtschaftlichen Beamten."

„Ja, was treiben Sie denn hier?"

„Ich bin Kaufmann und schon fünf Jahre von Deutschland fort. War schon in China, Indien und Nordamerika."

„Und wo gefiel es Ihnen am besten?"

„Ach, wissen Sie, es ist immer da am schönsten, wo man gerade nicht ist. So geht es wenigstens mir. Sobald ich mich irgendwo eingelebt habe und gut verdiene, drängt es mich schon wieder nach einem anderen Erdteil. Jetzt will ich nach Australien. Je mehr man gesehen hat, um so mehr möchte man sehen."

„Und fühlen Sie sich glücklich dabei?"

„O, das Reisen ist schön, vorausgesetzt natürlich, daß man genügend Geld hat; aber glücklich — na glücklich bin ich eigentlich nicht dabei. Wissen Sie, das wahre Glück kennen nur die, die nie aus ihrem Dorf herausgekommen sind. Die leben zufrieden, weil sie nichts Besseres kennengelernt haben. Wir Weltenbummler suchen das Glück vergebens. Geht es einem schlecht, erinnert man sich an die Zeiten, in denen es einem besser ging; geht es einem gut, möchte man es immer noch besser haben."

Ein Trupp Reisender trat ein und nahm schüchtern Platz. Mein Gegenüber machte mich auf sie aufmerksam.

„Die sind eben mit einem Dampfer angekommen," sagte er, „frisch aus Deutschland. Sehen Sie nur die ängstlichen Gesichter, die sie noch machen."

Andere traten ein, unter ihnen ein mir von der Überseereise bekannter junger Mann.

„Was machst denn du hier, Schmidt?" fragte dieser, mich auf die Schultern klopfend.

„Ich suche Arbeit, und du?"

„O, mir geht es gut, ich arbeite als Dreher in einer Reparaturwerkstätte und verdiene fünf Pesos täglich; ich bin zufrieden."

„Und die anderen?"

„Ha, die Hälfte ist schon wieder zurück nach Deutschland. Die haben sich das Leben hier anders vorgestellt. Der Berliner Autokutscher auch; den haben sie hier schön angeschmiert."

„Das freut mich. Fand er denn keine Arbeit?"

„Und was für welche! Ein Stellenvermittler hatte ihn nach Mendoza in die Weinberge geschickt. Dort angekommen, suchte er vergebens nach dem ihm bezeichneten Weinbergsbesitzer, denn dieser Mann existierte gar nicht. So mußte er denn notgedrungen als Kanalarbeiter sein Dasein fristen und immer bis an den

Bauch im Wasser stehen. Später ist er krank geworden und hat sich vor etwa einem Monat als Kohlenschipper auf einem Frachtkasten anheuern lassen, nur um wieder nach Deutschland zurückzukönnen. Mehreren anderen ist es nicht besser gegangen. Einer aus der ersten Klasse 3. B. — von Ansehen wirst auch du ihn kennen — ist jetzt Klavierspieler in dem Kientopp hier nebenan. Den müßtest du dir ansehen, sage ich dir, es ist zum Heulen." —

Die Tage verstrichen, und mit Sorgen sah ich mein so sauer verdientes Geld auf die Neige gehen. Nachfrage nach einem Gärtner war bisher noch nicht, und gesenkten Hauptes wanderte ich eines Abends den Paseo de Julio entlang, mich unter die Nichtstuer und Arbeitsuchenden mischend. Vor einem Uhrenladen betrachtete ich meine Hände. Sie sahen schrecklich aus und fingen gerade an, sich zu häuten. Dickes Leder konnte ich von ihnen herunterziehen.

Wie schrecklich! Auch ich wäre ja am liebsten gleich wieder nach Deutschland zurückgekehrt, aber dazu gehörte Geld, und dann — ich schämte mich. Nein, auf keinen Fall wollte ich so schnell und so ohne jeden Erfolg meiner Mutter wieder vor Augen treten.

Vor einer schmutzigen italienischen Kneipe machte ich abermals halt und trat ein. Ich wollte meine Sorgen mit einem Liter Wein hinunterspülen.

Trübsinnig und in Gedanken versunken saß ich vor meinem Glase. Drei Gäste waren nur noch außer mir anwesend, abenteuerliche Gestalten, die sich die Zeit mit Kartenspielen vertrieben. Ein Streit, der plötzlich unter ihnen ausbrach, schreckte mich jäh aus meinen Träumereien. Fremdländische Flüche hörte ich erschallen, Karten wirbelten in der Luft, und die unvermeidlichen Messer blitzten. Das alles war das Werk eines Augenblickes, und schon sank einer blutüberströmt und laut jammernd zu Boden.

Erregt und erschreckt zugleich war ich aufgesprungen, um durch die Tür zu entschlüpfen, denn ich wollte nichts mit der Sache zu tun bekommen.

Zu spät. Zwei Polizisten, die der Wirt inzwischen herbeigerufen hatte, traten mir am Ausgange entgegen und befahlen mir barsch zu bleiben. Weitere Polizeimenschen folgten, auch ein Polizeileutnant trat ein, und man machte Anstalten, uns allesamt abzuführen. Vergebens suchte ich mich zu widersetzen. Meine spanischen Brocken langten nicht, um eine vernünftige Erklärung abgeben zu können, und auf mein energisches: No, no, no! erhielt ich nur ein bestimmtes: Si, si, si!*) zur Antwort.

In einer engen Einzelzelle, in der sich weder Stuhl noch Bett befand, hatte ich in der folgenden Nacht nun Gelegenheit, über die Schlechtigkeit der Menschen im allgemeinen und mein verfehltes Leben im besonderen nachzusinnen. An Schlaf war nicht zu denken. Stundenlang wanderte ich die Zelle auf und ab, um meine erregten Nerven und mein wildklopfendes Herz zu beruhigen. Vergebens. —

Endlich brach der Morgen an, und ein Schließer öffnete. In barschem Tone sprach er auf mich ein. Als er merkte, daß ich ihn nicht verstand, ergriff er mich beim Arm, und ich wurde zum Untersuchungsrichter gebracht. Auch die beiden aneinander gefesselten Messerhelden und der Wirt wurden jetzt vorgeführt. Diesem, der wohl erklärt hatte, daß ich nichts mit der Sache zu tun hätte, und meinem schlechten Spanisch

---

*) No = nein, si = ja.

hatte ich es zu verdanken, daß ich mich schon zwanzig Minuten später wieder auf freiem Fuße befand.

Tief sog ich die Luft des „freien Amerikas" in meine Lungen, stillte meinen nagenden Hunger und begab mich dann abermals zum Stellenvermittler. Diesmal gab er mir eine Adresse.

„Gehen Sie zu diesem Herrn," sagt er, „er sucht einen Gärtner für seine Estancia und wird mit Ihnen selbst verhandeln."

Am liebsten wäre ich dem Manne um den Hals gefallen. Ich hatte genug von Buenos Aires und sehnte mich wieder nach dem Kamp, mochte es kommen, wie es wollte.

In der Wohnung des Estanciero fand ich diesen mit einem alten deutschen Maurer verhandeln, der auch nach der Estancia, die im heißen Norden, im Chaco lag, geschickt werden sollte.

„Ich zahle Ihnen 100 Pesos monatlich und freie Wohnung," hörte ich den Herrn zu dem Maurer sagen, „sind Sie damit einverstanden?"

„Muß man schon," erwiderte der Maurer frech, „wenn man in der Klemme sitzt. Na und die Wohnung, weiß schon, wie das ist, neben der letzten Kuh im Stalle."

Den Estanciero regte das weiter nicht auf, er lächelte nur und wandte sich dann an mich.

„Sie sind Gärtner?" fragte er.

„Jawohl," antwortete ich, die Knochen nach guter alter deutscher Art zusammenreißend, „hier mein letztes Zeugnis aus dem Süden."

„Auf Zeugnisse geben wir hier nichts, die sind doch alle falsch", meinte er kühl, „ich zahle Ihnen 65 Pesos und freie Wohnung, wollen Sie?"

„Und wie ist das mit dem Essen?" platzte ich heraus, mich an meine Handlangerzeit und die Negerin erinnernd.

„Das ist billig im Chaco, das können Sie schon für 25 Pesos monatlich bekommen, oder Sie können sich ja auch selbst kochen."

„Gut, ich bin einverstanden."

„Dann schließen Sie sich diesem Manne an — er zeigte auf den Maurer — und seien Sie pünktlich morgen früh acht Uhr auf dem Bahnhofe, wo Ihnen einer meiner Angestellten die Fahrkarten laufen wird."

Wir dankten, verabschiedeten uns und gingen. Wie glücklich fühlte ich mich doch in diesem Augenblicke! Wie leicht war's mir ums Herz. Zwar mein Geld war wieder gänzlich auf die Neige gegangen, aber ich hatte doch Stellung, wirkliche, richtige Stellung.

„Sie sind noch nicht lange im Lande, was?" unterbrach der Maurer das Schweigen.

„Ein halbes Jahr, aber wieso merken Sie denn das?"

„Na, wenn einer wie Sie noch den Hut abnimmt und strammsteht wie ein Rekrut. Ich wäre bald rausgeplatzt."

An der nächsten Straßenecke verabschiedeten wir uns. Im Gasthaus angekommen, konnte ich nicht mehr an mich halten und rief ein paar Bekannten schon von weitem zu, daß ich nun endlich doch Stellung gefunden hätte.

„Wo denn?" fragten sie.

„Hoch nach dem Norden geht es, nach dem Chaco."

„Nach dem — Cha — co — o?!"

Ich las das Entsetzen, das sie bei dem Wort „Chaco" empfanden, auf ihren Gesichtern; aber das rührte mich wenig. Als ich vor Jahren von Sachsen aus Stellung in Ostpreußen annahm, hatte man mir auch entsetzt zugerufen: „Wollen Sie denn durchaus erfrieren?"

Und als ich es dann dort oben ganz nett gefunden hatte und nach zwei Jahren Abschied nahm, um meiner Dienstpflicht bei der Garde zu genügen, hatten die braven Ostpreußen auch entsetzt den Kopf geschüttelt und gesagt:

„Zur Garde? Nach Berlin? Das halten Sie nicht aus!"

Von meinem Entschluß endlich, nach Amerika zu gehen, gar nicht zu reden. Und nun entsetzte man sich hier in Argentinien, weil ich nach dem Chaco wollte!?

„Wissen Sie denn, was der Chaco für Argentinien bedeutet?" fragte da wieder jemand.

„Noch weiß ich gar nichts."

„Der Chaco ist dasselbe für Argentinien, was Sibirien für Rußland ist, nur daß man dort vor Kälte, hier vor Hitze zugrunde geht. Bald genug werden Sie es zu fühlen bekommen. Sie werden von Schlangen, Ameisen, Moskitos und anderem Ungeziefer aufgefressen. Das Fieber wird Sie umbringen, die Tiger werden Sie zerreißen. Die Hitze wird Sie wahnsinnig machen, und die Indianer werden Sie ermorden!"

„So etwas hält allerdings auf die Dauer der stärkste Schmied nicht aus," antwortete ich, mich lachend empfehlend, um noch einige Besorgungen für die bevorstehende Reise zu machen.

Elftes Kapitel.
Unterwegs nach dem Chaco
Fehlfahrt. Freiquartier im Schlafwagen. Der frühere Gasthofbesitzer jetzt Maurer. Im Alter lernt man schwer Spanisch. Endlich Urwald und Palmen. Die Menschen sehen anders aus.

Am nächsten Morgen erhielten wir unsere Fahrkarten, erkundigten uns noch beim Schaffner, ob der Zug auch durchginge, und stiegen dann befriedigt ein. Nach dem Kursbuch hatten wir wieder eine Fahrt von etwa anderthalb Tagen vor uns. Es ging langsam durch üppige, fruchtbare, bebaute Gegenden, bis nach Rosario. Die erste Station jedoch, die wir hinter dieser prächtigen Stadt durchfuhren, lag nicht in unserer Fahrtlinie, und ich machte erschreckt meinen Begleiter darauf aufmerksam. Schnell studierten wir die dem Kursbuch beigefügte Eisenbahnkarte und fanden, daß wir in einer ganz anderen Richtung weiterfuhren.

Wir verließen also auf der nun folgenden Station den Zug und erfuhren hier, daß ausgerechnet der Wagen, in dem wir saßen, abgehängt und für eine andere Richtung bestimmt worden war. Alles Beschweren half uns nichts, wir mußten bis zum Abend liegenbleiben, wo wir endlich Gelegenheit bekamen, nach Rosario zurückzufahren. Natürlich war mein Gefährte wieder bis auf den letzten Centavo abgebrannt, so daß ich das Geld für die Rückfahrkarte für ihn auslegen mußte.

In Rosario meldeten wir uns beim Stationschef, uns über den Schaffner und unser sonstiges Pech beklagend und ihm bedeutend, daß wir kaum noch Geld genug hätten, uns ein paar trockene Galletas zu kaufen, geschweige denn noch Nachtquartier zu bezahlen.

Lächelnd hörte der gutmütige alte Herr, ein Engländer, unser spanisches Gestammel an und wies uns dann an einen Angestellten. Dieser führte uns auf ein Nebengleis zu einem Schlafwagen und lud uns ein, diesen nach Belieben für die Nacht zu benutzen.

Wir waren selig. Wie neugierige Kinder musterten wir erst alle Einrichtungen, bevor wir es wagten, unsere müden Gebeine den wohlgemachten Betten anzuvertrauen. Ach, war das schön! Wenn nur der Hunger, der dumme Hunger mich nicht schon wieder angegrinst hätte. Über uns brummte der Ventilator und fächelte uns Kühlung zu, neben mir schnarchte schon der Maurer, dann versank ich in tiefen, tiefen Schlaf.

Am anderen Morgen machten wir noch möglichst umständlichen Gebrauch von der Wascheinrichtung, kauften uns in einem nahen Almacen etwas Weißbrot und hockten uns dann unter einen Baum in den Schatten, um den Zug zu erwarten, der uns endlich unserem Ziele zuführen sollte.

Bis Santa Fé, der Hauptstadt der Provinz gleichen Namens, fuhren wir wieder durch eine reiche, fast durchweg bebaute Gegend. Riesige Mais- und Luzernefelder erregten meine Aufmerksamkeit. Daneben gab es üppige Weiden mit fettem, buntscheckigem Vieh. Auch hier war alles eben, weder Wald noch Wild zu erblicken, nur daß ab und zu ein Hase flüchtete oder ein Raubvogel über uns seine Kreise zog.

Mein Begleiter erzählte mir jetzt seine Leidensgeschichte. Er war fünfzig Jahre alt und fünf Jahre im Lande. Früher war er Gasthofbesitzer gewesen, und es war ihm recht gut gegangen in Deutschland. Dann hatte ihn jedoch der Hafer gestochen, er hatte einen neuen riesigen Gasthof gebaut und sich dabei so viel Unkosten aufgeladen, daß er Bankerott machen mußte.

„Und wie kamst du auf den Gedanken, hier als Maurer dein Dasein zu fristen?" fragte ich.

„O," meinte er, „ich hatte bei meinem verkrachten Neubau so viele Erfahrung in diesem Handwerk gesammelt, daß ich das schon wagen durfte. Was hätte ich auch sonst wohl anfangen können, zum Kellner war ich schon zu alt.

„Und du hast hier immer bei Deutschen gearbeitet?"

„Durchaus nicht, warum?"

„Weil mir scheint, daß du noch nicht viel besser Spanisch sprichst als ich, und doch schon so lange im Lande bist."

„Aber bedenke doch mein Alter," lächelte er, „da kapiert man nicht mehr so schnell. Du kannst die Beobachtung hier überall machen. Kinder haben das Spanische oft schon nach mehreren Monaten weg und müssen dann den Dolmetscher für ihre Eltern spielen. Alte Leute aber lernen überhaupt nicht mehr richtig sprechen."

Wieder wurde es Nacht. Ich rollte mich auf der harten Bank wie ein Igel zusammen und versuchte zu schlafen. So leicht war das allerdings nicht, und ich wachte wohl an die zwanzigmal wieder auf, mir jedesmal eine andere Lage gebend, weil meine Glieder und das Kreuz so sehr schmerzten. Auch mein treuester Begleiter, der Hunger, hatte sich schon wieder eingestellt. Unangenehm machte er sich bemerkbar, denn seit dem Weißbrot in Rosario hatten wir nichts mehr genossen, weil mir das Geld inzwischen gänzlich ausgegangen war.

Sehr froh waren wir daher, als der Morgen graute; wußten wir uns doch unserem Ziele nun schon um vieles näher. Zu meiner größten Freude fuhren wir nun durch wirklichen riesigen Wald, durch argentinischen Urwald. Kein Auge ließ ich jetzt mehr von den Bäumen. Teilweise waren sie nur niedrig, teilweise aber gab es auch gewaltige, weitverzweigte Riesen unter ihnen, mit unzähligen Lianen behangen.

Etwas später tauchten vereinzelte Palmen auf, die ersten, die ich in freier Natur zu sehen bekam. Weiterhin kamen wir des öfteren sogar an ganzen Palmenwäldchen vorbei, so daß ich vor freudiger Erregung oft nicht wußte, nach welcher Seite ich zuerst blicken sollte.

Nur ab und zu wurde dieser schier endlos erscheinende Urwald durch einen Estero, einen Sumpf, durchbrochen, der immer von einem schmalen, üppigen Rasenstreifen umkränzt war. Begierig suchten dann meine Augen jedesmal diesen Rasenstreifen ab, um etwas Lebendes, ein Stück Wild darauf zu entdecken. Vergebens.

Einige Raubvögel, Wildenten und Sumpfvögel blieben die einzigen Lebewesen, die wir zu sehen bekamen.

Um so mehr gab ich mich dem Studium der Menschen hin, die wir auf den kleinen Stationen herumlungern sahen. Sie waren hier viel dunkelhäutiger als im Süden, oft geradezu rotbraun wie die Indianer, vielleicht waren es zum Teil wirklich solche. Verwegene hochwüchsige Leute, wahrhafte Räubergestalten waren darunter, mit langem schwarzen Haar, herabhängendem Schnurrbart und weiten Pumphosen, den allgemein gebräuchlichen Bombachas. Oft waren sie barfuß und trugen doch riesige Sporen mit großen spitzen Rädern an ihrem nackten Gebein. Auf allen diesen Stationen sah ich auch große Mengen dunkelroten Holzes liegen, und Ochsenkarren, mit 6—8 Ochsen bespannt, brachten immer neues, schon zu Bahnschwellen und Pfosten verarbeitetes Material nach den Verladeplätzen. Alles dies war für den baumlosen Süden bestimmt, und immer und immer wieder sahen wir lange Lastzüge, nur mit diesem Holz, dem eisenharten Quebrachoholz beladen, in entgegengesetzter Richtung an uns vorbeifahren.

Gegen Mittag endlich trafen wir am Orte unserer Bestimmung ein.

Zwölftes Kapitel.
Als Gärtner im Urwald

Die erbrochenen Koffer. Die Frischluftwohnung. Mond und Wachstum. Schlangen und anderes. Der findige Postverwalter. Eingeborene. Der Verwalter brennt durch. Wie ein Vermögen im Sumpf verschwindet. Geldloses Wohlleben. Entlassen. „Wenn man nichts hat, kann einem nichts gestohlen werden."

Die erste Frage nach unserem Eintreffen galt unserem Gepäck, das ja schon am Tage vorher hätte angekommen sein müssen. Es war jedoch nicht zu finden auf der kleinen Haltestelle, an der die Estancia lag, mußte also weitergegangen sein. Mit Hilfe des Gerenten, des Estancienleiters, der sofort telegraphisch anfragen ließ, erhielten wir denn auch glücklich nach drei Tagen unsere Lumpen. Ja, Lumpen in des Wortes wahrster Bedeutung, denn unsere beiden Koffer waren eingeschlagen und die guten Sachen gestohlen.

Inzwischen hatten wir auch unsere Wohnung angewiesen bekommen. Es war ein altes, verlassenes Rancho, eine erbärmliche Hütte. Fenster waren nicht darin, wären auch überflüssig gewesen, denn die Wände hatten so große Löcher, daß man überall hindurchsehen konnte. Ja, von der Schlafpritsche aus konnten wir jedem außen Vorübergehenden ohne Schwierigkeit die Hand zum Gruße reichen. Die frische Luft war also das Beste an der Hütte.

In Deutschland hätte man nicht gewagt, diese Ruine mit dem durchlöcherten Strohdach als Schweinestall zu benutzen. Hier, in diesem subtropischen Klima, war es für Menschen gut genug.

Ganz ähnlich sah der sogenannte Garten aus. Es war eigentlich nur ein etwa ein Hektar großes eingezäuntes Stück Kamp, das hinter dem Gutshause lag. Dieser Kamp war mit Pfirsichbäumen, Feigen-, Apfelsinen- und Zitronenbäumen bepflanzt, jedoch war weder Weg noch Steg vorhanden, und den Boden bedeckte riesiges, fast meterhohes Steppengras.

Der Gerente, der samt allen übrigen Arbeitern und Angestellten Deutscher war, hatte mich zu sich rufen lassen.

„Wir haben jetzt Anfang März, also Herbst," leitete er seine Rede ein, „in diesem heißen Klima die beste Pflanzzeit. Sämereien habe ich genügend kommen lassen; bereiten Sie also die Saatbeete vor, und säen Sie später bei abnehmendem Mond."

„Aber was hat denn der Mond mit den Pflanzen zu tun?" wagte ich einzuwenden.

„Oho, der Mond hat im tropischen Klima viel mehr Einfluß auf das Wachstum, als viele glauben. Die Pflänzchen gehen dem zunehmenden Mondlicht nach und bleiben dünn und kränklich, fast wie Kellergewächse. Die Kartoffeln z. B. gehen mehr ins Kraut und setzen wenig Knollen an, und bei zunehmendem Mond gepflanzte Zwiebelgewächse drängen sich sogar — vom Mond angezogen — wieder aus der Erde heraus und liegen nach einigen Tagen wieder unbedeckt obenauf.

Vorläufig wollte mir das alles noch nicht recht in den Kopf, einmal darauf aufmerksam, habe ich mich jedoch später durch eigene Beobachtung von der Wahrheit überzeugen können.

„Waren Sie eigentlich schon einmal im Chaco?", fragte mich der Gewaltige jetzt.

„Nein", mußte ich antworten, „ich habe zuletzt im Süden gearbeitet."

„Gut, dann nehmen Sie sich vor den Schlangen in acht, deren es mehr als zuviel gibt. Namentlich die Klapper- und Korallenschlangen sind sehr gefährlich. Schlagen Sie jede Schlange tot, die Sie antreffen, ohne lange zu überlegen, ob sie giftig sein könnte oder nicht. Schädlich sind im Grunde genommen alle, da sie die Frösche fressen, die uns zur Vertilgung der Moskitos und anderer Plagegeister so unentbehrlich sind. Beim Umgraben der Erde werden Sie auch riesige Tausendfüßler finden, fast handlang, sodann Skorpione und Kröten mit riesigem Kopf und Maul. Alle diese Tiere sind giftig und unbedingt zu vernichten."

Ich machte mich nun frohen Mutes an die Arbeit. Diese war ich ja inzwischen gewohnt geworden, und die zehnstündige Arbeitszeit hier kam mir nach den Leiden an der Dreschmaschine vor wie ein Erholungsurlaub.

Inzwischen hatte ich während des Essens und in den Abendstunden meine übrigen Landsleute kennengelernt. Jeder hatte seine Geschichte, die ich allmählich durch ihn selbst oder durch die anderen erfuhr. Alle wohnten sie zu zweien oder dreien in einem Trümmerhaufen, nicht schlechter und besser als wir beide. Sie schienen aber damit zufrieden zu sein, hatten sich längst in das Unvermeidliche gefügt, obwohl die meisten von ihnen auch schon bessere Zeiten gesehen hatten. Einzig und allein über das Ungeziefer und die Schlangen klagten sie sehr.

Der Reitknecht z. B. war Kaufmann und Reisender in Deutschland gewesen und hatte wegen einer Liebesgeschichte das Weite gesucht. Der Schmied hatte sich vor dem Dienen gedrückt, und der Stellmacher hatte sogar seine fünf Jahre in der Fremdenlegion abgerissen. Mit allen diesen konnte man trotzdem nett verkehren und gute Freundschaft halten, wenn sie auch sonst wüste Gesellen und vor allen Dingen große Saufbolde waren.

Sonst war noch ein kleines, etwa siebzehn Jahre altes Kerlchen da, der elternlos als Schiffsjunge in die Welt hinausgefahren, schon zwei Jahre in Nordamerika gewesen war und gut Englisch sprach. Er hatte die Posthilfsstelle unter sich und schien sein Amt zu aller Zufriedenheit zu besorgen. Auch er bezog nur ein klägliches Gehalt, und ich wunderte mich daher mit der Zeit, daß er stets Geld hatte und immer tadellos gekleidet ging.

Eines Tages — wir waren inzwischen recht gute Freunde geworden — feierte er seinen Geburtstag und lud auch mich dazu ein. Bier floß in Strömen, obwohl es 80 Centavos die Flasche kostete. Auch sonst fehlte es an nichts, und wir waren recht fidel an jenem Abend. Anderen Tages, als ich den jungen Mann allein traf, konnte ich jedoch nicht umhin, ihm meine Verwunderung auszudrücken über die großen Auslagen, die er sich gemacht hätte, und ihn zu fragen, wie er denn das bei seinem Hungerlohne hätte möglich machen können.

„Gott," meinte er freimütig, „wenn man eben halt nicht genug Geld verdient, macht man sich welches."

„Dann macht man sich welches?"

„Aber natürlich, dazu ist man doch schließlich in Amerika. Hier wird das alles nicht so genau genommen wie in Deutschland."

„Aber wie kann man sich denn hier Geld machen?"

„O, dafür gibt es viele Möglichkeiten, selbst hier im Urwald."

„So weihe mich doch in deine schwarze Kunst ein."

„Wenn du den Mund halten kannst und versprichst, mir keine Vorwürfe zu machen, warum nicht."

„Hier in Amerika hat jeder mit sich selbst zu tun."

„Gut, daß du das einsiehst, also höre: Wie du weißt, bin ich Postmensch hier, habe Briefmarken zu verkaufen, die Briefe abzustempeln und die Post täglich nach dem Zuge zu bringen oder von dort abzuholen. Täglich habe ich so 40—50 Briefe zu befördern, die ich vom Buero, von euch und von den benachbarten Estancias erhalte. Niemand denkt nun daran, selbst Briefmarken zu kaufen, sondern ein jeder gibt mir das Geld dafür."

„Und du unterschlägst das Geld und unterschlägst die Briefe?", unterbrach ich ihn erschrocken.

„Durchaus nicht, aber ich klebe alte gebrauchte Briefmarken auf die Umschläge, stempele den neuen Stempel genau über den alten und verdiene mir so täglich wenigstens 2—3 Pesos."

Ich war sprachlos über diese Gerissenheit, aber ich sagte nichts. Jeder hatte hier eben mit sich selbst genug zu tun, und diesem Jüngling war doch nicht mehr zu helfen.

Zum ersten Male hörte ich hier auch das Guarani, die Indianersprache der Paraguayer. Viele der eingeborenen Peone sprachen es geläufiger als das Spanisch, so daß es unter ihnen schon zur Umgangssprache geworden war. Diese Eingeborenen selbst waren meist große, kräftige, dunkelhäutige Gestalten. Jeder hatte sein eigenes Pferd und führte ein langes Buschmesser im Gürtel, welches zum Schlachten, Essen, zum Reinigen der Nägel, als Zahnstocher, ja selbst zum Rasieren benutzt wurde. Die meisten konnten weder lesen noch schreiben, und nicht mal in ihrem eigenen Lande kannten sie sich aus.

„Sie kommen von Buenos Aires?" fragte mich da z. B. einer, „wo liegt das eigentlich?"

„Weit, weit unten im Süden," antwortete ich, „am Rio de la Plata."

„So, so, am La Plata, aber an welcher Seite dieses Flusses?"

„Es liegt auf unserer Seite."

„Ach, dann gehört Buenos Aires also zum Chaco!"

„Aber durchaus nicht, im Gegenteil, der Chaco gehört zu Buenos Aires."

Ungläubig blöde lächelte mich der Sohn des Urwaldes an, kopfschüttelnd ging er davon, er wußte es besser als diese weitgereisten Gringos. Sein Chaco, seine Welt, sollte zu Buenos Aires gehören?! Noch schöner!

So wurde es Juni, und der Winter machte sich durch gelegentliche kühle Nächte bemerkbar. Mein Garten war in bester Ordnung, auch die Behandlung war leidlich, nur daß es etwas militärischer und pünktlicher zuging als auf der Estancia in Rio Negro. Dort hatte niemand Notiz davon genommen, wenn ich es mal verschlafen hatte und eine halbe Stunde zu spät gekommen war. Hier wurden wir jedoch schon wegen lumpiger fünf Minuten gerügt.

Zu sparen gab es leider wenig, und um nicht ganz umsonst zu arbeiten und wenigstens monatlich zwanzig Pesos zurücklegen zu können, hatte ich mir an Kleidungsstücken so gut wie nichts Neues angeschafft und mich mit den Lumpen begnügt, die mir die Bahndiebe gütigst gelassen hatten. Mein Spanisch war auch schon besser geworden, und ich rechnete damit, hier zum wenigsten ein ganzes Jahr auszuhalten, um dann mit etwas Geld in der Hand und der Landessprache vollkommen mächtig, endlich die ersehnte bessere Stellung antreten zu können. Es sollte wieder mal anders kommen.

Am 1. Juli teilte uns der Gerente mit, daß er noch kein Geld erhalten habe, um uns den Monatslohn auszahlen zu können, wir sollten uns noch ein paar Tage gedulden. Kurz darauf kamen fremde Herren, und es wurde viel Vieh verkauft, unser Geld jedoch erhielten wir immer noch nicht. Wieder kamen Herren und nahmen die Zugochsen und Ochsenkarren mit sich fort, während andere die Pferde aufkauften.

Nun bekamen wir es doch mit der Angst zu tun und rückten eines Abends dem Bürovorsteher, der zugleich Kassierer war, auf die Bude, ihn fragend, was denn das alles zu bedeuten habe. Jener zuckte die Achseln. Er dürfte nichts sagen, meinte er, da müßten wir schon zum Gerenten selbst gehen.

Das taten wir denn auch noch an demselben Abend. Der Maurer, der den losesten Mund hatte, ging als Wortführer voran, wir anderen zur Bekräftigung hinterdrein.

Ungnädig empfing uns der Estancienleiter. Zunächst schrie er uns nach guter deutscher Art an, uns fragend, was das für eine Art sei, ihm so auf den Hals zu kommen, noch dazu in später Abendstunde. Als er jedoch sah, daß wir uns nicht einschüchtern ließen, schlug seine Stimme plötzlich um, er wurde geradezu höflich.

„Beruhigen Sie sich nur," meinte er, „Sie werden Ihr Geld schon kriegen, dafür werde ich sorgen; aber was sind Ihre paar Pimperlinge im Vergleich zu den Verlusten, die der Besitzer selbst erlitten hat."

„Der wird sich schon sein Teil auf die Seite gebracht haben, ebenso wie Sie," entgegnete der Maurer, mit erhobener Hand frech vor ihm stehend, die Mütze auf dem Kopf und die Zigarre im Munde, während wir übrigen Beifall brummten.

„Na, nun gehen Sie nur ruhig schlafen, morgen bekomme ich das Geld für die Ochsen, dann werde ich Sie alle sofort auszahlen."

Wir gingen denn auch wirklich, um am andern Morgen die angenehme Überraschung zu erleben, daß der saubere Gerente das Weite gesucht hatte. Nachts um eins war er mit seinen Koffern abgefahren, und der später zurückfahrende Kutscher konnte uns nur bestätigen, daß er den „Patron" zum Zuge nach einer entfernt liegenden Station hatte fahren müssen.

Für den Bürovorsteher hatte der Flüchtling einen Zettel liegen lassen, ihm die Gutsgeschäfte übertragend und ihm mitteilend, daß er dringender Geschäfte halber eilig nach Buenos Aires habe fahren müssen.

Nun gab es für uns kein Halten mehr. Alles war außer Rand und Band, und unsere Aufregung kannte keine Grenzen. Jede Arbeit ruhte, und beim Frühstück wurden schon Stimmen laut, die verlangten, daß wir die Estancia aus Rache abbrennen und das Almacen erbrechen sollten, um uns so schadlos zu halten. Doch da ließ der Bürovorsteher, der wohl Böses ahnte, den Maurer und mich plötzlich zu sich bitten.

„Meine Herren," redete er uns an — plötzlich waren wir also Herren geworden —, „Sie wissen, daß ich an alledem, was hier in der letzten Zeit passiert ist, ebensowenig Schuld trage wie Sie. Ich bitte Sie daher, das herrschende Durcheinander nicht noch größer zu machen, als es schon ist, und namentlich die eingeborenen Peone nicht aufzureizen, dann könnte sich deren Wut auch gegen uns kehren."

„Dann möchten wir aber vor allen Dingen erst mal wissen, was eigentlich überhaupt vorgefallen ist," antwortete ich.

„Das ist leicht erklärt. Die Estancia grenzt, wie Sie wissen, an die Bahnlinie und wird durch ein mit dieser etwa parallel laufendes Sumpfgebiet in zwei Hälften geteilt. Der frühere Besitzer, ein Franzose, hat nun den Urwald diesseits des Sumpfes ausgebeutet, ein riesiges Geschäft dabei gemacht und dann die Estancia zur richtigen Zeit an den heutigen Eigentümer entsprechend teuer verkauft. Dieser fing nun sofort an, jenseits des Sumpfes Holz zu schlagen, und versuchte gleichzeitig, eine etwa 1000 m lange Brücke über den Estero zu bauen. Diese Brücke ist bis heute noch nicht fertig geworden, obwohl von beiden Seiten je dreißig Mann täglich daran arbeiteten und viele Tausende von Pesos hineingesteckt wurden. Immer, wenn sie fast fertig war, versank ein Teil wieder in dem unergründlichen Schlamme. So haben wir seit einem Jahre nichts als Unkosten gehabt, ohne auch nur einen einzigen Centavo eingenommen zu haben. Daß dabei auch der reichste Mann das Genick brechen muß, läßt sich wohl erklären und ist, wie Sie sehen, soeben eingetreten."

„Und ist Aussicht vorhanden, daß wir unsere sauer verdienten Groschen noch erhalten, um unsere Kost bezahlen und uns andere Arbeit suchen zu können?"

„Ganz gewiß. Auf meine eigene Verantwortung hin verspreche ich Ihnen das Geld binnen acht Tagen. Bekomme ich nämlich bis dahin vom Besitzer keine Antwort auf meinen Bericht, werde ich Geschirre, Schweine, Geflügel oder sonst etwas verkaufen, um Sie rechtmäßig entlassen zu können."

„Gut, dann werden wir uns so lange ruhig verhalten. Sie werden es aber nicht verhindern können, daß wir uns mit Gemüse aus dem Garten und Fleisch vom Geflügelhof versorgen, um bis dahin billig leben zu können."

„So machen Sie es wenigstens so unauffällig wie möglich," bat er uns, was wir denn auch versprachen.

Die nun folgenden Tage werden mir als einige der schönsten, die ich in Amerika verlebte, stets unvergeßlich bleiben. Am ersten Abend fingen wir uns zwei Hühner, die wir am Spieße brieten. Tagsüber trieben wir uns jagend im Urwalde herum. Am nächsten Abend schlachteten und verspeisten wir eine Gans. Am dritten Abend kam eine fette Truthenne an die Reihe. Für den vierten Abend hatte der Maurer Ferkelbraten befohlen. Wir schlichen also in der Dämmerung wie die Indianer an die Umzäunung heran, in der sich etwa sechzig Schweine befanden, kletterten hinein und suchten ein ansehnliches Ferkel zu ergreifen. So leicht war das jedoch nicht gemacht, und als wir schließlich schweißtriefend solch einen Säugling in unsere Gewalt bekommen hatten, wurden wir auf sein Geschrei hin sofort von sämtlichen Säuen angegriffen und buchstäblich über den Haufen gerannt. Nun versuchten wir es auf andere Weise.

An einer Seite der Umzäunung befand sich ein Bretterschuppen, der zwischen sich und der Umzäunung einen Gang freiließ, in den sich zur Not noch ein Mensch, nicht aber ein großes Schwein zwängen konnte. In diese enge Gasse suchten wir jetzt ein Ferkel hineinzutreiben, was uns auch schließlich glückte. Schnell sprangen wir nun hinzu, zwängten uns — von jeder Seite einer — in den Gang hinein, bis wir schließlich dem Schweinchen auf der Schwarte saßen.

Natürlich wehrte es sich, und sein klägliches Geschrei tönte durch die Abendstille. Sofort hatten wir wieder die ganze Schweinemeute auf dem Halse; sie kam mit solcher Wucht angestürmt, daß der Schuppen einzufallen drohte. Sie konnten uns aber nichts anhaben und beruhigten sich, als es dem Maurer gelungen war, unserem Opfer krampfhaft die Schnauze zuzuhalten.

Wie das Tier aber nun schlachten? Niemand hatte daran gedacht, sich ein Messer einzustecken, und den sauer erkämpften Braten so ohne weiteres wieder fahren zu lassen, lag nicht in unserer Absicht.

Schließlich entsann sich der Maurer, der immer noch die Schnauze des Schweines zuhielt, einer spitzen Rundfeile, die er in der Tasche haben mußte. Sofort durchwühlte ich seinen Rock, fand das Instrument und stieß es dem Tierchen, ohne lange zu zaudern, zweimal ins Herz. Schnell und schmerzlos verendete es, aber noch immer hielt ihm mein Begleiter die Schnauze zu, aus Angst, die alten Säue möchten nochmals und mit mehr Erfolg auf uns anstürmen.

Später warfen wir das tote Schweinchen über den Zaun, kletterten selbst nach und schleppten es dann in der Dunkelheit nach unserer Hütte. Kopf und Eingeweide vergruben wir, teilten den übrigen Körper längs in zwei Hälften und brieten ihn am Spieß. Dieser Braten schmeckte uns so hervorragend, daß wir uns vornahmen, nun nur noch Schweine zu schlachten.

Leider dauerte unsere Freude nicht lange, denn schon am nächsten Tage kam Geld für uns an, und wir wurden — nun mit Recht — aufgefordert, die Estancia zu verlassen.

Mit dem Bündel unter dem Arme zogen wir ab, unsere zertrümmerten Koffer ihrem Schicksal überlassend. „Wenn man nichts hat, kann einem nichts gestohlen werden", hatte der Maurer sehr richtig bemerkt, und ich war nicht unglücklich darüber, wußte ich doch noch ein riesiges Stück kalten Schweinebratens in meinem Rock verborgen.

Dreizehntes Kapitel.
Tierleben und Jagderlebnisse im Chaco

Urwaldjagd. Die Boliadora. Jagd mit Steppenbrand. Die Tierwelt. Wenig Vierfüßler, viele Vögel: Reiher, Störche, Papageien, Kolibris. Schlangen in Menge, Eidechsen, Riesenfrösche und Riesenkröten. Die Insektenplage: Ameisen, Moskitos, Sandflöhe, Riesenspinnen, Heuschrecken. — Dazu die Bilder 8, 9, 12, 18, 23, 24.

Ich hatte im Urwalde Sonntags jagen können, soviel ich wollte. Allerdings war es mir bei meinem kurzen Aufenthalt leider nicht möglich, viel zu erleben.

Öfters erschienen Indianer auf der Estancia, um im Almacen Nutriafelle und Reiherfedern gegen Munition, Salz und Eßwaren einzutauschen. Meist waren sie mit Vorderladern und langen Messern bewaffnet und mit schmutzigen Lumpen bekleidet. Stets verhielten sie sich ruhig und bescheiden, und man sagte mir, daß seit zwei Jahren keine Überfälle mehr vorgekommen seien.

Die Indianerdörfer selbst lagen tiefer drinnen im Urwald. Die Hütten sind aus Baumpfählen hergestellt, notdürftig mit Lehm beschmiert oder mit einigen Fellen bedeckt. Um das Lagerfeuer sitzen sie stets mit vom Feuer abgewendeten Gesichtern. Einige sagten, damit das Feuer ihnen nicht die Augen verderbe, andere wieder, daß es eine alte Überlieferung sei, um jeder drohenden Gefahr rechtzeitig ins Auge sehen zu können. Vielleicht ist beides richtig.

Wenn sie jagen, machen sie stets eine Art Kesseltreiben. Sie treiben das Wild mit großem Geschrei von allen Seiten zusammen, ziehen den Kreis enger und enger und töten die durch ihre Reihen brechenden Tiere durch Keulenschläge, mit dem Messer, oder sie fangen sie mit der Boliadora. Diese besteht aus drei Stein- oder Bleikugeln, in Leder eingenäht und durch drei derbe eingefettete Stricke untereinander verbunden. Am Knotenpunkt dieser Stricke ist noch ein Stück weißes oder rotes Tuch eingeflochten, um die Boliadora nach einem Fehlschuß im hohen Grase leicht wiederfinden zu können. In allen Größen gibt es diese Waffe, auch unter den eingeborenen Argentiniern: kleine, um damit Wildenten und Papageien im Fluge herunterzuholen, riesengroße, um halbwilde Pferde, Hirsche und Strauße niederzuwerfen.

Selbst kleine Kinder üben sich schon im Werfen dieser nicht ungefährlichen Waffe. Eines Tages beobachtete ich einen etwa dreijährigen Jungen, wie er immer und immer wieder versuchte, mit seiner kleinen Boliadora ein Huhn zu fangen, und jedesmal laut aufschrie vor Wut, wenn ihm ein Wurf mißlungen war.

Noch eine andere Jagdart ist bei den Indianern sehr beliebt: das Jagen mit Hilfe des Feuers. Im Herbst namentlich, wenn das Gras hoch und trocken ist, stecken sie es an und stellen sich an einer günstigen Stelle in der Windrichtung auf. Meist postieren sie sich zwischen zwei Lagunen, wo also das Wild unbedingt hindurchkommen muß, und empfangen hier ihre vor dem Feuer flüchtenden abgehetzten Opfer mit ihren Waffen. Das so getötete Wild wird von den Weibern hinter die Lagunen gezogen, wohin sich auch die Jäger zurückziehen, sobald das Feuer in gefährliche Nähe gerückt und kein Jagdtier mehr zu erwarten ist.

Nach den Aussagen der Eingeborenen hatte es hier noch vor 15—20 Jahren von Jaguaren, Pumas, Hirschen, Tapiren und Ameisenbären geradezu gewimmelt. Durch den Bahnbau jedoch und die sich allmählich längs der Bahnlinie ansiedelnden Leute waren alle diese Tiere vernichtet oder weit in den Urwald zurückgedrängt worden.

Meine Enttäuschung in betreff des Wildreichtumes war hier deshalb nicht geringer als im Süden. Vergebens durchstreifte ich Sonntag um Sonntag den Urwald, vergebens pirschte ich abends und morgens an den Sümpfen entlang. Nur Raub-, Sumpf- und Wasservögel, Schlangen, Ameisen und Moskitos ließen sich blicken; namentlich Moskitos gab es in sagenhaften Mengen.

Das einzige vierfüßige Jagdtier, das ich zweimal zu erlegen das Glück hatte, war das Gazuncho (Spießhirsch), eine Hirschart, die der deutschen im Winterkleide, aber auch in Größe und Farbe sehr ähnlich ist. Auch der frischgesetzte Nachwuchs hatte ziemlich das Aussehen und die Zeichnung unserer deutschen Rehkitze. Leider ist das Geweih nicht dementsprechend, denn der Gazunchobock trägt fast stets nur fingerlange Spieße.

Zwar sollen noch ein weiterer großer roter Hirsch, drei Arten Füchse, eine Tigerkatze, mehrere Wildkatzenarten und zwei Gürteltierarten vorkommen, doch waren, wie gesagt, alle diese Tiere schon so selten und meine Zeit so knapp, daß ich sie hier nicht mehr kennen lernte.

Waren die vierfüßigen Tiere also fast ein Ereignis, so war die Vogelwelt um so reichlicher vertreten. Martinetta und Perdice (Steißhühner), die Hühnervögel des freien Kamps, wurden hier im Urwald durch den Mytú und die Charata ersetzt, wahrscheinlich Vertreter der Hokkovögel. Man könnte diese als den südamerikanischen Auerhahn und Birkhahn bezeichnen, nur daß sie dunkelbraun und einfacher gezeichnet sind als jene. Die Namen der beiden kommen aus dem Indianischen, sie sind den Vögeln nach ihrem Lockruf gegeben worden.

An Reihern gibt es drei Arten. Zunächst eine unserem deutschen grauen Reiher ähnliche, nur etwas größere Art, welche Garza mora heißt (der amerikanische Fischreiher). Diese Reiher stehen meist einzeln in den Sümpfen und sind sehr scheu. Ihre Federn, die Handelswert besitzen, wachsen ihnen auf dem Kopfe, vorn an der Brust und namentlich auf dem Rücken. Man bezahlte etwa 70 Pesos für das Kilo.

Die zweite Art ist der weiße Reiher, die Garza blanca, ein Silberreiher. Etwas kleiner als die Garza mora, ist dieser Reiher schön weiß gefiedert, hat gelben Schnabel und gelbe Augenränder und bietet eine geradezu prächtige Erscheinung. Jeder dieser immer seltener werdenden Vögel besitzt für etwa 8—10 Pesos brauchbare Federn, die ihnen einzig und allein auf dem Rücken wachsen und damals mit 500—800 Pesos je Kilo bezahlt wurden. Auch diese

Reiherart brütet auf Bäumen, in Reiherkolonien, die vom Entdecker erklärlicherweise stets streng geheimgehalten wurden, da der Glückliche, der eine solche Kolonie tief drinnen im Urwald entdeckt hat, nicht mehr nötig hat, zu arbeiten.

Die dritte Art heißt Mirasol (Schmuckreiher) und ist eine ebenfalls schneeweiße zierliche kleine Reiherart, die nur eine Höhe von etwa 50 cm erreicht. Dies zierliche Tierchen nistet in kleinen Kolonien in den Esteros, den Sümpfen, und seine wertvollen Rückenfedern wurden mit etwa 2000 Pesos das Kilo bezahlt.

Auch einen Storch gibt es hier, der von weitem dem deutschen Storch täuschend ähnlich sieht. Er ist jedoch in Wirklichkeit etwas größer als dieser, seine Augen sind mit einem federlosen fleischroten Ring umkränzt, und der starke Schnabel ist an der Wurzel blauviolett, die Spitze dagegen fast schwarz. Er nistet im Schilf der großen Sumpfgebiete und lebt von Fischen, Aalen und Fröschen. Er wird Maguari genannt.

Stets war die Luft von dem Geschrei der massenhaft vorhandenen Papageien erfüllt. Besonders zwei Arten waren sehr häufig; eine kleine langschwänzige von Drosselgröße, grün und grau gezeichnet, die stets in großen Schwärmen auftrat, und eine rabengroße Art, ebenfalls grün mit schönen rot und gelb gezeichneten Schwung- und Schwanzfedern. Dieser Papagei, der mehr paarweise auftritt, wird gern in den Ranchos gehalten, lernt leicht sprechen und gilt seines Fleisches wegen als willkommene Jagdbeute.

Außer unzähligen Entenarten beherbergen die Sümpfe hauptsächlich Kiebitze, schwarze Wasserhühner, Strandläufer und den Chaja, den Sumpftruthahn (Tschaja; Chauna cristata Swains; ein Wehrvogel). Grau gefärbt, von Truthahngröße, sitzt dieser merkwürdige Vogel meist in größeren Scharen am Rande der Schilfdickungen in den Esteros, die Luft mit seinem Geschrei erfüllend, sobald sich ihm ein Mensch, ein Raubtier oder sonst ein ihm verdächtig erscheinendes Lebewesen nähert. In der Tat scheint der ganze Lebenszweck dieses Chajas der zu sein, alle übrigen sorgloseren Bewohner der Urwaldsümpfe vor anrückenden Gefahren rechtzeitig zu warnen; er scheint zu ihrem Wächter berufen.

Seine Nahrung besteht namentlich aus Sumpfpflanzen. Zu seiner Verteidigung hat er je zwei tigerkrallenartige Auswüchse an den mittleren Flügelknochen, die er sehr sehr gut anzuwenden weiß, indem er Füchsen und anderem Raubgesindel rechts und links unangenehme Ohrfeigen damit austeilt. Er nistet im Schilf. Die Eier sehen Gänseeiern ähnlich, ebenso ähnelt die ausgeschlüpfte Brut jungen Gänsen, nur daß der Schnabel etwas spitzer und leicht gekrümmt ist.

Man hält den Chaja auch als Haustier unter den Hühnern. Er ersetzt dann vollkommen den wachsamsten Hund, verscheucht des Nachts Diebe und Füchse durch sein Geschrei und warnt tagsüber die Hühner vor dem sich nähernden Raubvogel. Sein Fleisch wird nicht gegessen. Seinen Namen gab man ihm nach seinem durchdringenden Rufe chacha, chacha.

Einen anderen merkwürdigen Vertreter der Sumpfvogelklasse fand ich in dem Garau, der dem Ibis sehr ähnlich ist (Plegadis guarauna). Das schwarzbraune Gefieder ist mit hellen Punkten übersät; der schwarze Schnabel sehr lang, weich und leicht gebogen. Er kommt in zwei Arten vor, einer größeren und einer kleineren, und bevölkert ebenfalls in großen Scharen die Esteros. Sein Fleisch wird gegessen, es ist jedoch von unzähligen feinen fischgrätenähnlichen Knochen und Sehnen durchsetzt, die durchaus nicht zu den Annehmlichkeiten eines solchen Bratens gehören.

Unter den Raubvögeln ist der bei weitem häufigste und gefährlichste ein Geierfall, der Carancho. Er hat etwa die Größe eines Bussards, ist jedoch schöner und kontrastreicher gezeichnet als dieser und hat einen stark gebogenen typischen Adlerschnabel. Überall ist er dabei, und seine Frechheit hat mich so manches Mal in Erstaunen gesetzt. Nie ist der Hühnerhof vor ihm sicher. Die von dem Jäger angeschossene Ente läßt er nicht mehr aus den Augen, und sie gehört ihm, falls der Jäger ihr im tiefen Schlamme nicht schnell genug folgen kann. Selbst das kranke Schaf wird von ihm angefressen, sobald es nicht mehr die Kraft hat, sich zu wehren.

Der Carancho, sagte mir ein Eingeborener, macht was er will. Selbst den ausgewachsenen Strauß greift er mit Erfolg an, wenn es ihm gerade einfällt, Straußenfleisch zu verzehren; er verfolgt ihn zu zweien oder dreien so lange, bis der riesige Vogel ermattet zusammenbricht.

Sieht ihn der Estanciero in großen Scharen in der Luft kreisen, so kann er sicher sein, daß ein sterbendes Stück Großvieh in der Nähe liegt, und muß sich beeilen, dem Carancho zuvorzukommen, um wenigstens das wertvolle Fell noch unversehrt bergen zu können.

Einen bei weitem besseren Ruf hat der Cuervo, der Rabengeier, der Aasvertilger des Chaco. Pechschwarz gefiedert, mit langem nackten Hals, ist er etwas größer als der Carancho; nährt sich jedoch nur von Aas und sorgt dafür, daß das im Kamp gefallene Vieh schnell verschwindet und die Luft nicht wochenlang verpestet.

Das Vögelchen jedoch, das mein Interesse stets am allermeisten in Anspruch nahm, war der Picaflor, ein Kolibri. Ganz aufgeregt war ich, als mir, dem nichts Ahnenden, plötzlich in den ersten Tagen meines Aufenthalts solch ein allerliebstes Tierchen an der Nase vorbeigeschwirrt kam und — ohne große Ängstlichkeit zu zeigen — vor der nächsten Blüte haltmachte, um nach Schmetterlingsart den Honig daraus zu schlürfen. Kaum daß ich meinen Augen trauen wollte. Ein Kolibri, ein wirklicher kleiner Kolibri!

Einmal darauf aufmerksam geworden, habe ich sie dann täglich, ja stündlich beobachten können. Mit ihrem feinen tsi, tsi schwirrten sie rastlos um mich herum, von einer Blüte zur anderen, um sich dann wieder auf einem Blattstiel oder Zaundraht einen Augenblick der Erholung zu gönnen. Man sagte mir, daß man diese Tierchen getötet einfach nur eintrocknen zu lassen brauche, um sie später mit nach Europa nehmen zu können; es tat mir jedoch viel zu leid, um dessentwillen Hand an dieses allerliebste Geschöpfchen zu legen.

Drei Arten konnte ich unter diesen kleinen Sonnenkindern unterscheiden. Die gewöhnlichste und kleinste Art hat ein graugrünes, schillerndes Gefieder und verhältnismäßig kurzen dunklen Schnabel. Dann gibt es noch eine größere, fast schwarze Art mit purpurrotem Schnabel und eine dritte bunte Art mit einem Häubchen auf dem Kopfe.

Ihre Nesterchen, die sie aus Spinneweben zusammentragen, bauen sie ganz in die Nähe menschlicher Wohnungen. Ich fand sie in alten Schuppen an einem hervorstehenden Nagel hängend, in Lianen versteckt oder an den Blattstiel eines Baumes angeheftet. Ja selbst unter dem Verandadach des Gutshauses befand sich ein solches

Kunstwerk, das als Stützpunkt nichts weiter als ein aus dem Dach hervorragendes feines Stück Draht hatte.

Diese Vögelchen legen zwei etwa erbsengroße Eier, aus denen nach kurzer Zeit zwei nicht viel größere häßliche Junge schlüpfen, an denen die Eltern mit großer Liebe hängen. Ich konnte beobachten, daß die Kolibris im Bau befindliche oder eben fertige Nester im Stich ließen, sobald sie von Menschenhand berührt wurden; Eier oder Junge suchen sie jedoch stets wieder auf.

Für etwa einen Peso wurden mir des öfteren junge Kolibris angeboten, und häufig sah ich solche Tierchen in den Ranchos, wo man sie mit Zuckerwasser ein paar Wochen lang am Leben erhielt. Länger war dies nicht möglich, länger konnten diese Schmetterlinge unter den Vögeln Sonnenschein und Blütenduft nicht entbehren.

Soviel ich später auch noch in Südamerika herumgekommen bin, nie hatte ich wieder Gelegenheit, solch enorme Mengen von Schlangen aller Art anzutreffen, als hier. Das feuchtheiße Klima, die ewige drückende Gewitterschwüle und die umliegenden Urwaldsümpfe waren Brutstätten für diese unheimlichen Reptilien, die ich in allen Längen bis zu vier Meter und darüber antraf. Hundert Seiten könnte ich vollschreiben über die täglichen Begegnungen und Kämpfe, die ich mit ihnen zu bestehen hatte. Die längste Schlange war die Curiyú, eine nicht giftige Wasserschlange, die gefährlichste dagegen die Cascabel, eine Klapperschlange (Cascapella, die Schauerklapperschlange), und die wunderbar schwarz, weiß und rot geringelte Korallenotter.

Fast jede Schlange, die ich totschlug, gehörte einer anderen Art an. Es gab da kleine gefährliche Schararaka, eine der Lanzenschlange verwandte Lochotter, mehrere Otterarten, ähnlich wie unsere Kreuzotter gezeichnet; die Kyryryó, eine goldig glänzende gefährliche Springschlange; es gab grüne Grasschlangen und Nattern, gab Sumpf- und Baumschlangen. Täglich erlegte ich ihrer 5—10, und immer und immer wieder befanden sich neue, mir noch unbekannte Arten darunter.

Ohne Wahl tötete ich dies widerliche Getier. Selbst die unschädlichen Ringelnattern und Grasschlangen wurden nicht verschont, denn, sind sie auch nicht gerade giftig, so vertilgen sie doch die uns so unentbehrlichen Frösche, die einzig und allein gegen die Wolken von Moskitos schützen.

Jeden Abend, jeden Morgen untersuchten wir unsere Stube nach Schlangen. Namentlich zur Regenzeit drängten die Reptilien in die stets offenen und zur ebenen Erde liegenden Wohnungen hinein, in denen sie vor der Kälte und allzu großer Nässe Schutz suchten. Hinter den Koffern und am Bettgestell aufgeringelt haben wir sie gefunden; in den Mäuselöchern sahen wir sie abends bei unserem Eintritt in die Stube verschwinden. Von den Ästen der Bäume hingen sie herunter und lagen in den tiefen Rissen der Rinde alter Baumstämme verborgen, so daß wir uns abgewöhnen mußten, uns bei Verrichtung kleiner Notdurften an die Bäume zu stellen, da es wirklich sehr gefährlich war. Allerdings hat mich nur einmal eine Schlange angegriffen. Es war eine etwa 2 m lange Kyryryó, die seltene, aber sehr giftige Springschlange. Ich traf mit ihr auf einem Gartenwege zusammen, den sie gerade kreuzen wollte. Wie eine goldene Rüstung schillerte ihre wunderbare Haut. Flugs bückte ich mich nach einem Ziegelstein, um ihr den Kopf zu zerschmettern, als sie sich auch schon wie der Blitz zusammenrollte und nach mir sprang. Nur Geistesgegenwart und ein gewandter Seitensprung retteten mich. Vorsichtig geworden, holte ich jedoch jetzt mein Gewehr, um ihr, die schon wieder zusammengerollt auf mich wartete, durch einen Schuß den Kopf zu zerschmettern.

Entsetzt sahen oft die Eingeborenen dieser Schlangenbekämpfung zu, denn mit ihren nackten Füßen fürchten sie diese Tiere bei weitem mehr als wir Europäer und laufen lieber davon, statt das erblickte Reptil zu vernichten. Übrigens traf ich bei meinen gelegentlichen Streifzügen im Urwald viel weniger Schlangen an als im Garten und in der Nähe der Gebäude.

Als Mittel gegen Schlangengift wird vor allen Dingen übermangansaures Kali verwandt. Todesfälle kamen wunderbarerweise nur selten vor; ab und zu hörte man jedoch, daß ein Stück Rindvieh oder ein Pferd durch Schlangenbiß verendet war; namentlich viele Hunde gingen daran ein.

Außer verschiedenen kleinen Eidechsenarten lernte ich hier eine über meterlange Rieseneidechse, den Leguan (Iguana), kennen. Ich fand ihn unter Holzstößen und namentlich unter hohlen Ufern. Er ist als Eierdieb sehr bekannt. Die lange Zunge ist tief gespalten und der Schwanz wie bei allen Eidechsenarten leicht zerbrechlich. Die Leber wird von den Eingeborenen als Heilmittel gegen wer weiß was für Schmerzen geschätzt. Es gibt wohl wenig Tiere, die ein zäheres Leben haben als diese Iguanas. So glaubte ich die erste Rieseneidechse, die ich mittelst Schrotschuß schwer verletzt hatte, durch ein paar Keulenschläge über den Kopf vollends getötet zu haben. Ich nahm also eine in der Nähe stehende Forke, spießte sie auf und schleuderte sie in einen Sumpf. Trotzdem saß sie schon wieder mit aufgesperrtem Rachen am Ufer, als ich nach etwa einer halben Stunde wieder vorüber kam.

Der Gedanke an dies unglückliche Tier war mir so peinlich, daß ich der nächsten erlegten Echse mit einem Buschmesser die Kehle durchschnitt, so daß der Kopf nur noch an der Wirbelsäule hing. Als ich dann mit einem Spaten zurückkam, um sie einzugraben, hatte auch diese sich schon wieder auf die Füße gedreht und versuchte zu entweichen, bis ich ihr mit dem Spaten den Schädel gänzlich vom Rumpfe trennte.

Unzählige Wasserfrösche (Ranas) vollführten allnächtlich ein erbarmungswürdiges Konzert in den Esteros, während riesige stumme Ochsenfrösche, sogenannte Zappos, so groß, daß man eine ganze Schaufel mit ihnen bedecken kann, nachts in der Nähe der Wohnungen das überreichliche Ungeziefer vertilgen. Vielfach werden diese ebenso schwerfälligen als nützlichen Tiere auch zu ebendiesem Zweck in den Ranchos gehalten.

Eine sonderbare Kröte lebt in der Erde und wurde des öfteren von mir beim Umgraben der Beete ans Tageslicht gefördert. Sie ist handgroß, aber fast kugelrund, so daß man erst richtig hinsehen muß, um zu erkennen, an welcher Seite eigentlich der Kopf sitzt. Dies sonderbare Tier bläht sich — mit einem Stock angestoßen — auf, gibt dann wütende, sonderbar kreischende Töne von sich und sucht sich zu verteidigen, indem es sich in dem Stock oder dem Spaten festbeißt. Diese Kröte soll sehr giftig sein, und es wurde mir erzählt, daß das gebissene Glied blau anschwelle, der Biß sogar den Tod eines Menschen herbeiführen könne.

Ein Heer von Insekten entsprach endlich den Schlangen, Fröschen und namentlich dem stets drückend warmen gewitterschwülen Klima. Weder in Paraguay noch in einer Provinz Argentiniens habe ich später wieder jemals so unter diesen Quälgeistern gelitten wie hier.

Da waren zunächst die Ameisen und Termiten, die in ungezählten Varietäten und Farbenschattierungen auftraten. Von den kleinsten, kaum größer als ein Stecknadelkopf angefangen, bis zu solchen von Bienengröße und darüber kann man hier finden. Es gibt Arten, die nur Pflanzen fressen, und wieder nur reine Fleischfresserarten, die in unsichtbaren Erdlöchern wohnen, und solche, die sich riesige Hügel aufwerfen. Ja, die vielen Eingänge zu diesen Hügeln werden vor jedem Regen sogar noch mit 20—30 cm hohen Lehmtüten versehen, die wie kleine Zelte die Eingänge vor dem Wasser schützen.

Überall sind diese Sechsbeiner, und nichts ist vor ihnen sicher. In die geschlossenen Zuckerdosen dringen sie ein, das an der Decke aufgehängte Stück Fleisch wimmelt von ihnen. Oft genug hatten sie über Nacht angefangen, sich in einer Stubenecke einzunisten, und waren damit morgens so weit gediehen, daß wir die zusammengeschleppte Erde mit der Schubkarre hinausschaffen mußten. In die elenden Reste meines Koffers waren sie eingedrungen und hatten nicht nur mühsam gesammelte Vogelbälge und wertvolle Schmetterlinge zerfressen, sondern sich aus den Überbleibseln auch noch Nester gebaut.

Oft war es geradezu zum Verzweifeln. Der schöne Garten konnte nur dadurch erhalten werden, daß man ringsherum einen Graben zog, der ständig Wasser halten mußte, um ein Eindringen dieser Schädlinge von außen unmöglich zu machen. Im Garten selbst waren alle Ameisennester durch Schwefelkohlenstoff ausgeräuchert worden. Das ging eine Weile ganz gut, bis ein großer Ameisenstaat am Rande des Urwaldes doch eines Nachts den Weg in den Garten fand und uns in dieser einen Nacht nicht nur sämtliche Erdbeerpflanzen, die wir kurz vorher hatten aus Buenos Aires kommen lassen, bis auf die Wurzeln abfraß, sondern auch noch einen schönen, etwa achtjährigen Apfelbaum fast entlaubte.

Der einzige Schutz, den wir in den Ranchos für die Eßwaren hatten, war der, daß man sie auf Bretter stellte, die an Drähten unter der Stubendecke frei schwebten. Auf jeden dieser Drähte mußte aber eine Flasche aufgefädelt sein, der man vorher den Boden eingeschlagen hatte. Sonderbarerweise wagen es nämlich die Ameisen nicht, weder über noch durch diese Flaschen zu marschieren.

Noch furchtbarere Plagegeister hatten wir allerdings in den Moskitos. Auch diese lieben Tierchen gab es in allen möglichen Varietäten und Größen, solche die größer waren als unsere deutschen Mücken, aber auch ganz winzig kleine. Gerade diese sind die gefürchtetsten. Sie stechen nicht nur viel empfindlicher, sondern dringen auch unter jede Decke und durch jedes Moskitonetz hindurch, so daß es einfach unmöglich ist, sich vor ihnen zu schützen. Es gibt Moskitos, die sich mit voller Wucht auf ihr Opfer werfen, daß es ordentlich klatscht, und solche, deren Anwesenheit man erst bemerkt, wenn sie sich schon ordentlich vollgesogen haben. Am Tage lassen sie einen nicht arbeiten, abends nicht pirschen oder Zeitung lesen, nachts nicht schlafen. Jeden Morgen saßen die Wände unseres Rancho voll von diesen Blutsaugern, die sich über Nacht mit unserem Blut gesättigt hatten, und die wir dann mit den Hausschuhen erschlugen, so daß die weißgekalkte Wand allmählich rot wurde. Heute noch klingt mir ihr monotones ssiiiii in den Ohren, das mich des öfteren fast an den Rand des Wahnsinns gebracht hat. Das einzige Gegenmittel, das die Eingeborenen mit einigem Erfolg anwenden, um sich vor den Mücken zu schützen, ist, daß sie allnächtlich große Feuer vor ihren Hütten unterhalten, durch die diese lieblichen Tierchen etwas abgehalten werden.

Im Grase und Unkraut, das man streift, lauern die Bichos colorados, kleine kaum sichtbare rote Zecken, winzige Verwandte unsrer Holzböcke, die sich unter der Haut festsetzen und ein furchtbares Jucken erzeugen. In den Wohnungen dagegen wimmelte es von Flöhen und Wanzen.

Doch damit waren der Quälgeister noch nicht genug. Mit Schrecken gedenke ich noch der Piques, der Sandflöhe, die — nicht größer als ein kleiner schwarzer Punkt — unter die Zehennägel, unter die Haut der Zehenballen und Fußsohlen, ja selbst unter die Fingernägel dringen, dort ihre Eier ablegen und dadurch sehr schmerzhafte eitrige Entzündungen hervorrufen. Das Sonderbarste dabei ist, daß man die Entzündung meist erst bemerkt, wenn sie schon stark vereitert ist. Wohlgemut geht man abends zu Bett und kann am folgenden Morgen mit dem einen Fuß vor Schmerzen kaum auftreten. Unter irgendeinem Zehenballen oder Nagel bemerkt man dann gewöhnlich eine etwa erbsengroße vereiterte Stelle mit einem kleinen schwarzen Pünktchen darin. Dies Pünktchen ist der Sandfloh selbst, der, von einem Knäuel von Eiern umgeben, gewöhnlich schon das Zeitliche gesegnet hat und sich so nach erfüllter Lebensarbeit jeder irdischen Gerechtigkeit entzieht. Die Hauptsache ist nun, daß man mit den Eiern auch den schwarzen Punkt an die Luft befördert und daß man die Stelle ordentlich ausdrückt, bis etwas Blut fließt. So behandelte Wunden heilen schon in vierundzwanzig Stunden fast schmerzlos, während sonst sehr ernstliche Entzündungen folgen können. Ich sah Leute, die bis zu zwanzig solcher Geschwüre an einem Fuße hatten und furchtbar darunter litten. Namentlich die Eingeborenen, die in ihren Hütten nur Lehmfußboden besitzen und meist barfuß oder in Alpargatas, den allgemein gebräuchlichen Zeugschuhen, einhergehen, leiden sehr unter diesen Piques. Nicht weniger übrigens die Hunde, die auch wohl als die eigentlichen Verbreiter der Sandflöhe angesehen werden können und deren kranke Füße mit Petroleum behandelt werden.

Unter den Spinnen war es besonders die mehr als handtellergroße Vogelspinne, die mein Interesse lebhaft in Anspruch nahm. Sie hat ihren Namen nicht mit Unrecht, denn die kleinen Vögel und namentlich die Kolibris haben viel unter ihr zu leiden. Selbst große Frösche überwältigt sie. Ohne — wie andere Spinnen — ein Netz zu besitzen, spioniert sie auf Gartenwegen, alten Bäumen oder im Mauerwerk herum und sucht nach Beute. Berührt man sie mit einem Stock, so stellt sie sich sofort in Positur, um sich energisch mit ihren großen Zangen zu verteidigen. Ängstlich ist sie jedenfalls nicht, und die Leute behaupten, daß ihr Biß sehr gefährlich sei. Meiner Meinung nach gibt es auch von diesen Riesenspinnen wenigstens zwei Arten; die eine mit stärkerem Leib, die andere mit um so längeren Gliedmaßen.

Ein anderes kleines Scheusal, aber ein sehr nützliches, lernte ich in der Gottesanbeterin kennen. Eines Tages hörte ich über mir in den Zweigen eines Baumes ein ängstliches Schwirren und Flattern. Ich sah hinauf und entdeckte eine Heuschrecke in den Fangarmen eines noch größeren, mehr als fingerlangen Insektes, dreieckigem Kopfe. Als ich nun dies merkwürdige, mir unbekannte Tier mit

mit einem Stöckchen berührte, erschrak ich sehr, denn die Gottesanbeterin wandte plötzlich den Kopf nach mir, dieses dreieckige Haupt, so daß ich glaubte, der Teufel selbst sähe mich an. Dieses vollständige Wenden des Kopfes, das ich noch bei keinem anderen Insekt gesehen und das ich nicht erwartet hatte, ist mir auch später stets unheimlich geblieben.

Zum Schluß möchte ich noch die Heuschrecken erwähnen, die ich hier zum ersten Male zu Gesicht bekam. Heuschrecken an sich gibt es ja schließlich überall, und zahlreiche Arten; wenn man aber in Südamerika von Heuschrecken spricht, meint man immer nur eine Art, nämlich die gefürchtete fingerlange rotbraune Wanderheuschrecke, die Langosta, die in großen Scharen auftritt und die ausgedehnten Getreidefelder, Baumpflanzungen und Luzernestücke, die sie auf ihren Wanderungen streift, in wenigen Stunden kahl frißt. In großen Wolken kommen sie angezogen, den Himmel verdunkelnd und wie große rotbraune Schneeflocken auf- und niederschwebend. Alles Wedeln mit weißen Tüchern, alle stark rauchenden Feuer nützen nur wenig. Wo sie niedergehen, bleiben sie, bis nach Stunden oder Tagen nichts mehr zu fressen übriggeblieben ist, und ziehen dann erst weiter. Auch uns überraschte eines Tages solch ein Schwarm, die Obstbäume ohne Laub und von den grünen Früchten nur noch die am Stengel hängengebliebenen Kerne zurücklassend. Ein trostloser Anblick!

Vierzehntes Kapitel.
Linchero und Jumper

Die Kunst des Jumpens. Fehlsprung. Wieder vereint. Freifahrt. Eingesperrt.
Wieder frei und auf Fahrt. Abermals verhaftet. Zur Strafe Pferdeputzen. Trennung
von dem Maurer. Nach Buenos Aires.

Am Bahnhof setzten wir uns ins hohe Gras und überlegten, was wir eigentlich machen wollten. Wir nannten nämlich jeder nicht viel mehr als hundert Pesos unser Eigen, und wenn wir davon noch die Eisenbahnfahrt nach Buenos Aires hätten bezahlen sollen, wäre uns bei unserer Ankunft dort nicht mehr viel übriggeblieben.

„Wir jumpen," erklärte plötzlich der Maurer als der Erfahrenere von uns beiden.

„Was ist denn das?", fragte ich verwundert.

„Ha, das weißt du nicht? Dann wird es höchste Zeit, daß du es kennen lernst. Leute wie wir, die mit dem Bündel unter dem Arm zu Fuß reisen, nennt man hierzulande Lingeros, und da solche arme Teufel doch auch mal gern ein Stück mit der Bahn fahren, aber nie Geld dazu haben, so jumpen sie einfach."*)

„Wie machen sie denn das?"

„Das ist sehr einfach. Sie passen außerhalb der Station einen Güterzug ab, werfen, während der Zug noch langsam fährt, ihr Bündel in einen leeren Waggon und springen dann selbst nach."

„Und die Schaffner?"

„Gott, viele sagen gar nichts, bei anderen hilft ein Peso, und ist mal ein ganz schlimmer dabei, dann wird man eben auf der nächsten Station abgesetzt und fährt am folgenden Tage weiter."

Die Sache fing an, mir interessant zu werden. Die Aussicht, viele Hunderte von Kilometern umsonst reisen zu können, gefiel mir, und ich wartete mit Spannung auf den nächsten Güterzug, der in einigen Stunden hier durchkommen sollte.

Inzwischen nähten wir uns vorsichtshalber den größten Teil unserer Barschaft in den oberen Rand unserer Hose ein, nur ein paar Pesos für die nötigsten Ausgaben in der Rocktasche lassend. Dann wurde abgekocht, d. h. wir schöpften aus einer Pfütze Wasser, brachten es in einem kleinen Kessel zum Kochen und fingen an, Mate zu schlürfen. Dazu aßen wir ein Stück Schweinefleisch und ein steinhartes Brötchen, das wir vorher mit dem Stiefelabsatz zerkleinert hatten.

---
*) to jump (englisch) = springen.

Endlich hörten wir den so sehnlich erwarteten Zug in die Station einfahren. Schnell wurde alles zusammengepackt; nochmals ermahnte mich der Maurer, ja alles genau so zu machen wie er, dann kam auch schon der Zeitpunkt des Handelns.

Gegen alles Erwarten fuhr der Güterzug mit ziemlicher Geschwindigkeit. Wir ließen uns deshalb jedoch nicht von unserem Vorhaben abhalten, und klopfenden Herzens folgte ich den Blicken des Maurers, der soeben einen leeren, offenen Wagen erspäht hatte, blitzschnell sein Bündel hineinwarf und dann nachsprang. Nun flog auch mein Bündel mitsamt dem Gewehr hinein; ein Sprung, ein Ausrutschen, und ich rollte durch Disteln und Dornen den steilen Bahndamm hinab in eine Wasserlache.

Zeit, an all die Stacheln zu denken, die mir Gesicht und Hände spickten, hatte ich nicht, denn meine Gedanken waren bei meinen paar Kleidern, meinem Schweinebraten und namentlich meinem Drilling, die der Zug mir entführt hatte. Kamen dem Maurer jetzt schlechte Gedanken, so hatte er leichte Beute; aber daran dachte ich gar nicht, denn unter Lumpen ist ja die Ehrlichkeit oft größer als unter reichen Leuten. Also hoffte ich, daß er von selbst so schlau sein würde, mit mein Gepäck wieder herunterzuwerfen.

Es war inzwischen schon sehr dunkel geworden, und so tappte ich den Bahndamm entlang, immer rechts und links in die Pfützen spähend und nach meinen Sachen suchend.

Da — wahrhaftig, da lag ja ein Bündel! Gott sei Dank! Wie glücklich war ich doch in diesem Momente! Viel, viel glücklicher, als wenn mir heute jemand tausend Mark schenken würde. Verliert ein Reicher eine Unsumme, so ist er vielleicht ein paar Tage traurig, aber ganz gewiß nicht bedrückter als ein Armer der sein letztes Hemd verliert. Und doch sind beides Menschen von gleichem Fleisch und Blut!

Nun, dachte ich, würde ich sicher auch mein Gewehr finden, doch — welche neue Enttäuschung — das Bündel war ja gar nicht das meinige, es war der Sack mit dem Sonntagsanzug und dem Kochkessel des Maurers! Beinahe hätte ich laut aufgelacht. Was waren das alles für komische Geschichten! Sollte sich mein Gefährte in der Dunkelheit vergriffen haben?

Ich suchte nun weiter nach meinem Gewehr, fand aber statt dessen jetzt auch mein Bündel; und da kam auch schon mit hastigen Schritten der Maurer selbst angewalzt, mein Gewehr auf dem Buckel. Er war wieder abgesprungen, um nach mir zu sehen, da mir ja ein Unfall passiert sein konnte.

Was ich da habe einstecken müssen, geht auf keine Kuhhaut. Was ich denn überhaupt bloß verstünde, wenn ich sogar zum Jumpen zu dumm wäre usw. Ich konnte mich des Lachens nicht enthalten, tat mir auch keinen Zwang an, was er mir jedoch sehr übelzunehmen schien.

„Erlaube mal," sagte er, „wir befinden uns hier in einer so dummen Lage, daß einem doch das Lachen wohl vergehen sollte."

„Gerade deshalb," antwortete ich ihm, „bin ich so lustig, da ich weiß, daß es uns nun nicht mehr schlechter, sondern höchstens wieder besser gehen kann."

Wieder wurde Kriegsrat gehalten, und wir beschlossen, im Urwald zu schlafen, anderen Morgens nach der nächsten Station zu wandern, dort abzukochen und dann den nächsten Frachtzug abzuwarten.

Diesmal klappte denn auch alles. Ich wäre zwar beinahe wieder unter die Räder gekommen, aber ich ließ nicht mehr los und gelangte mit Hilfe meines Begleiters in den Wagen. Eine Zeitlang fuhren wir nun stumm, auf unseren Bündeln sitzend, dahin, mit dem vergnügten Gefühl, lange nicht so schön und billig gereist zu sein. Kam eine Station, so legten wir uns platt auf den Boden, um nicht gesehen zu werden. So ging es die ganze Nacht und auch noch den ganzen folgenden Vormittag hindurch. Trotz Hunger und Durst, trotz übergroßer Müdigkeit wollten wir nicht absteigen, sondern bis Santa Fé durchfahren, um die günstige Gelegenheit voll und ganz auszunutzen. Endlich kam die Hauptstadt der Provinz gleichen Namens in Sicht. Schnell sprangen wir in einem mit Gestrüpp bedeckten Gelände ab, mit der Absicht, uns Mate zu kochen, ein wenig zu ruhen und dann die Stadt zu Fuß zu passieren.

Trotz des günstigen Verlaufs unserer Reise war ich eben dabei, Feuer anzufachen, und blies gerade in das feuchte, starken Rauch entwickelnde Holz hinein, als der Maurer mir zuschrie, das Feuer so schnell wie möglich wieder auszulöschen, da berittene Schutzleute in der Nähe herumspionierten. Ich wußte zwar nicht recht, was mich in diesem freien Lande die berittenen Schutzleute angehen sollten, tat aber doch nach seinem Geheiß, um nicht nochmals seine Vorwürfe über mich ergehen lassen zu müssen. Leider war es aber schon zu spät, denn die Männer der Sicherheit hatten uns entdeckt und sprengten jetzt in gerader Richtung auf uns zu.

Was wir hier wollten, fragten sie uns.
Das wüßten wir selbst nicht, antworteten wir.
Wo wir herkämen.
Aus dem Chaco.
Ob wir Papiere hätten.
Die hätte man uns gestohlen.
Wozu wir ein Gewehr nötig hätten.
Um uns vor Überfällen zu schützen.

Die Schutzleute berieten sich jetzt leise und sprangen dann von den Pferden. Einer von ihnen zog seinen Revolver, während der andere mir meinen Drilling abnahm und uns nach weiteren Waffen gründlichst untersuchte. Ein Messer und unser nicht eingenähtes Geld wurde uns auch noch abgenommen, dann hieß es „Vamos á la Comisaria", und fort ging es im halben Laufschritt neben den Pferden her, hin zu dem freundlichen Hause, das uns für eine Nacht Obdach gewähren sollte.

In den vier Wänden, in die wir nun eingesperrt wurden, befand sich eine ganze Menge Gesindel, das man alles so wie uns am heutigen Tage zusammengekratzt hatte. Ein Deutschrusse, der sich an uns heranschlängelte, gab uns denn auch bald Aufklärung über das sonderbare Verhalten der Polizei. In den Vororten hatte man nämlich über Nacht jemanden ermordet, und die Polizei suchte nun den Verbrecher unter den um die Stadt herumlungernden Landstreichern.

Nachdem wir uns an die neue angenehme Tatsache, nun schon für Mörder gehalten zu werden, etwas gewöhnt hatten, und man gewöhnt sich halt an alles, meldete sich der Hunger wieder, und wir baten einen in das Lokal hineinschauenden Wärter um Essen. Dieser zuckte aber nur die Achseln und machte die Handbewegung des Geldbezahlens, wovon wir aber wieder nichts wissen wollten, zumal die Kerle nur darauf zu lauern schienen, uns etwa versteckt gehaltenes Geld auch noch abnehmen zu können.

Wie die Sache mit dem Mord verlaufen ist, haben wir nie erfahren, hatten auch gar kein Verlangen danach, es zu wissen, sondern waren froh, als wir anderen Tages nach kurzem Verhör entlassen wurden, indem man uns bedeutete, daß das uns abgenommene Geld als „multa" für unerlaubtes Herumstrumpfen einbehalten bliebe. Am liebsten hätte man das auch wohl mit meinem Drilling getan, den man mir aber endlich auf mein energisches Verlangen hin schweren Herzens doch zurückgab.

Unser erster Weg galt nun einer kleinen Wirtschaft, in der wir unseren Hunger stillten und die wiedererlangte Freiheit gebührend bei einem Glase Landwein feierten. Dann kauften wir genügend Brot, Fleisch und Yerba ein und machten uns noch selbigen Tages auf, um das andere Ende der Stadt und damit den nächsten Frachtzug zu erreichen.

Alles ging nach Wunsch. Gegen Abend saßen wir wieder wohlgemut in einem leeren Bahnwagen, und der Maurer lobte sogar mein schneidiges Aufspringen auf den Zug, indem er meinte, daß mich nun wohl kein berufsmäßiger Jumper mehr als Neuling in diesem Fach herauskennen würde. Ich war damals sehr stolz darauf, soviel Neues gelernt zu haben, konnte ich doch nicht wissen, was mir die nächste Zukunft bringen würde. Auch einem Linchero machte ich schon alle Ehre. Alles hatte ich, was zu einem Handwerksburschen gehörte, nur das Handwerk fehlte mir noch. Sonst besaß ich wie gesagt alles, das Reisebündel, das ungewaschene, gebräunte und bärtige Gesicht, die zerlumpten Sachen.

Lange sollte indessen auch diesmal unsere Freude nicht dauern; es fing nämlich an zu regnen und regnete die ganze Nacht hindurch. Trotzdem wir dicht zusammenrückten, lief uns in dem offenen Wagen das Wasser bald stromweise in die Kleider und den Hals hinein und zu den Hosenbeinen wieder heraus. Dazu kam der durch die Eisenbahnfahrt verursachte kalte Luftzug; es war wirklich nicht gerade angenehm. Was sollten wir aber machen, hier hieß es eben durchhalten, wie so oft im Leben.

Endlich gegen Morgen tauchten die Lichter von Rosario auf. Schon fingen wir an, unsere Glieder zu massieren, um beim Abspringen kurz vor der Stadt nicht unter die Räder zu kommen, als auf der letzten kleinen Station die Wagen von zwei Polizisten nachgesehen und wir natürlich wieder entdeckt wurden.

„Damos á la Comisaria", knurrte man uns wieder an.

Na, wir kannten das nun schon und tappten gemütlich mit.

So schnell wie das letztemal sollten wir allerdings nicht wieder wegkommen. Man ärgerte sich wohl, kein Geld bei uns gefunden zu haben, und verurteilte uns daher schlankweg dazu, einige Tage die Pferde zu putzen. Doch auch diese Zeit ging vorüber. Der Hof war blitzblank gefegt, die struppigen Pferde glänzten wie die Aale, was sollte man da noch mit uns? Wir wurden entlassen.

In Rosario trennte ich mich von dem Maurer. Meinungsverschiedenheiten über das zuletzt Erlebte und namentlich mein fester Entschluß, nun nicht mehr zu jumpen, gaben die Veranlassung dazu. — Ich habe ihn nie wiedergesehen.

Ohne mich noch lange aufzuhalten, löste ich mir nun ein Billett und fuhr mit dem nächsten Zuge nach Buenos Aires, wo ich mich im Büro des Vereins zum Schutze germanischer Einwanderer als Gärtner vorstellte und um Nachweisung einer Stellung bat. Viel Zeit hatte ich nicht zu verlieren, denn mein Kapital war nach den allernötigsten Anschaffungen schon wieder auf etwa 30 Pesos zusammengeschrumpft.

Am vierten Tage erhielt ich endlich wieder Stellung, diesmal in der Pampa. Es sollte eine deutsche Estancia sein, sonst war aber nur bekannt, daß man mir 40 Pesos monatlich zahlen würde und ich auf meine eigenen Kosten zu reisen hätte.

Diese Bedingungen waren zwar nichts weniger als gut und echt deutsch zu nennen, aber was half's, ich mußte!

Fünfzehntes Kapitel.
Gärtner und Peon in der Pampa

Strauße. Das Gewehr verpfändet. Der Hundertkilometermarsch. Gauchos. Die neue Stellung trostlos. Selbstmordgedanken. Der Sandgarten. Mann für alles. Der messerfertige Halbindianer. Wie hier Vieh geschlachtet wird. „Ich hau' in'n Sack." — Dazu die Bilder 6, 7.

Die Reise nach der bezeichneten Station in der „La Pampa" dauerte gerade 24 Stunden. Mittags fuhr ich von Buenos Aires ab und kam anderen Tages zu Mittag an mein Ziel. Solange die Fahrt durch die Provinz Buenos Aires ging, sah ich üppige Landschaften, wenn ich auch Wälder und Wild schmerzlich vermißte. Als ich dann nach einer auf harter Bank verbrachten Nacht in den dämmernden Morgen hineinstarrte, zeigte sich schon ein ganz anderes Bild. Ein hügelige Grassteppe mit großen Pampasgrasbüscheln, den üblichen Drahtzäunen und ab und zu einer Viehherde. Angebautes Land sah ich nur um die kleinen Stationen herum. Ab und zu war das Gelände auch etwas bewaldet, doch schienen diese Wälder mehr aus großen Dornenbüschen als aus wirklichen Bäumen zusammengesetzt zu sein, und waren sehr spärlich bestanden.

Fest hefteten sich meine Augen wieder auf diese mir unbekannte neue Gegend. Irgendein jagdbares Wild suchte ich zu erspähen und vergaß darüber ganz und gar die Sorge um meine nächste Zukunft. Lange sah ich nichts, nur ab und zu flog eine Perdice (Rebhuhn) oder Martinetta (Steißhuhn) erschreckt vor dem Zuge auf; auch ein paar Hasen bekam ich endlich zu Gesicht. Doch da, dicht bei der großen Viehherde, waren das nicht Strauße, wirkliche wilde Strauße?

Wahrhaftig, ich hatte mich nicht getäuscht. Eins, zwei, drei, vier große Strauße zählte ich, die jetzt ängstlich hin und her liefen und dann plötzlich pfeilgeschwind hinter dem nächsten Sandhügel verschwanden. Nochmals und zum dritten Male konnte ich Avestruzes zu Gesicht bekommen, und als wir dann in die Station einfuhren, auf der ich aussteigen mußte, war ich ganz wonnetrunken in dem Gedanken, daß ich nun bald meinen ersten Strauß erlegen würde. Ja, hier würde ich bleiben, hier würde ich aushalten, auch wenn der Dienst noch so schwer sein sollte, nur um der Strauße willen, nur aus diesem einzigen Grunde!

Stolz wie ein Spanier stieg ich aus, immer noch das wonnige Gefühl baldigen Jagdglückes im Herzen, und ging auf den Stationschef zu, um ihn nach der deutschen Estancia zu fragen. Der sah mich aber nur von der Seite an und ließ mich stehen, mit so zum Bewußtsein bringend, daß ich als Arbeiter und Vagabund, nicht aber als Jäger und Herr in dieser verlorenen Gegend gelandet war. Schon etwas be=

scheidener geworden, bat ich nun einen der herumlungernden Nichtstuer um Auskunft, und wurde von ihm nach einem kleinen Gasthof gewiesen, dem sogenannten „Hotel Frances", in dem man mir sichere Auskunft geben konnte.

Bescheiden trat ich ein in die schmutzige Spelunke mit dem stolzen Namen und wiederholte meine Frage.

„Oh, gran Dios, die deutsche Estancia liegt weit, sehr weit," sagte man mir.

„Kann man denn heute noch zu Fuß hinkommen?"

Ein allgemeines Gelächter war die einzige Antwort auf meine Frage.

„Ja, wie weit ist es denn etwa?"

„Oh, gran Dios, wohl an die 20 Legua, an die 100 Kilometer."

Hätte ich auf einem Stuhl gesessen, ich wäre sicher heruntergefallen, so aber ging das nicht, denn ich stand am Schenktisch angelehnt und konnte mich noch rechtzeitig festhalten. „Aber was mache ich da bloß, ich bin nach dort als Gärtner engagiert und muß doch hin!?"

„Oh, sehr einfach, Sie bleiben hier, bis ein Fuhrwerk von dort kommt und die Post holt, dann fahren Sie mit."

„Und wie oft kommt so ein Fuhrwerk?"

„Oh, sehr oft, fast alle vierzehn Tage oder drei Wochen."

Wie ein begossener Pudel stand ich da; caramba, da hatte ich mich aber schön verlauft! Ja, ja, „Näheres nicht bekannt", hatte man mir in Buenos Aires gesagt, und erst hier hatte man mir dann das „Weitere" mitgeteilt.

„Aber ich habe doch kein Geld, habe meine letzten Centavos in der Bahn ausgegeben, um Brot zu kaufen!"

„Dann müssen Sie uns eben Ihr Gewehr als Pfand geben," und schon langten die dürren Finger des Franzosen nach meinem sauber geputzten Drilling, dem einzigen Wertstück, das ich noch besaß.

Was sollte ich tun. Ich überließ die Waffe dem Sondero, verstaute mein Bündel in dem mir als Nachtlager bezeichneten Winkel im Flur und setzte mich dann in die Gaststube, um das kärgliche Mittagsmahl einzunehmen. Später sah ich mir die „Stadt" an, ein klägliches Nest von nur etwa 500 Einwohnern. Durch die hohen Fußsteige erhielten die ausgefahrenen Straßen das Aussehen ausgetrockneter Flußbetten, und dicke Staubwolken erhoben sich jedesmal, wenn ein Wagen oder ein Reiter vorbeikam. Etwas Chacrabetrieb gab es zwar in der nächsten Umgebung, sonst aber nur Steppe, Sand und Dornenbüsche ringsum. Die einzige wirkliche Naturschönheit, die das Pueblo besaß, waren die riesigen schneebedeckten Vorläufer der Anden, die bei klarem Wetter deutlich zu uns herüberleuchteten.

So verging Tag für Tag, ohne daß sich das ersehnte Fuhrwerk blicken ließ. Immer unruhiger wurde ich, immer unerträglicher wurde es mir zumute, denn es war das erstemal in meinem Leben, daß ich nicht nur nichts besaß, sondern auch noch Schulden machen mußte. Täglich sprach ich Leute an, mich immer wieder nach der Wegrichtung und Entfernung erkundigend, doch es wurde dadurch nicht näher und blieb bei 18 bis 20 Leguas. Viele trösteten mich allerdings und meinten, daß das doch ganz nahe wäre und daß es Estancias gäbe, die zwei und dreimal so weit ablägen, ohne Bahnverbindung zu besitzen. Für mich allerdings nur ein schwacher Trost.

Am achten Tage wurde mir endlich die Sache über. Ich erklärte den erstaunten Wirtsleuten, die Reise zu Fuß antreten zu wollen, und bat um meine Abrechnung. Über letztere war ich jedoch bald mehr entsetzt als die Franzosen über meinen Entschluß, denn ich hatte für Kost und Schlafgelegenheit täglich 6,50 Pesos zu bezahlen, wobei auch der Wein mit einbegriffen war, den ich — um zu sparen — bei Tisch stets unberührt gelassen hatte.

Traurig zog ich ab, traurig, weil ich mein schönes Gewehr vorläufig im Stich lassen mußte, traurig auch in dem Bewußtsein, nun erst wieder einen ganzen Monat umsonst arbeiten zu müssen, denn das war nötig, um den Drilling auslösen zu können. Flott schritt ich aus, mit dem besten Vorsatz, am ersten Tage etwa sechzig Kilometer zu marschieren, denn das hatten wir ja im Manöver auch schon geleistet. Auf diese Weise hoffte ich dann am nächsten Tage nicht zu spät auf der Estancia einzutreffen.

Ich schien mir einen heißen Tag ausgesucht zu haben, denn die Sonne gab ihr Bestes her, und ich war noch nicht zwanzig Kilometer gelaufen, als ich auch schon die erste Müdigkeit und einen brennenden Durst verspürte. Bei der nächsten Pfütze hielt ich also kurze Rast und trank die warme Jauche in mich hinein, als ob es die feinste Limonade gewesen wäre. Weiter ging es dann, weiter und immer weiter. Endlos zog sich der nur durch die Karrenspur kenntliche Weg durch die baumlose Pampa. Keine Hütte, kein Reiter, nicht einmal Vieh oder ein anderes Tier bekam ich zu sehen.

Wieder ging es weiter und immer weiter. Es mußte schon Nachmittag sein, und ich schätzte die zurückgelegte Strecke auf etwa vierzig Kilometer, als ich fast zu Tode erschöpft Rast machte, um zu Schlammwasser etwas trockenes Brot zu verzehren.

Wieder erhob ich mich, und wieder ging es weiter. An einer elenden Hütte kam ich vorbei, doch die Weiber, denn nur solche bekam ich zu sehen, schienen Angst vor mir zu haben und bedeuteten mir, mich nicht zu verstehen, als ich nach dem Wege fragte.

Wieder traten meine müden Beine den heißen Sand. Das kleine Bündel lag wie Blei in meinen Armen, weshalb ich es leichter zu machen suchte und überlegte, was ich wohl am ersten von meinen Sachen entbehren könnte. Ein ziemlich zerrissenes Hemd flog in die Steppe hinein, ein Witzblatt, das ich noch besaß, folgte, und eine Stunde später opferte ich selbst eine Weste meinem Drange nach vorwärts. Inzwischen ging die Sonne unter, und nach kurzer Dämmerung wurde es bald dunkle Nacht. Ob ich wohl schon 60 Kilometer hinter mir hatte? Vielleicht auch schon mehr, ich wußte es nicht, wußte nur, daß ich bald unter irgendeinem Strauche wie tot hinsinken würde, und lief doch immer und immer noch weiter.

In der Ferne sah ich jetzt Licht. Zwar war es abseits der Fahrstraße, aber trotzdem bahnte ich mir den Weg dorthin, in der Hoffnung, eine Hütte und mildtätige Menschen anzutreffen, bei denen ich die Nacht verbringen konnte. Näher und näher schleppte ich mich, und als ich die letzten Büsche teilte, stand ich dicht vor einem Lagerfeuer, von dem erschreckte, wildaussehende Gestalten aufsprangen und mir ihre Revolver entgegenhielten.

Es waren Gauchos, also halbverwilderte Männer, wie sie sich hier noch allenthalben herumtrieben, von Jagd, Raub und Viehdiebstahl lebten und selbst vor einem

Morde nicht zurückscheuten. Als sie mein erschrecktes Gesicht sahen und bemerkten, daß sie es nur mit einem waffenlosen einzelnen Landstreicher zu tun hatten, fingen sie an zu lachen und meinten, daß ich nur herankommen sollte, denn so viel, wie ich essen und trinken würde, hätten sie schon noch übrig. O, sie lebten gar nicht schlecht, diese wilden Söhne der Steppe. Am Feuer schmorte, auf Holzstücke gespießt, ein saftiger Braten, während der Matetopf die Runde machte. Froh, herzlich froh war ich jetzt doch, daß ich mein Gewehr nicht bei mir hatte, denn das wäre ich sonst gewiß losgeworden.

Nachdem man mich nach dem Woher und Wohin gefragt und ich ihnen kräftig die Hucke vollgelogen hatte, kümmerten sich die Gesellen nicht mehr weiter um mich, und ich hörte aus ihren Erzählungen, daß sie schon manches auf dem Kerbholz hatten, daß auch der saftige Braten, der so schön schmeckte, von einem gestohlenen Kalbe herrührte.

Unaufgefordert reichte man mir später eine alte Satteldecke, in die ich mich einwickelte und bald einschlief. Aber schon bevor der Morgen graute, wurde ich durch einen Fußtritt wieder geweckt. Es schien allerdings nicht weiter bös gemeint zu sein, denn der braune Teufel, der zu dem Fuße gehörte, beugte sich über mich und fragte, ob ich nicht Mate trinken wollte.

"Como no," antwortete ich, "con mucho gusto," und schlürfte das heiße Getränk mit Wohlbehagen, denn der Morgen war frisch, und die gestrige Wanderung hatte mich durstig gemacht. Nachdem ich dann noch ein Stück kalten Spießbratens verzehrt hatte, nahm ich Abschied, man wünschte mir „bon viaje," und ich stapfte wieder munter darauflos, der Estancia entgegen.

Die Gegend blieb hügelig, ab und zu spärlich bewaldet oder mit vereinzelten Dornsträuchern übersät. Ab und zu durchschritt ich sehr romantische Täler, mit großen, fast ausgetrockneten Lagunen in ihrer Mitte. Diese Lagunen hatten stets weiße Ablagerungen an den Rändern, die von weitem wie Schnee aussahen und oft breite Flächen bedeckten. Das war Salpeter, das Wasser schmeckte salzig und war für Menschen und Vieh ungenießbar. Nicht einmal Schilf oder sonst eine Wasserpflanze war am Rande dieser Lagunen zu finden, denn der scharfe Salpeter ließ nichts dergleichen aufkommen.

Martinettas und Perdices flogen zwar hin und wieder vor mir auf, auch Strauße bekam ich einmal von weitem zu sehen, sonst aber blieb die Steppe tot, mausetot.

Gegen Abend langte ich endlich todmüde auf der Estancia an. Der deutsche Mayordomo — der Besitzer selbst wohnte in Buenos Aires — war gerade beim Essen, und so mußte ich noch geraume Zeit warten, bis ich vorgelassen wurde. Viel Interesse schien er allerdings für seinen neuangekommenen Landsmann nicht zu haben, er meinte nur, ich solle fragen, wo der Hufschmied wohnte, da wäre auch noch Platz genug für mich; dann ging er wieder in sein Zimmer, und ich war abgefertigt.

Einige Peone zeigten mir das klägliche, lehmgebaute Rancho, in dem der Schmied wohnen sollte. Fenster hatte es überhaupt nicht, nur ein rundes Guckloch, das mit einem Sack zugestopft war; dagegen war die Tür noch leidlich, sie fiel wenigstens nicht um, als ich eintrat.

Der Schmied empfing mich kameradschaftlich, wohl froh, wieder einmal einen Leidensgefährten bei sich zu haben, dem gegenüber er sich weidlich über seine Vorgesetzten ausschimpfen konnte. Auch er hatte hier schon recht unangenehme Erfahrungen gemacht und war weiter gar nicht überrascht, als ich ihm meine letzten Erlebnisse zum besten gab.

„Wir müßten alle Prügel haben, daß wir immer wieder bei Deutschen Arbeit suchen," sagte er. „Ich war schon viel herum und versichere Ihnen, daß man von den Engländern, Nordamerikanern und Argentiniern viel, viel besser behandelt wird als von unseren Landsleuten, die den Unteroffizierton nicht lassen können und uns ausnutzen, wo es nur angeht."

Als ich ihm zustimmte, schien er sehr befriedigt und hatte auch schon wieder das vertrauliche „du" gefunden.

„Hast denn du weiter keine Sachen?", fragte er mich, „wie willst du denn die Nacht verbringen?"

„O je," antwortete ich, „daran habe ich selbst noch nicht gedacht; bekommt man denn hier kein Catre oder sonst etwas Bettähnliches geliefert?"

„Hast du eine Ahnung, die werden dir auch noch ein Bett geben, na so blau. Meine Kiste hier — und sein Lager sah wirklich aus wie eine alte Kiste — habe ich mir selbst zusammengeklopft."

„Ja, was mache ich da bloß? Ich bin todmüde und hole mir ja hier auf der kalten Erde die schönste Erkältung!"

Er überlegte. „Na, Rat wüßte ich schon; wir klauen uns nachher, wenn es dunkel geworden ist, einfach ein paar von den getrockneten Schaffellen, die im Galpon nebenan aufgestapelt liegen. Dazwischen liegt es sich immer noch besser als auf dem feuchten Fußboden."

Gesagt, getan. Bald lag ich — mein Bündel unter dem Kopfe — auf Schaffellen hingestreckt, deckte mich mit nochmals zwei Fellen zu und schlief trotz des unangenehmen Geruches, den diese Häute immer noch ausströmten, bald ein. Doch dieser so ersehnte Schlaf sollte wieder einmal nicht von langer Dauer sein. Ein kitzelnder Schmerz im rechten Ohr ließ mich um Mitternacht herum auffahren. Ich griff nach der schmerzenden Stelle und holte ein weiches Etwas aus meinem Gehörgange heraus, das sich hin und her bewegte, und das ich sofort mit Grausen in den nächsten Stubenwinkel schleuderte.

Aber da schlängelte sich ja auch noch so ein Untier an meinem Hals entlang, und da noch eins und noch eins. Entsetzt erhob ich mich nun und machte Licht. Kaum traute ich meinen Augen, als ich an der Stelle, an der ich eben noch gelegen hatte, sich jetzt einen Haufen von riesigen gelben Maden hin und her bewegen sah, welche wir mit den Fellen in unsere Stube hineingetragen hatten. Dabei merkte ich erst jetzt richtig, wie furchtbar die Häute stanken, es war rein zum Umfallen.

Der Schmied, der inzwischen auch aufgewacht war, nahm die Sache weniger tragisch.

„Wir hätten nicht die obersten Felle nehmen sollen," meinte er, „die waren noch zu frisch und daher noch nicht richtig trocken."

Aber was interessierten mich jetzt diese seine weisen Erläuterungen; ich fröstelte, war todmüde und konnte doch nicht schlafen; es war wirklich zum Verzweifeln.

Dem Weinen nahe, kauerte ich in einer Ecke nieder und dachte über mein verfehltes Leben nach. Sollte ich diesem Dasein nicht doch lieber ein jähes Ende bereiten und mir eine Kugel durch den Schädel jagen? Vielleicht war es Feigheit, vielleicht nur die mir gerade fehlende Waffe, die mich diesmal weiter leben ließ; jedenfalls nahm ich mir fest vor, keine solche Stellung mehr anzunehmen, sondern lieber wieder nach der geliebten Heimat zurückzukehren, falls sich nicht bald hier etwas Besseres für mich finden sollte.

Den ganzen Rest der Nacht verbrachte ich so in hockender Stellung, ohne noch mal ein Auge zugetan zu haben. Am anderen Morgen wurde ich dann in den Garten gewiesen, in dem ich mich künftighin zu betätigen hatte.

Welch trostloser Anblick bot sich mir jedoch auch hier! Nichts von der fruchtbaren Erde und den üppigen Pflanzen des Chacos. Nur Sand und immer wieder Sand um mich herum, der einem beim geringsten Windstoß in die Augen flog und diese entzündete. Ein paar armselige Zwiebeln und Kohlköpfe waren der ganze kümmerliche Bestand an Gemüse, den mir mein Vorgänger überlassen hatte. Doch — gleich hier sei es erwähnt —, daß auch ich mich später vergebens bemühte, größere Erfolge zu erzielen; hier war aller Fleiß und alle Kunst vergebens.

Fünf Monate habe ich mich in diesem trostlosen Erdenwinkel aufgehalten, und in diesen ganzen fünf Monaten hat es nur ein einziges Mal ein kleines bißchen geregnet. Meine ganze gärtnerische Tätigkeit bestand denn auch eigentlich nur im Begießen, und die Pflänzchen, die ich kümmerlich hochbekam, wurden bei den häufigen Sandstürmen stets über kurz oder lang wieder zersetzt. Diese Sandstürme waren oft so stark, daß sie ganze Drahtzäune verschütteten, oder daß sich der Sand wie Schneewehen vor die Hütten legte.

Auch der Mayordomo sah bald ein, daß es hier zwecklos war, sich einen Gärtner zu halten, und so wurde ich nebenbei zu allen möglichen und unmöglichen Arbeiten herangezogen.

Ich habe Windmühlen geschmiert und Brunnen repariert, habe Hühnerställe und Backofen gebaut, war heute Schornsteinfeger und morgen Holzhacker. Kurz und gut, es gibt keinen Beruf, in dem ich mich dort nicht versucht hätte. Und das alles tat ich mit der Geduld eines Mannes, der da weiß, daß ihm nichts anderes übrigblieb, wollte er nicht ohne einen roten Pfennig in der Tasche auf die nackte Pampa gesetzt werden.

Als endlich der Monatserste kam, wurde ich gerufen, um mein Geld in Empfang zu nehmen.

„Sie haben 22½ Tage gearbeitet, hier sind 30 Pesos," sagte der Mayordomo.

„Nein, Herr, ich habe 23½ Tage gearbeitet," antwortete ich.

„Macht nichts, es steht nun mal so in den Büchern, nehmen Sie das Geld."

Und ich nahm es, stumm, verbissen und doch seelenfroh, nach so langer Zeit endlich mal wieder Geld in den Fingern zu haben.

Die Wochen vergingen, und meine Lage besserte sich inzwischen etwas. Mit dem Schmied zusammen hatte ich mir ein Bettgestell aus Kistenbrettern zusammengeschlagen und mit Steppengras gepolstert. Außerdem hatte ich vom Capataz, dem Leuteaufseher, einen alten Poncho erstanden, in den ich mich allabendlich behaglich einwickelte und der mich genügend erwärmte, sofern ich nur meine übrigen

Sachen auf dem Leibe behielt. Mein bißchen Wäsche wusch ich mir über die Mittags=
stunde selbst; bis zum Abend war sie dann trocken und wurde schön zusammengefaltet
ins Bett gelegt. Eine Nacht darauf geschlafen ersetzte nämlich das beste Plätteisen.
Wir aßen übrigens zusammen mit den Viehpeonen. Das Essen war reichlich,
wenn auch ohne Abwechselung. Fast immer gab es das übliche Puchero, das Koch=
fleisch mit Nudeln oder Reis. Ein jeder erhielt einen blechernen Teller und Löffel.
Ein Messer gab es nicht, denn ein solches hatte ja jeder hinten im Gürtel stecken,
und die Gabel wurde durch die Finger ersetzt.
 Auch bei dieser Esserei hatte ich einmal ein Erlebnis, das ich nicht umgehen
möchte. Eines Abends trat ich im Halbdunkel wie gewöhnlich in die sogenannte
Küche ein, um mein kärgliches Mahl zu verzehren. Im Vorbeigehen stieß ich dabei
einem der auf der Erde herumhockenden Halbindianer gegen den Teller, so daß dieser
umflog und seinen heißen Inhalt über die Schenkel dieses Mannes entleerte. Sofort
sprang letzterer auf und setzte mir sein Messer auf die Brust.
 „Animal carajo," schrie er, „ich steche dich tot!"
 „Tue das ruhig," antwortete ich gelassen, im Umgange mit solchen Halbaffen
schon bewandert, „denn mein Leben ist wirklich keinen Centavo wert. Stich aber
gut zu, denn sonst liegst du einen Augenblick später auf dem Boden, und ich gehe mit
meinen Stiefeln in deinem Gesicht spazieren."
 Knurrend und noch immer schimpfend ließ er mich langsam los, wurde aber
doch am nächsten Tage auf meine Beschwerde hin entlassen. Der Mayordomo verzieh
ihm das „animal" (Tier), das berühmte Schimpfwort für die Deutschen (Aleman),
hierzulande nicht. Die furchtbarsten Drohungen gegen mich ausstoßend, verzog sich
der Kerl auf Nimmerwiedersehen in die Steppe.
 Unter den wenigen Arbeitern der Estancia war auch ein Deutscher, der sich
schon anderthalb Jahre in dieser trostlosen Gegend herumtrieb, gerne wegwollte,
aber seine Freiheit auf sonderbare Weise verkauft hatte. Er hatte nämlich einem
benachbarten Bauern im Vorjahre seine ganzen Felder bestellt und war mit dem
Lohn auf die Ernte vertröstet worden. Letztere war von Heuschrecken und durch
die Trockenheit vernichtet worden, und so war dem armen Kerl nichts anderes übriggeblieben, als auch in diesem Jahre die Felder dort wieder zu bestellen und so zu
versuchen, sein Geld zu retten. Später, als die Saat in der Erde war, war er dann
auf die Estancia arbeiten gegangen, um wenigstens etwas Geld in die Finger zu
bekommen. Der benachbarte Chacarero schuldete ihm nun schon mehr als 700 Pesos,
die er wohl nie erhalten haben wird.
 Von einem Argentinier, Sohn eines Deutschen, wunderte es mich, daß er weit
weniger Spanisch sprechen konnte als ich. Wie er mir dann aber erklärte, kam das
daher, daß seine Eltern als Bauersleute immer tief drinnen in der Steppe für sich
gelebt hatten, von allen Menschen abgeschlossen, und eben zu Hause nur Deutsch
gesprochen worden war. Er konnte denn auch weder lesen noch schreiben.
 Interessant war es mir jedesmal, zuzusehen, wenn Vieh geschlachtet wurde.
Es wurde hierzu ein kleiner Trupp halbwilder Ochsen in eine enge Umzäunung
getrieben und dem zu schlachtenden Stück von einem berittenen Eingeborenen der
Lasso über den Hals geworfen. Sofort stemmte sich das gut dressierte Pferd fest gegen
die Erde, so den flüchtenden wilden Stier zu Fall bringend, ohne selbst umgerissen

zu werden. Nun kam ein anderer Reiter angaloppiert und warf dem wieder aufspringenden Tiere einen zweiten Lasso um die Hinterbeine. Der Ochse — rasend geworden — suchte nun vergebens einen der Angreifer über den Haufen zu rennen. Nach entgegengesetzter Richtung auseinanderreitend, zogen die Leute das Tier gewissermaßen lang, bis es — immer noch aufrecht stehend — sich trotzdem nicht mehr rühren oder gar drehen und wenden konnte. Nun sprang fix ein dritter Eingeborener hinzu und stieß dem vor Wut und Schmerz dumpf brüllenden Tier das lange Messer in den Hals oder zwischen die Rippen, so daß es — allmählich verblutend — endlich zusammenbrach. Zehn Minuten später war es dann stets schon abgehäutet und zerlegt.

Bei alledem hatte ich es nicht unterlassen, mich weiter schriftlich nach besserer Stellung umzutun. So viel Spaß mir auch dies Vagabundenleben von Anfang an gemacht hatte, jetzt hatte ich genug davon.

Der einzige Bekannte, mit dem ich noch korrespondierte, war der kleine Deutsch-Nordamerikaner, der auf der Estancia im Chaco die Posthilfsstelle unter sich gehabt hatte. Er hatte mehr Glück gehabt als ich, denn er hatte bei einer der größten deutsch-englischen Quebrachokompagnien im Norden der Provinz Santa Fé Anstellung gefunden. Ihm danke ich auch die Adresse eines der höchsten deutschen Direktoren dieser Gesellschaft, an den ich mich nun wandte, meine Lage schildernd und ihm meinen Lebenslauf und meine Papiere einsendend.

Kaum traute ich meinen Augen, als ich nach etwa drei Wochen das Antwortschreiben durchflog, in dem unter anderem geschrieben stand:

„Wir behielten Ihre Papiere vorläufig zurück und bitten Sie, sich bei uns vorzustellen. Das Reisegeld erster Klasse werden wir Ihnen zurückerstatten, falls Sie die erforderliche Probezeit zu unserer Zufriedenheit bestehen sollten."

Gleichzeitig war in diesem Schreiben der Ort im Norden der Provinz Santa Fé, in welchem ich mich bei einem Gerenten der Gesellschaft zu melden hatte, genau bezeichnet. Wie ein Verrückter sprang ich jetzt im Zimmer herum und wäre dem erstaunten Schmied beinahe um den Hals gefallen.

„Was ist denn mit dir nur los heute?", fragte er.

„Ich hau in'n Sack, ich hau in'n Sack," schrie ich jedoch nur immer wieder, denn mehr konnte ich fürs erste nicht herausbringen.

Sechzehntes Kapitel.
Tierleben und Jagderlebnisse in der Pampa

Ich habe mein Gewehr wieder. Mein erster Puma. Dann noch einer. Die Felle dem Mayordomo. Wildkatzen, Azarafüchse, Guanacos. Der Venado, „der Giftige". Gamas. Pampahasen. Discachas und ihre gefährlichen Baue. Gürteltiere, ein Lederbissen. Strauße. Straußenrührei. Der Strauß als Haustier. Straußenjagd. Flamingos. Kondore, Adler, Falken — Dazu die Bilder 13, 17, 19, 20, 21, 22, 25.

Aber trotz aller Erbärmlichkeit des Daseins habe ich von der Estancia doch eine große Lebenserinnerung davongetragen. Das war die an die Jagd auf Großwild, wovon ich nun zu erzählen habe.

Kaum waren nach meiner Ankunft die schlimmsten Enttäuschungen überwunden, als ich mich auch schon bei dem Schmied nach den Wildverhältnissen erkundigte. Das Herz stand mir fast im Leibe still, als ich erfuhr, daß es unter anderm auch Pumas, Guanacos und Strauße in noch recht beträchtlicher Anzahl hier gab und daß der Mayordomo wohl kaum etwas dagegen haben würde, wenn ich Sonntags jagen ginge. Sofort borgte ich meinen Schlafkameraden um zwölf Pesos an, um mir in Buenos Aires Kugel- und Schrotpatronen bestellen zu können, denn der Munitionsvorrat, den ich noch mitgeschleppt hatte, war winzig klein.

Als dann etwa acht Tage später ein Peon beim Abendessen erzählte, daß er wieder einen Leon gesehen habe, war ich nicht mehr zu halten und bat unseren Herrn und Gebieter um Vorschuß, um meinen Drilling auslösen zu können.

„Vorschuß kann ich Ihnen nicht geben," meinte dieser jedoch, „damit haben wir zu schlechte Erfahrungen gemacht; warten Sie bis zur Löhnung."

„Gestatten Sie dann wenigstens, daß ich Sonntags jagen gehe, sobald ich meinen Drilling habe?" fragte ich gedrückt.

„Dagegen habe ich nichts einzuwenden," erwiderte er, „im Gegenteil, sehen Sie mal zu, ob Sie nicht ein paar von den verfluchten Pumas abschießen können, sie ruinieren mir den ganzen Schafstall."

Kaum konnte ich nun die Zeit bis zur Löhnung erwarten. Aber auch dann mußte ich noch ein paar Tage Geduld haben, bis der nächste Postreiter zur Station geschickt wurde. Ihm gab ich das nötige Geld mit und versprach ihm einen Peso extra, wenn er bestimmt bis Sonnabend abend — es war Donnerstag — zurück sein würde.

So konnte ich endlich am folgenden Sonntag in aller Frühe meine erste Streife in ein fast noch jungfräuliches Jagdgebiet antreten, in dem ich so viel Interessantes erleben sollte und so großartige Jagderfolge hatte, daß sie noch heute zu meinen schönsten Erinnerungen gehören.

Allmählich die Umgegend kennenlernend und durch die Viehhirten auf die beliebtesten Schlupfwinkel des Wildes aufmerksam gemacht, hatte ich nach einigen Wochen schon das Weidmannsheil, einem Puma — hier Leon genannt — zu begegnen.

Eines Tages hatte ich nämlich im Sande die starke Fährte eines Silberlöwen bemerkt, konnte aber nicht ermitteln, ob sie noch frisch war, da ein starker Wind wehte, der sie schon halb mit Sand zugedeckt hatte. Vorsichtig weiterpirschend, kam ich bald darauf an einem alten halbverfallenen Loch vorbei, das man wohl einst ausgeworfen hatte, um süßes Wasser zu suchen. Kaum sah ich, nichts Böses ahnend, hier hinein, als ich auch schon entsetzt zurückfuhr und ausreißend den Drilling zum Schuß fertig machte.

Die funkelnden Augen eines großen knurrenden Silberlöwen, der hier sein Lager aufgeschlagen zu haben schien, hatten mich ganz aus der Fassung gebracht. Diese erste Begegnung war aber auch zu überraschend, zu unverhofft und plötzlich gekommen.

Nach etwa zwanzig Fluchten nahm ich hinter einem Baum Deckung und sah nun, wie der Puma aus dem Brunnen kletterte, sich nach mir umschaute und dann gemächlich in der entgegengesetzten Richtung den Hügel hinauf zu verschwinden trachtete.

Nun flog der Drilling an die Backe. Ich visierte den Schwanz entlang, über den Rücken bis ins Genick und ließ dann fahren. Als der Schuß krachte, brach das Tier mit zerschmettertem Halswirbel tot zusammen. Es war ein ausgewachsenes Männchen mit silbergrauem, unscheinbarem Fell ohne Abzeichen, das seiner Farbe wegen mehr dem eines großen Kalbes als einem Löwenfelle glich.

Wohl eine volle Stunde habe ich dann vor meinem ersten Puma gesessen, reinstes Weidmannsglück genießend. Wie bedauerte ich, nicht so viel Geld zu besitzen, um immer diesen edlen Sport ungestört treiben zu können! Ich dachte daran, wie mich meine Mutter freudestrahlend umarmt hatte, als ich — fünfzehnjährig — mit meinem ersten Hasen ins Haus gestürmt gekommen war. Was würde man dagegen hier zu meinem ersten „Löwen" sagen? Der Mayordomo — ich wußte das schon — würde mir das Fell und den Schädel abnehmen und nicht einmal „Danke schön" dazu sagen. Und ich würde es ihm ohne weiteres lassen, da es mir — bar eines Koffers — doch nur gestohlen worden wäre.

Zu Hause angekommen, übergab ich also die sauber abgezogene Decke ohne weiteres dem Verwalter der Estancia, der sie schmunzelnd in Empfang nahm. Ganz besonders aber schien ich auch seiner Frau damit eine große Freude bereitet zu haben.

„Ach, Gärtner," sagte sie, „können Sie nicht gleich noch ein paar schießen? Ich möchte nämlich meinen Schwestern in Deutschland auch einige solcher Felle schicken."

Anderen Tages hatte ich frei, d. h. ich brauchte weiter nichts zu machen, als das Fell des Puma aufzuspannen und den Schädel abzukochen, wofür ich noch obendrein in der Küche mit Kaffee und Kuchenbrot bewirtet wurde. Gleichzeitig wurde mir bedeutet, daß ich — falls im Garten nichts Besonderes zu tun wäre — ruhig auch wochentags auf Jagd gehen könnte, was ich mir denn auch nicht zweimal sagen ließ. Natürlich war nun plötzlich überhaupt nichts mehr im Garten zu tun.

Während ich auf diese Weise inzwischen viel anderes Wild erlegte, wollte es mir nicht glücken, einen Puma zu Gesicht zu bekommen. Oftmals auf meinen Pirschgängen glaubte ich zwar tief im Dorngestrüpp das Knurren dieser großen Katze zu vernehmen, es war wohl aber alles nur Täuschung. Plötzlich eines Morgens brachte ein Peon die Nachricht, daß ein oder mehrere Pumas über Nacht acht Schafe geschlagen und ihr Blut ausgetrunken hätten, ohne das Fleisch anzurühren. Da nun in der Nähe der Schafweide nur ein kleines Dorngestrüpp war, so konnte ich annehmen, daß die Raubtiere sich dort blutgesättigt zur Ruhe begeben hatten. Sofort sandte denn auch der Mayordomo einen reitenden Boten zum Nachbarn, einem Franzosen, der mit seinen Hunden und einem Revolver bewaffnet gegen Mittag auf der Bildfläche erschien.

Nach dem Essen wurde Kriegsrat gehalten, dann wurde auch ich beritten gemacht, und fort ging es, um die Löwen zu suchen. Das dichte Dorngestrüpp, mit einzelnen hohen Bäumen bestanden, zog sich an einem Abhange entlang und verlor sich am Rande einer Lagune. In eben dieser Richtung begannen wir nun das Gebüsch zu durchsuchen, der Nachbar-Estanciero in der Mitte, der Mayordomo am unteren und ich am oberen Rande des Abhanges entlangreitend. Die lauten Rufe des Franzosen, der seine Hunde anfeuerte, gaben uns die Richtung an, so daß wir stets mehr oder weniger in der Linie bleiben konnten.

Langsam brachen wir uns Bahn. Meine Nerven waren aufs äußerste gespannt, meine Augen flogen nach rechts und nach links, mein Herz klopfte, und meine Hände umspannten krampfhaft die gestochene Büchse; doch nichts ließ sich vorläufig blicken. Ab und zu nur gab ein Hund Laut, wurde aber sofort wieder still. Ab und zu erschreckte mich auch ein aufflatterndes Rebhuhn, sonst Totenstille ringsum.

Schon mochte eine Stunde vergangen sein, schon hatten mir die Dornen Hände und Kleider zerfetzt, und schon näherten wir uns bedenklich der Lagune. Da — ein furchtbares, anhaltendes Geheul der Hunde gar nicht weit von mir, dazwischen die anfeuernden Rufe des Franzosen, der auf die wilde Jagd zuzusprengen schien, und das Fauchen eines Pumas, der sich nach kurzer Jagd unter den Dornen zur Verteidigung festgesetzt hatte.

Ein Revolverschuß fiel, dann noch einer und noch einer. Das Geheul der Hunde hatte seinen Höhepunkt erreicht, und auch ich drückte meinem Pferde nun die Hacken in die Seiten, um wenigstens mit dabei gewesen zu sein.

Weit kam ich nicht. Kerzengrade stieg der Gaul plötzlich in die Höhe, die Nüstern blähend, drehte sich halb im Kreise herum und jagte dann davon, daß die Funken stoben, während ich — ich weiß heute noch nicht wie — zwischen die Dornen ins harte Gras flog, das gespannte Gewehr noch immer krampfhaft von mir abhaltend.

Schnell war ich inzwischen wieder auf den Beinen, ahnend, daß nur etwas ganz Ungewöhnliches den alten Gaul so hatte außer Fassung bringen können. Und da sah ich denn auch schon den Pferdeschreck, den Puma, kaum zehn Schritt vor mir sitzend und mit dem Schweif die Büsche peitschend. Sekundenlang starrten wir uns an, gleichmäßig erschreckt durch die plötzliche Begegnung, dann gab der Klügere, in diesem Falle der Puma, nach und suchte langsam und sich immer noch nach mir umschauend, in dem Gestrüpp zu verschwinden.

Hinter den nächsten Dornen, auf kaum zwanzig Schritt, erreichte ihn meine Kugel. Auch er brach im Feuer zusammen, denn ich hatte ihm das Kreuz durchschossen. Als ich mich dann näherte, richtete er sich jedoch wieder vorn auf, drehte sich wild im Kreise herum und zermalmte die umliegenden Sträucher und Grasbüschel mit seinen furchtbaren Zähnen und Krallen. Während ich nun von neuem lud, waren auch schon die Hunde und mit ihnen die beiden anderen Jäger herangekommen. Die Meute stürzte sich sofort auf ihren neuen Gegner, der sich noch recht gut zu verteidigen wußte und tüchtig um sich hieb. Als er einen Hund ernstlich verletzte, machte unser Nachbar dem Spiel ein Ende und schoß dem Raubtier eine Revolverkugel hinter das Ohr.

Dieser zweite, von mir erlegte Puma war ein altes Weibchen, das sich beim ersten Geheul der Hunde stillschweigend zu drücken gesucht hatte und mir dann auf so seltsame Weise zum Opfer gefallen war. Das Männchen war von dem Franzosen mit den zuerst gehörten drei Revolverschüssen erlegt worden, als es sich vor den Hunden unter ein Dornenlabyrinth zurückgezogen hatte und ihnen rechts und links Ohrfeigen austeilte.

Mein Mayordomo erhielt natürlich wieder den „Löwenanteil" an der ganzen Geschichte, obwohl er keinen Schuß abgefeuert hatte, er bekam oder nahm sich die beiden Felle, und ich hatte das Vergnügen, sie ihm sauber präparieren zu dürfen. Für ein Pumafell wurden übrigens 30—50 Pesos bezahlt, doch konnte man sie von Eingeborenen auf dem Kamp auch schon oft für 10 Pesos erstehen.

Im allgemeinen ist der Puma, das nächst dem Jaguar größte Raubtier Südamerikas, dem Menschen nicht gefährlich; es sei denn, daß er gerade Junge hat, in die Enge getrieben oder angeschossen wird. Man jagt ihn meist mit Hunden und schießt ihn, sobald er aufbäumt oder sich unter Dornen festsetzt, mit dem Revolver wie eine Katze einfach nieder. Die Gauchos, die halbwilden Diebhirten, die nur mit der Poliadora und dem Lasso bewaffnet sind, lassieren den von den Hunden bedrängten oder in die Enge getriebenen Silberlöwen einfach und lassen ihn dann von ihren wie wahnsinnig davonjagenden Pferden zu Tode schleifen. Vielfach wird er auch leider schon vergiftet, wie bei uns in Deutschland die Füchse. Man findet den Puma noch vielfach in den weniger bewohnten Gegenden Südamerikas, sowohl im heißen Norden als auch im kalten Süden.

Außer den Pumas fand ich an katzenartigen Raubtieren nur noch zwei Wildkatzenarten, von denen ich auf meinen Streifzügen ebenfalls viele zu erlegen das Glück hatte.

Die eine Art, groß und stämmig gebaut, wie unsere europäischen Wildkatzen, ist dunkelgrau gezeichnet, mit vielen schwarzen Punkten auf dem Fell, vermutlich der Ozelot. Die andere etwas schwächere Art hat mehr Tigerzeichnung, d. h. ihr Fell ist wunderschön gelb und braun gefärbt und mit schwarzen Punkten und Strichen übersät, sicherlich eine Tigerkatze. — Ein alter Eingeborener zog mir jedesmal die Felle der erbeuteten Katzen sauber ab, damit ich ihm den übrigen Leichnam schenken sollte. Das Fleisch wurde sauber am Spieß gebraten und sehr wohlschmeckend gefunden, namentlich, wenn er schön fett gewesen war. So sind die Geschmäcker verschieden. Das lederne Katzenfleisch futtern diese Leute, Hasenfleisch dagegen lassen sie achtlos verderben.

Diese Wildkatzen, die in alten Fuchsbauen und hohlen Bäumen wohnen, richten unter dem Wildgeflügel beträchtlichen Schaden an und scheuen sich nicht, trotz der Hunde, in die Gehöfte einzudringen und unter den Hühnern gefährlich aufzuräumen.

Den Azarafuchs, die Zorra, den ich schon im siebenten Kapitel näher beschrieb, habe ich niemals in einer anderen Gegend wieder so häufig angetroffen wie hier im hintersten Winkel der Pampa. Auf jedem Streifzug und zu jeder Tagesstunde begegnete ich ihm. Des Nachts hörte ich die Füchse heulen oder den Mond anbellen, und oft wurden sie beim Hühnerstehlen ertappt und dann von den Hunden langgezogen.

Eine Räude, die damals unter den Schafen viele Opfer forderte, wütete auch unter diesen „Silberfüchsen"; die Krankheit hatte sich wohl von den Zweihufern auf letztere übertragen. Selten erlegte ich einen im Balg vollkommen gesunden Fuchs. Einige, abgemagert bis auf die Knochen, waren sogar ganz mit Schorf bedeckt und hatten fast keine Haare mehr am Körper.

Unter den wilden Zweihufern, die ich hier kennen lernte, waren die Guanacos die stolzesten. Es war dies eine Lamaart, die in Herden zu 10, 20, 30 und mehr Stück die weite Steppe bevölkerte. Diese Guanacoherden hielten sich fast immer in welligem Gelände auf und wurden stets von einem alten Männchen bewacht, das auf dem höchsten Hügel Umschau hielt, während sich das übrige Rudel an dem saftigen Grün unten im Tal erquickte. Sobald ich mich näherte, stieß das Leittier jedesmal seinen Warnruf aus, der wie das helle Wiehern eines jungen Pferdes klang. Sofort zog sich dann das ganze Rudel im Tal zusammen und suchte das Weite, während der alte Bock auf seinem Posten verharrte, bis ich fast auf Schußweite heran war. Dann lief er auf die nächste Anhöhe, um dort von neuem nach seinem Gegner Ausschau zu halten.

Es sind gelbbraun gefärbte Tiere, mit weißer Brust, langem Hals und noch längeren dünnen Beinen. An den Zehenspitzen der Hinterbeine besitzen sie Widerhaken aus Horn, die ihr Sprungvermögen noch vergrößern, ein Sprungvermögen, das sie glatt über jeden Drahtzaun hinwegsetzen läßt, sobald man sie zu Pferd verfolgt oder sonstwie in die Enge treibt. Nur dadurch ließ es sich auch erklären, daß dieses Wild trotz der Drahtzäune noch nicht nahezu ausgerottet war, wie z. B. der Pampahirsch, denn das Fleisch der jungen Tiere war sehr begehrt und schmackhaft. Auch die Winterfelle der Lämmer bilden eine gesuchte Handelsware; man fertigt die schönsten Bettüberdecken und Bettvorleger aus ihnen an.

Nächst ihren langen Beinen sind ihr gutes Gesicht, Geruch und Gehör ihr zuverlässigster Schutz.

Der erste Guanacobock, den ich erlegte, war das kapitale Leittier einer großen Herde. Ich näherte mich kriechend, so daß das Tier, ständig seinen wiehernden Warnruf ausstoßend, doch nicht recht aus mir klug werden konnte und so lange aushielt, bis ich ihm auf hundert Meter die Kugel aufs Blatt setzte. Gut zeichnend sprang der Bock ab, und ich sah ihn, nun selbst auf dem Hügel angekommen, im Tale verendend liegen, während die Herde unschlüssig und dicht zusammengedrängt um ihn herumstand.

Das Abziehen des Felles war eine schlimme Arbeit, und ich entsinne mich, daß namentlich die Decke der Halspartie so stark war, daß sie sich kaum mit dem Messer durchschneiden ließ. Zu Hause gebrauchte ich eine ganze Wandseite unseres kleinen Ranchos, um das Fell vorschriftsmäßig aufzuspannen und zu trocknen.

Später erlegte ich noch ein junges Guanaco, des Felles und namentlich des Fleisches wegen, das auch ich sehr wohlschmeckend fand. Nachher ließ ich diese Tiere in Ruhe, denn sie taten mir zu leid, um sie nach Schießerart einfach aus Vergnügen niederzuknallen. Auch galten meine Pirschgänge hauptsächlich einem edleren und scheueren Wilde, das sich oft unter den Guanacoherden aufhielt, nämlich den Straußen, über die ich weiter unten berichten werde.

An hirschartigem Wilde gab es noch den Venado, den „Giftigen," der aber schon sehr selten geworden war, so daß ich nur einmal zwei dieser Tiere zu sehen bekam. Dieser Pampahirsch ist ein Mittelding zwischen Hirsch und Reh (aus der Gattung Odocoileus), auch in seinem Geweih, das übrigens meist nur sechs Enden aufweist. „Der Giftige" wird er seines Speichels wegen genannt, mit dem er die Schlangen anspucken und sie so töten soll. Auch sollen ihm die Bisse selbst der giftigsten Reptilien nicht gefährlich werden, diese vielmehr sich schon vor dem Geruch des Venadofelles zurückziehen; daher halten die Eingeborenen sich solche Decken in den Ranchos, sobald sie nur ihrer habhaft werden können.

Weit häufiger waren dagegen die Gamas (Sumpfhirsche), eine große Hirschart, deren Färbung der unseres deutschen Rehes im Sommerkleide ähnelt. Auch das Geweih ist dem unseres deutschen Bockes ähnlich, nur weiter ausgelegt, dünner und weniger geperlt. Wie alles Steppenwild hier in Südamerika halten sie weder Wechsel noch Stunde und sind sehr scheu.

Das größte Nagetier, das es hier gibt, und das ich zum ersten Male zu Gesicht bekam, ist der Pampahase. Es ist ein ganz merkwürdiges Tier, ich möchte sagen, es scheint ein Mittelding zwischen unserm deutschen Reh und unserm Hasen zu sein. Noch eher könnte man an ein südamerikanisches Känguruh denken.

Diese Pampahasen, die bis zu 10 kg und oft noch mehr wiegen, besitzen ausgesprochen den Winterbalg unserer deutschen Rehe, dem selbst die große weiße Schürze nicht fehlt. Sie sind fast schwanzlos und haben ebenfalls nur kurze Gehöre. Endlich haben sie auch die Gewohnheit, sich nicht nur hüpfend, sondern auch ab und zu aufrechtgehend fortzubewegen, so daß ich, als ich sie das erstemal zu Gesicht bekam, glaubte, es mit einer kleinen Rehart, aber nicht mit Nagetieren zu tun zu haben.

Man sieht sie meist zu dreien oder mehr, und ihre Nahrung ist gleich der unseres deutschen Hasen. Der Pampahase ist kein ausgesprochenes Nachttier, und man trifft ihn häufig bei Tage herumhoppelnd an. Aus dem Lager gestoßen, läuft er nicht wie sein europäischer Verwandter kilometerweit, sondern setzt sich stets in guter Kugelschußweite wieder und sucht nur einige Büsche zwischen sich und den Jäger als Deckung zu bringen. Diesen weiß er so oft stundenweit hinter sich herzulocken. Sein Fleisch ist zwar schmackhaft, wird aber von den Eingeborenen ebenso verschmäht wie das meiste andere Wildbret. Diese Leute bleiben eben dem Rindfleisch treu.

Auch der Hase war reichlich vertreten. Kein Mensch kümmerte sich hier um ihn, und trotzdem ist er scheuer, als man es in Europa von ihm gewohnt ist. Meist steht er schon auf, wenn noch gar nicht daran zu denken ist, einen Schuß abzugeben, und läuft dann, was ihn nur die Läufe tragen wollen, bis er aus dem Gesichtskreis entschwunden ist.

Die dritte und letzte Nagerart, der ich hier begegnete, sind die Viscachas. Man könnte sie auch Land- oder Sandbiber nennen, denn was die Nutrias im Wasser, sind die Viscachas im Sande. Sonst gleichen sie in Gestalt, Aussehen und Lebensweise mehr den Wildkaninchen, sind jedoch bedeutend größer als diese. Das Häßlichste an ihnen ist ihr Kopf. Plump und mehr breit als lang, mit glotzenden Augen und häßlichen Flecken und Streifen versehen, gleicht er eher einem Teufelsgesicht, so daß oft sogar die Pferde scheuen, wenn so ein Kobold aus irgendeinem seiner vielen Löcher heraussieht.

Der Balg ist grau mit weißer Brust und hat keinen Handelswert. Die Baue, die man überall zwischen den Büschen und auf den Feldern antrifft, sind großen Kaninchenbauen ähnlich. Stets haben diese Nager einen Haufen zusammengeschleppten alten Holzes und alter Knochen auf ihren Wohnungen herumliegen, weshalb die schmutzigen Wohnungen der Eingeborenen von uns auch gern mit dem Namen „Discacheras" belegt wurden.

Diese Viscachas vermehren sich sehr und richten in den Feldern großen Schaden an. Ihr Fleisch ist nicht schmackhaft. Trotzdem rückt man ihnen auf den Balg, wo es nur angeht, und vernichtet sie namentlich mit Schwefelkohlenstoff oder auch, falls möglich, durch Einleiten von Wasser in ihre Baue.

Diese Baue bilden übrigens eine ständige Gefahr für Tier und Mensch. So manches Stück Vieh ist schon durch sie zu Schaden gekommen, wenn es nichtsahnend plötzlich bis über die Knie in einem dieser Löcher versank. So mancher galoppierende Reiter hat sich durch sie schon das Genick gebrochen. Die Viscachas sind Nachttiere und nähren sich von Steppengräsern und der Rinde junger Bäume. Ihr Warnruf ist ein Knurren, das man auch vernehmen kann, wenn man bei Tage auf einem ihrer Baue steht und dann mit dem Fuß fest aufstößt.

Die einzigen Säugetiere, die ich sonst noch antraf, waren die Gürteltiere. Schon in Buenos Aires hatte ich ihre sauber lackierten Schalen in den Geschäften ausgestellt gesehen, wo sie — fein mit roter Seide ausgefüttert — als Körbchen für 3—5 Pesos verkauft wurden. In Rio Negro hatte man mir von ihrem Vorkommen erzählt, und ebenso im Chaco; nie hatte ich sie jedoch zu Gesicht bekommen. Hier hingegen waren sie häufig. Überall sah ich ihre kleinen Löcher, sowohl im Garten als auch in der Steppe und namentlich zwischen dem Gesträuch. Leicht sind sie zu ergreifen, wenn sie an stillen Orten sich schon des Abends aus dem Baue wagen oder bei Mondschein herumstreifen. Auch braucht man keine Angst zu haben, denn sie tun niemandem etwas zuleide. Man muß nur schnell zuspringen, sobald man ihrer ansichtig wird, will man ihrer habhaft werden. Gelingt es ihnen, zur Hälfte in ihr Loch hineinzurutschen, und erwischt man sie nur am Schwanz oder an den Hinterbeinen, so sind sie fast stets für den Jäger verloren. Sie sträuben dann nämlich ihre Gürtel, deren Kanten sich wie Widerhaken in das Erdreich bohren, klammern sich außerdem mit den Vorderfüßen fest, und es gehört eine Pferdekraft dazu, sie herauszubekommen.

Das Fleisch dieser Tierchen ist sehr beliebt und äußerst schmackhaft. Es ist weiß, sehr fett und wird mit Recht dem Fleisch eines gutgenährten Ferkels gleichgeachtet.

Im allgemeinen heißt es sogar, daß man es eigentlich nicht essen solle, weil man stets Leibschmerzen danach bekäme. Warum? Nun, nur deshalb, weil der Braten so gut schmeckt, daß man stets zu viel davon ißt.

Die Zubereitung der Gürteltiere geschieht auf folgende Weise. Man schneidet ihnen die Kehle durch, läßt sie gut ausbluten und nimmt sie dann aus. Darauf werden sie gewaschen und dann — die Gürtel nach unten — ans offene Feuer gelegt und so in ihrem eigenen Fett gebraten. Auf diese Weise bleibt das Fleisch schön sauber, und die äußere Schale sorgt dafür, daß auch das Fett nicht verlorengeht. Ich habe mir stets die Finger danach geleckt, trotzdem ich wußte, daß die Tierchen nicht nur von Pflanzenresten, sondern auch von Aas leben.

Ich fand hier zwei Arten Gürteltiere. Die größere heißt Peludo (Borstengürteltier), ist auf den Gürteln spärlich behaart und hat etwa die Breite eines Suppentellers, nur noch einhalbmal so lang. Die kleinere Art wird „Pich" (eigentlich das Zwerggürteltier) oder „Mulita" (das Kurzschwanzgürteltier) genannt. Auch deren Gürtel sind spärlich mit Haaren bedeckt, die Tierchen haben aber nur etwa die Länge und Breite des Fußes eines ausgewachsenen Menschen. Das Fleisch des Pich wird dem des Peludo vorgezogen, weil es noch zarter ist als jenes. Beide Arten bringen in der Regel nur zwei lebendige Junge zur Welt.

Unter den Vögeln, von denen ich nun berichten werde, sind die Nandus die bei weitem größten und wichtigsten. Diese südamerikanischen Strauße sind wie viele Tiere der Neuen Welt bedeutend schwächer und weniger schön gezeichnet als ihre afrikanischen Vettern. Namentlich fehlt ihnen der schön gefiederte Schwanz. Die hiesigen Strauße haben gar keine Schwanzfedern, hingegen tragen sie an jedem Fuß drei Zehen. Aufgerichtet erreichen sie eine Höhe bis zu 2½ m. Ihr Gefieder ist graublau, die Brust weiß, der Hals des Männchens schön schwarz gezeichnet. Unter den wertvollen Flügelfedern befinden sich einige rein schwarze und rein weiße, während die übrigen ebenfalls mehr oder weniger graublau aussehen. Sämtliche Federn finden Verwertung. Die Flügelfedern wurden etwa mit 12 Pesos, alle übrigen mit 4—5 Pesos das Kilo bezahlt. Alles in allem hat ein erlegter Strauß etwa für fünf Pesos Federn an sich. Das Fleisch ist wenig schmackhaft und wird von den Eingeborenen verschmäht.

Die Strauße ziehen die weite Steppe dem dichten Urwald vor, halten sich aber auch gern in Gebüschen auf, soweit diese so niedrig sind, daß sie ihren langen Hals darüber hinausrecken können. So ist es ihnen möglich, jede drohende Gefahr früh genug zu bemerken, ohne selbst gesehen zu werden. Hier, zwischen dichtestem Dornengestrüpp findet man auch am häufigsten ihre kunstlosen Nester, in die sie 14—26 und mehr gelbweiße Eier zu legen pflegen.

Die Legezeit beginnt im September. In diesem Monat fanden wir schon sehr häufig einzelne im Kamp verlorengegangene oder verlegte Eier, die dann im Triumph nach Hause getragen und verspeist wurden. Sie sind im Geschmack etwas derber als Hühnereier, aber sonst ausgezeichnet, und wurden von uns meist zum Backen von Eierkuchen verwandt. Sehr praktisch weiß sie auch sonst der eingeborene Viehhirt zuzubereiten. Er öffnet sie nämlich am spitzen Ende und stellt sie so aufrecht in die heiße Asche. Schnell tut er noch etwas Salz und kurzgeschnittene Zwiebelblätter hinein und rührt das Ganze so lange mit einem Stück

Holz um, bis das sehr wohlschmeckende Rührei fertig ist und dann aus der Eierschale gelöffelt wird.

Was die einzelnen im Kamp herumliegenden Eier, die man wie gesagt sehr häufig fand, eigentlich zu bedeuten haben, darüber ist man verschiedener Meinung. Vielleicht werden sie einfach fallen gelassen, weil das Nest noch nicht fertig oder zu weit gelegen ist.

Jung eingefangene Strauße lassen sich verhältnismäßig leicht aufziehen und werden sehr zahm. Sie fressen alles, was sie nur erreichen können, und verschmähen weder Grünfutter noch Fleisch, weder Steine noch ihren eigenen Kot. Den Kindern stehlen sie das Butterbrot aus der Hand und nehmen den Hunden, die ihnen nichts tun dürfen, den Knochen aus der Schnauze. Ja selbst in die Küche bringen sie ein, wenn die Hausfrau gerade nicht anwesend ist, und dann ade, Mittagessen.

Um so schlauer betragen sich die Strauße in freier Wildbahn. Ja, ich kann wohl sagen, daß ich kein scheueres Jagdtier kenne und daß mich gerade deshalb dieses Wild am meisten reizte. Das war doch noch hohe Jagd! Diese Tiere ließen sich nicht einfach niederknallen, wie die Pumas, sondern sie wollten angepirscht und überlistet sein. Nur zu gut kannten die Avestruzes auch hier sowohl die weittragende Büchse des sich anpirschenden Jägers als auch die Boliadora des berittenen Viehpeons. Wenn die Guanacos sich trotz der Zäune noch erhalten hatten, weil sie, in Gefahr, einfach darüber hinwegsetzen, so konnten sich die Strauße noch halten, weil sie es verstehen, wie ein Mensch die Drahthindernisse zu passieren, indem sie erst ein Bein, dann behutsam Rumpf und Kopf und endlich noch das andere Bein hindurchstecken, so das flinkeste Roß und den besten Reiter hinter sich lassend.

Fast auf jedem Streifzuge begegnete ich Straußen, ohne daß es mir im Anfange gelingen wollte, auf Büchsenschußweite an sie heranzukommen. Meist bemerkte ich sie überhaupt erst, wenn sie mit halbgeöffneten Flügeln in rasendem Laufe vor mir flüchteten. Einmal auf der Flucht, sind sie aber nicht mehr anzupirschen, denn sie laufen jedesmal mehrere Kilometer weit ohne anzuhalten.

Allmählich lernte ich die Aufenthaltsorte dieses Wildes kennen und war vorsichtiger geworden. Sobald ich nämlich in weiter Ferne einige Strauße bemerkte, schlug ich einen Bogen und suchte irgendein kleines dichtes Gestrüpp zwischen mich und sie zu bringen, hinter dem ich mich dann in gebückter Haltung anzupirschen trachtete. Aber jedesmal, wenn ich, hinter dem Busche angelangt, mich zur Erde warf und seitlich hervorlugte, waren die Strauße schon längst über alle Berge. Anfangs war mir das unbegreiflich, bis ich schließlich dahinter kam, daß sie zwar nicht mich, wohl aber meinen Schatten gesehen haben mußten, der seitlich aus den Büschen herausgeragt hatte. Das hatte also genügt, sie zur schleunigen Flucht zu bewegen. So blieb mir denn nichts anderes übrig, als zu kriechen, zwischen scharfen und spitzen Gräsern, zwischen Kakteen und Dornen hindurch, stundenlang und kilometerweit. Aber dafür hatte ich denn jetzt auch Erfolg auf Erfolg und erlegte in wenigen Monaten etwa zwanzig Strauße.

Trotzdem wurde meine Geduld nur noch zu oft auf eine harte Probe gestellt. Ein mich plötzlich schreiend umkreisender Kiebitz, ein auffliegendes Rebhuhn veranlaßten die stolzen Vögel meist schon, die Flucht zu ergreifen. Das größte Hindernis aber war mir stets das überall in kleineren und größeren Trupps weidende halbwilde Rindvieh. Diese Tiere kennen und respektieren den Menschen ja begreiflicherweise nur, wenn er zu Pferde sitzt, und betrachteten mich, der ich zu Fuß ging, oder gar kroch, genau so neugierig und furchtlos, wie die Hühner etwa eine kleine Schildkröte zu betrachten pflegen. Hatten sie mich entdeckt, umkreisten sie mich stets laut brüllend, mit erhobenen Schwänzen, lockten immer mehr ihresgleichen heran und suchten mit mir zu spielen, auf mir herumzutrampeln oder mich auf ihre Hörner zu nehmen. Nachdem ich so mehrere Male in Lebensgefahr geschwebt und mich nur durch ein paar Schreckschüsse gerettet hatte, blieb mir nichts anderes übrig, als mich bei meinen Streifzügen immer dicht an irgendeinen Drahtzaun zu halten, um gegebenenfalls durch diesen hindurchzuschlüpfen zu können.

Der erste Strauß, den ich erlegte, brach im Feuer zusammen. Ich lud eine neue Patrone und trat dann näher, um ihn, falls nötig, noch abzunicken. Aber nur die Beine bewegten sich noch etwas, als ob er sich im tollsten Laufe befände, und dies mit einer Kraft, daß riesige Grasbüschel aus der Erde gerissen wurden und meterweit davonflogen. Wehe dem Jäger, wehe dem Hunde, der diesen Füßen eines verwundeten Straußes zu nahe kommt! So manchem ist schon auf diese Weise der Leib aufgerissen worden.

Als der große Vogel mausetot war, wurde er von mir sämtlicher Federn beraubt, die ich in Bündelchen zusammenband und nebst den später erbeuteten in einem Sack aufbewahrte, um sie bei Gelegenheit zu Geld zu machen. Tatsächlich war der Erlös, den ich später in Buenos Aires erzielte, für mich eine große Hilfe, da ich sonst nicht imstande gewesen wäre, mich für meine zukünftige Stellung neu einzukleiden.

Allmählich bekam ich immer mehr Erfahrung in der Straußenjagd. So merkte ich z. B. bald, daß ein oder zwei Strauße stets viel leichter anzupirschen waren als ganze Trupps, wie ich sie oft bis zur Stärke von zwanzig und dreißig Stück antraf. Dann hatte ich nach Erlegung der ersten Strauße stets wieder geladen und war nachher erst ruhig an das Wild herangetreten. Auch diese Taktik änderte ich bald, da die verendenden Tiere flatternd und strampelnd ihre Federn stets stark mit Blut besudelten und so für den Verkauf minderwertig machten. Später sprang ich daher nach dem Schuß immer sofort hinzu, das Gewehr liegenlassend, um den gefallenen Strauß beim Kopf zu fassen und sofort abzunicken. Der Kopf ist übrigens sehr klein und weich, ebenfalls der Schnabel, so daß sie nie versuchen, sich mit diesem zu verteidigen. Ich änderte diese neue Taktik auch dann nicht, als ich eines Tages das Pech hatte, einen Strauß nur zu treffen, so daß er im Feuer zusammenbrechend plötzlich dicht vor mir wieder hochging und das Weite suchte.

Mehrere Male gelang es mir auch, Strauße zu erlegen, indem ich selbst einen solchen vorzutäuschen suchte. Ich ging dann nämlich mit einem grauen Poncho bedeckt in gebückter Haltung gerade auf den Vogel zu, das Gewehr steil vor mich haltend. Auf dessen Mündung hatte ich zuvor noch ein Stück Holz gesteckt, so daß das Ganze von Ferne einem Strauße wirklich nicht unähnlich sah. So kam ich mehrere Male auf Schußweite an das Wild heran, das nicht wußte, was es von mir halten sollte, stets hin und her lief oder gar mit ausgestrecktem Halse auf mich zukam.

Nie hörte ich den verendenden Strauß jemals einen Ruf ausstoßen. Den einzigen Laut, den ich von diesem Vogel und zwar vom Männchen vernahm, hört man ab und zu in der Brutzeit. Es ist das Signal herannahender Gefahr für das brütende Weibchen und klingt hohl wie das ferne Brüllen eines Stieres. Gern mischen sich diese prächtigen Vögel unter das halbwilde Vieh, noch lieber wie schon erwähnt unter die Guanacoherden.

Zum ersten Male begegnete ich hier einer Flamingo-Art, dem roten Flamingo. Oft traf ich eine ganze Menge dieser schönen Vögel an, ausgeschwärmt wie eine Schützenkette in einer der großen Lagunen fischend. Das Gefieder der alten Tiere ist rosa bis tiefrot mit schwarzen Flügelspitzen, die Jungen dagegen sind einfarbig, graubraun gezeichnet. Den prächtigsten Anblick gewähren sie, wenn sie auffliegend ihre Kreise ziehen und dabei von der Sonne beschienen werden. Der herrlichste Regenbogen könnte nicht schöner leuchten. Hier in der Pampa schienen die Flamingos nur Gäste zu sein, denn niemand wußte mir etwas von ihren Nistplätzen zu erzählen. Einmal aufgescheucht, flogen sie auch stets viele Kilometer weit, bis sie den Blicken am Horizont entschwunden waren.

Auch bei den Flamingos mußte ich erst genügend Erfahrung sammeln, um endlich den ersten erlegen zu können. Stets standen sie nämlich wenigstens 200—300 m vom Ufer entfernt im Wasser und boten so der Kugel kein sicheres Ziel. Rückte ich ihnen durchs Wasser watend auf den Leib, so stiegen sie — immer dieselbe Entfernung einhaltend — vor einem her und flogen endlich, am jenseitigen Ufer angelangt, auf und davon. Klüger geworden, ließ ich sie nach einigen vergeblichen Jagdzügen nicht mehr ganz an das andere Ufer herankommen, sondern machte vorher kehrt, patschelte zurück und pirschte in weitem Bogen um die Lagune herum. Das letzte Ende kroch ich dann auf dem Bauche und konnte so des öfteren einen erfolgreichen Kugelschuß anbringen.

Die wunderschönen Federn der erbeuteten Flamingos, die als Hutschmuck sehr beliebt waren, schenkte ich der Frau des Mayordomo, die aus lauter Freude darüber mich jedesmal in der Küche mit Kaffee und Kuchen, einer seltenen Delikatesse hier im Innern, bewirtete.

Ab und zu sah ich hoch in den Lüften ein paar Kondore ihre Kreise ziehen. Sie hatten wohl einen Ausflug von den nahen Anden nach hier unternommen, kamen aber nie so weit herunter, daß ich hätte einen erfolgreichen Schuß abgeben können. Kleine Adler und Falken gab es dagegen in Mengen und in allen Farbenvariationen. Den kleinsten Falken hielt ich sogar zuerst für einen mittleren Würger, zumal die Farbe seines Gefieders nicht viel von der des Würgers abwich.

Ab und zu zeigten sich Enten auf den Lagunen, die sich aber nie lange aufhielten, da ihnen natürlich das salzige Wasser, ohne jeden Pflanzenwuchs darin, nicht behagen wollte.

Sehr betrübte es mich anfangs, aus diesem herrlichen Jagdrevier mit so wenig Trophäen scheiden zu müssen. Später war ich jedoch froh, denn selbst die wenigen schön gezeichneten Wildkatzenfelle, die ich mitnahm, gaben meiner Wäsche und meinem neuen Koffer einen unangenehmen Geruch, zogen Ameisen und Motten an, wurden auch schließlich von diesen vernichtet.

Siebzehntes Kapitel.
Büroangestellter einer Quebrachofabrik

Abschied von meinen Jagdgefilden. Buenos Aires. Die Zivilisation hat mich wieder. Erster Klasse. Ankunft und freundliche Aufnahme. Mein Zimmer. Sprachkenntnisse, Gymnasium und Diplomaten. 150 Pesos monatlich. Da ward ich der Lustigsten einer. An der Schreibmaschine. Befördert und versetzt. Die Taschen voll Geld. Dazu die Bilder 2, 4, 47, 48, 50.

Der Mayordomo nahm meine Kündigung gleichgültig hin. Er schien das Kommen und Gehen von Arbeitern gewohnt zu sein und meinte nur, daß er sowieso in drei Tagen einen Karren zur Station schicken werde und daß ich ja dann mitfahren könne. Die Zeit bis dahin sollte mir nicht lang werden, denn ich benutzte sie, um Abschied von meinen mir liebgewordenen Jagdgefilden zu nehmen. Wehmütig winkte ich den Straußen und Guanacos zu, wenn ich sie, über einen Hügel kletternd, plötzlich vor mir sah. Wehmütig und traumverloren ließ ich aber auch Hahn in Ruh, wenn sich mir irgendwo ein gutes Ziel bot, denn ich merkte es nur zu sehr, daß ich wieder einmal an einem Wendepunkte meines Lebens stand.

Am letzten Tage wurde große Reinigung und Sichtung meiner Sachen abgehalten. Alles, was nicht mehr gut war, wurde in die Ecke gefeuert; meine beiden Wechselhemden sauber gewaschen, ebenso mein Halstuch; auch mein getreuer Drilling wurde blitzblank geputzt. Dann ging es ans Verpacken. In einen Sack verstaute ich meine Wäsche und eine schmale lange Kiste mit den schönsten Straußenfedern, die ich mir aufheben wollte. Ein zweiter Sack war voller gewöhnlicher Straußenfedern, die ich in Buenos Aires zu verkaufen gedachte.

Die eintönige Bahnreise ließ mich nichts Neues erleben, und ich verbrachte sie größtenteils schlafend. War ich wach, so machte ich mir Notizen über die nötigsten Sachen, die ich in Buenos Aires anzuschaffen gedachte, um wenigstens einigermaßen anständig in der neuen Umgebung erscheinen zu können. Wie ich aber auch rechnete, ich kam mit meinen Ersparnissen nicht zurecht, und so mußte ich mich denn in der Hauptstadt blutenden Herzens entschließen, auch die so sauber zurückgelegten besten Straußenfedern zu verkaufen. Auch den Vollbart, der mir gewachsen war, opferte ich der Zivilisation, in die ich nun zurückkehren sollte.

Ein kleiner Koffer, ein leichter billiger Anzug und ein neuer Hut waren die mir nötigsten Sachen, die ich auch nebst noch einigen Kleinigkeiten erstand. Trotzdem hielt ich mich dieses Mal nur etwa vierundzwanzig Stunden in der Hauptstadt auf, um sofort die mir jetzt wohlbekannte Strecke über Rosario und Santa Fé bis tief in den Urwald der gleichnamigen Provinz hinein zu fahren. Auf der vorletzten Station sprang ich aus dem Wagen zweiter Güte und löste für mein letztes Geld ein Zuschlagbillett erster Klasse.

Als ich dann wieder einstieg, in ein feingepolstertes Abteil erster Klasse, musterte ich mich verstohlen und befriedigt in einem der vielen Spiegel. Ich sah wirklich aus wie ein richtiger Herr mit dem kleinen gestutzten Schnurrbärtchen, den sauber gekämmten Haaren und dem neuen Anzuge. Nur die Hände, diese dummen Arbeitshände, gefielen mir noch nicht, denn sie wollten sich schon wieder häuten, wenn auch nicht gerade in dem Maße wie damals nach der Arbeit an der Dreschmaschine.

Wieder pfiff der Zug, fuhr langsamer und hielt endlich an. Ich war am Orte meiner Bestimmung angelangt. Leichtfüßig, wenn auch klopfenden Herzens stieg ich aus, ging auf den Stationsvorsteher zu und fragte ihn nach dem Sitz meiner neuen Gesellschaft. Mit einer leichten Verbeugung, die Hand an der Mütze, hörte dieser mir aufmerksam zu und wies mich dann nach einem in der Nähe befindlichen großen Hause, dem Verwaltungsgebäude. Als ich dankte und ging, konnte ich mich eines Lächelns nicht erwehren. Wie höflich war doch dieser Mann im Vergleich zu jenem Vorsteher gewesen, der mich damals auf der kleinen Pampastation einfach hatte stehen lassen. Ja, Kleider machen Leute!

Im Schreibraum stellte ich mich vor und überreichte den erhaltenen Brief. Freundlich bewillkommnete man mich dort sofort als neuen Kollegen, und ich wurde dem übrigen Personal vorgestellt, das zum größten Teil aus Deutschen, aber auch aus Engländern und Argentiniern bestand. Alle diese Herren waren tadellos gekleidet, zum Teil im Reitkostüm, rauchten Zigaretten, während sie über ihren Büchern saßen, und unterhielten sich nebenbei nach Belieben. Ihren fröhlichen Gesichtern nach zu urteilen, hatten sie wenig Kummer und Sorgen auszustehen, und einen Kampf ums Dasein, wie ich ihn zu bestehen gehabt, kannten sie wohl nur aus Büchern.

Jetzt trat ein junger eleganter Herr auf mich zu und fragte mich, ob er mir mein Zimmer zeigen dürfe. Freudig nickte ich ihm zu, und so führte er mich denn durch eine schöne grüne Paraiso-Allee nach einem geräumigen weißen Hause, das sich in einem herrlich angelegten Rosengarten befand.

„Man lebt hier bescheiden, aber doch sehr glücklich, wenn man nicht allzu große Ansprüche macht," sagte er, wie um sich zu entschuldigen, „hier Ihr Zimmerchen."

„Mein Zimmer!?" antwortete ich erstaunt und wäre beinahe vor Schreck umgefallen; denn was ich da sah, war ein ausgestatteter Salon. Ein kleiner elektrischer Kronleuchter strahlte mir entgegen. Ein riesiger Teppich war vorhanden, ein Spiegelschrank, eine Kommode, eine Waschvorrichtung, zwei Tische und ein sauber überzogenes Bett mit Moskitonetz.

Ich war sprachlos und mußte wohl Mund und Nase aufgesperrt haben, denn als ich mich wieder nach meinem freundlichen Begleiter umsah, hatte dieser schon auf dem Sofa Platz genommen und beobachtete mich, eine Zigarette rauchend und schmunzelnd.

„Ich habe Ihren Brief gelesen, den sie kürzlich von der Pampa aus an die Direktion der Gesellschaft richteten," sagte er, „man hat Ihnen wohl hart mitgespielt bisher in Argentinien?"

„O," antwortete ich, „arbeiten muß man schließlich überall, aber nicht wahr, Sie erzählen niemandem hier von meinem Vorleben?"

Wieder lachte mein neuer Gefährte herzlich.

„Ja, was glauben Sie denn," sagte er, „denken Sie vielleicht, daß es uns in der ersten Zeit unseres Hierseins in Argentinien viel besser gegangen sei? Einige Glückskinder haben wir ja auch unter uns, aber andere wieder — na, Sie werden noch hören. Unser Korrespondent 3. B. ist drei Jahre lang Kutscher auf einer Estancia gewesen, bis er endlich etwas Besseres fand und sich so langsam hocharbeiten konnte."

„Und welcher Art wird die Arbeit sein, die ich hier zu erledigen habe?"

„O, Sie werden in alles eingeweiht werden, werden Lohn- und Hauptbücher führen müssen, werden Briefe auf der Schreibmaschine zu schreiben bekommen und in unser Bahn-, Post- und Telegraphenwesen eingeweiht werden."

„Aber du lieber Gott, ich bin doch Landwirt und verstehe von alledem gar nichts!"

„Das tut nichts zur Sache. Ihre Schulbildung und Ihr guter Wille allein sind uns maßgebend, denn alles andere ist nur Kinderspiel, wenn man die feste Absicht hat, es zu lernen. Hier ist man in dieser Beziehung lange nicht so engherzig wie leider noch immer im deutschen Vaterlande. — Doch ich habe ganz vergessen, wie steht es eigentlich mit Ihrem Gepäck?"

„Das ist noch auf dem Bahnhof; da ich jetzt jedoch weiß, wo sich meine Wohnung befindet, werde ich es wohl am besten gleich holen gehen."

„Dazu haben wir unsere Leute, mein lieber Herr Schmidt, das kann der Mozo, unser Hausdiener, besorgen."

Er drückte auf einen Knopf, worauf ein junger Argentinier eintrat und nach unseren Wünschen fragte. In fließendem Spanisch beauftragte diesen nun mein Begleiter, mein Gepäck zu holen, während ich inzwischen den Gepäckschein hervorgesucht hatte.

Gleich darauf klopfte es wieder. Ein junger Engländer trat ein, entschuldigte sich in spanischer Sprache bei mir wegen der Störung und fing an, mit meinem Landsmann eine geraume Weile Englisch zu sprechen. Es mußte sich wohl um geschäftliche Dinge gehandelt haben, und als er sich wieder empfahl, konnte ich nicht umhin, dem neuen Freunde meine Bewunderung darüber Ausdruck zu geben, daß er es vermocht hatte, sich kurz hintereinander in drei Weltsprachen so elegant zu unterhalten. Dieser hatte darauf aber nur sein mir nun schon vertrautes überlegenes Lächeln.

„Wir sprechen hier fast alle drei oder vier Sprachen fließend," meinte er, „aber es macht wirklich nichts, wenn Sie nur das Deutsche und die spanische Sprache beherrschen, denn man kann auch mit nur zwei Sprachen ein ganz brauchbarer Mensch sein."

„Daran ist das Gymnasium schuld," wagte ich meine Unkenntnis zu beschönigen.

„Ja, ja, ich weiß, die dummen Gymnasien," erwiderte er, „sie bringen uns in der Welt mehr zurück als vorwärts. Solange unser Diplomatennachwuchs statt der englischen, spanischen und französischen Sprache Latein und Griechisch eingepaukt bekommt, wird er weiter Dummheiten machen, wie wir das hier im Auslande leider nur zu oft schon erlebt haben. Da lobe ich mir die Engländer und Nordamerikaner. Deren Diplomaten sind nicht im Gymnasium großgezogen, dafür aber unter Menschen gekommen, sprachgewandt, zum Teil ehemalige gerissene Kaufleute, die alles durchsetzen und erreichen, was ihnen beliebt."

„Sind Sie eigentlich schon lange bei dieser Gesellschaft?"

„Schon mehrere Jahre."

„Dann wäre ich Ihnen sehr dankbar, wenn Sie mir etwas Näheres über sie mitteilen würden."

„Aber gern. Unsere Gesellschaft ist international, hat aber ihren Sitz in London. Nächst Engländern sind auch französische, italienische und namentlich viele deutsche Kapitalisten an ihr beteiligt. Sie ist eines der größten und reichsten Unternehmen Südamerikas. Ihre Besitzungen — meist Urwald — erstrecken sich über den Norden der Provinz Santa Fé, einen Teil des Chaco und Paraguays und erreichen zusammengefaßt die Größe des Königreichs Bayern."

„Das ist ja ganz enorm!"

„Freilich, aber Sie vergessen, daß Argentinien ein riesiges Land ist, so groß, daß man ganz Deutschland fast siebenmal hineinstecken könnte. Da fällt das weiter nicht auf. — Doch nun weiter. Der Zweck unserer Gesellschaft ist, den Urwald und namentlich das wertvolle Quebrachoholz auszubeuten. Dieses Holz — zu deutsch Brichaxtholz — ist so hart, daß man nicht einmal einen Nagel hineinschlagen kann, und hat eine schöne dunkelrote Färbung. Es ist seiner Härte und Dauerhaftigkeit wegen sehr gesucht und wird namentlich zu Bahnschwellen, aber auch zu Zaunpfosten, Bauholz und Brettern verarbeitet. Der Hauptwert des Quebrachoholzes liegt jedoch in dem Extrakt, den man in unseren Fabriken aus ihm gewinnt, dem sogenannten stark tanninhaltigen Quebrachoextrakt. Dieser wird in aller Welt zum Gerben gebraucht und findet daher guten Absatz."

„Dann besitzt die Gesellschaft also auch Fabriken?"

„O, mehr als eine; wir haben ihrer sechs, außerdem viele Dörfer, um die herum nur Holz geschlagen und verladen wird; endlich viele Sägewerke, Häfen am Rio Parana, Estancien und was dergleichen mehr ist."

„Und was ist der Zweck unseres Seins hier in diesem Dörfchen?"

„Wir haben ein großes Sägewerk hier, beschäftigen außerdem Hunderte von Arbeitern tief drinnen im Urwald mit Schlagen des Holzes, das dann mit Ochsenkarren zur Station und von dieser mit der Bahn nach den Fabriken gebracht wird."

Der Mozo trat ein und brachte meinen Koffer. Unsere Unterhaltung wurde dadurch unterbrochen, und mein Führer sprang auf, um mich allein zu lassen.

„Hier in der Kommode finden Sie alles, sowohl Handtücher als auch Bade- und Tischtücher," sagte er. „Diese Sachen, wie auch die Bettwäsche und Bettdecken stellt die Kompagnie. Ich empfehle Ihnen deshalb, Ihre Privatsachen zu schonen und hübsch im Koffer zu lassen. Auf Wiedersehen beim Abendbrot in der Fonda."

Herzlich froh war ich über diese letzten Aufklärungen, die der Herr vor dem Verlassen des Zimmers mir gemacht hatte, denn ich nannte weder Bettwäsche noch ein Handtuch mein eigen. Daran hatte ich in Buenos Aires gar nicht gedacht, mir solche Sachen zu kaufen, und selbst wenn es mir eingefallen wäre, wäre es mir des fehlenden Geldes wegen kaum möglich gewesen.

In der Fonda, dem Gasthaus des Urwalddörfchens, traf ich eine halbe Stunde später alle unverheirateten Angestellten an, wie sie, um mehrere sauber gedeckte

Tische sitzend, sich fidel und angeregt unterhielten. Es wurde der verschiedenen Nationalitäten wegen nur Spanisch gesprochen, und ich versuchte, mich an der Unterhaltung möglichst rege zu beteiligen. So recht fließend wollte mir zwar das Spanische noch nicht von der Zunge, aber es ging doch schon besser, als ich dachte, nur daß sich meine Nachbarn des öfteren über einige meiner Ausdrücke amüsierten, die man wohl sonst in besserer Gesellschaft nicht anwendet.

Mein Spanisch war eben vorläufig nur ein Arbeiterspanisch, denn nur mit Arbeitern hatte ich bisher gesprochen und verkehrt. Das Essen war ausgezeichnet und hätte mir in einem Berliner Gasthof nicht besser vorgesetzt werden können. Es gab eine Vorspeise, Suppe, zwei bis drei Gänge und dann, je nach Wunsch, ein Kompott oder Früchte, zuletzt Kaffee. Zu trinken bekamen wir jedesmal eine halbe Flasche roten Landwein, den man sich je nach Belieben mit Sodawasser verdünnen konnte.

Nach dem Essen wollte ich mich verabschieden, indem ich große Müdigkeit vorschützte. Doch da half alles nichts, ich sollte durchaus bleiben und noch ein paar Flaschen Bier mit austrinken helfen. Heiß und kalt lief es mir über den Rücken, meine Barschaft zählte nur noch nach Centavos. Trotzdem blieb ich, bat aber den freundlichen Herrn, der bisher mein Führer gewesen war, in einem geeigneten Momente außerhalb der Gaststube um Auskunft, was denn das Essen hier täglich wohl kosten würde.

„Das bezahlen wir hier monatlich," antwortete er mir, „es ist nicht schlimm, nur 50 Pesos."

„Aber werde ich denn auch soviel verdienen, um das bestreiten zu können?", entgegnete ich, mich meiner letzten Monatslöhne erinnernd.

„Aber erlauben Sie mal, bei uns im Escritorio*) wird niemand unter 150 Pesos angestellt."

„Das kann sich aber unmöglich auch auf mich beziehen, der ich noch gar keine Ahnung von dem ganzen Betriebe habe?!"

„Das bezieht sich auch auf Sie, darauf gebe ich Ihnen mein Wort."

„Trotzdem ist es mir furchtbar unangenehm, jetzt bei Ihnen am Biertisch sitzen geblieben zu sein, da ich mich, offen gesagt, momentan gänzlich rerausgabt habe."

Wieder dieses überlegene Lachen! „Dann sind Sie immer noch reicher als mancher von uns hier, der über seine Verhältnisse lebt. Machen Sie sich doch nur keine Sorgen wegen solcher Kleinigkeiten. Heute sind Sie unser Gast, es kostet Sie also nichts. Im übrigen bezahlen wir auch alle diese kleinen Nebenausgaben nur monatlich. Der Wirt schreibt die Zeche, die der einzelne macht, auf, und am Ende des Monats wird abgerechnet. Ebenso verhält es sich mit dem Almacen, das die Gesellschaft hier unterhält, und in dem Sie alles mögliche und unmögliche käuflich erwerben können. Man schreibt dort ebenfalls alles an, was Sie vielleicht kaufen sollten, und Sie begleichen diese Rechnung nach dem Ersten, wenn Sie Ihr Gehalt ausgezahlt bekommen haben. Doch nun kommen Sie und nehmen Sie das Leben etwas leichter, als Sie es bisher getan zu haben scheinen."

---

*) Kontorgebäude.

Und ich kam mit und war an jenem Abend der Lustigsten einer, denn ich kam mir vor wie von einem Alp befreit, einem Alp, der jahrelang auf mir gelastet hatte. Der Damm war gebrochen, der Weg zu Glück, Ehren und Reichtum schien mir frei zu sein!

Als ich zwei Stunden später mein Zimmer von neuem betrat und allein war, ließ ich die neuen Eindrücke, die mich heute fast überwältigt hatten, nochmals an mir vorüberziehen. Hatte ich das alles wirklich erlebt? Hatte man mich nicht vielleicht nur zum besten gehalten? Ich hatte das Gefühl, als wäre ich nur ein Eindringling in diesem Gemach, als müßte jeden Augenblick der wahre Besitzer kommen und mich hinauswerfen.

Langsam zog ich mich aus und setzte mich auf den Bettrand. War dies prächtig bezogene und mit Spitzen behangene Bett denn wirklich für mich? Am liebsten hätte ich mich auf den Teppich schlafen gelegt und hätte dann immer noch besser geruht als so manches, manches Mal im Laufe der letzten Jahre. — Endlich legte ich mich nieder; das kühle Leinen wirkte beruhigend auf meine erregten Nerven, und langsam nahm mich der Schlaf gefangen. Wahrlich, im Himmel konnte es nicht besser sein! —

Die nächsten Tage und Wochen widmete ich mich angestrengt meiner neuen ungewohnten Arbeit. Schwer hielt es anfangs, und manchmal war ich nahe daran, von der Schreibmaschine aufzuspringen und meine Vorgesetzten händeringend zu bitten, mir doch lieber wieder einen Spaten in die Hand zu drücken, als mich diese feine Arbeit machen zu lassen, die ich doch nie und nimmer lernen würde. Doch dann besann ich mich stets der Worte des Herrn von Klitzing: „Wenn man es heutzutage noch zu etwas bringen will, muß man mehr leisten als seine Mitmenschen, muß man Außergewöhnliches leisten"; und schon ging es wieder, ging besser und immer besser mit der Zeit.

War denn dies überhaupt Außergewöhnliches, was ich leistete? Ganz gewiß nicht, denn es schien für die anderen alle nur ein Kinderspiel zu sein.

Zwei Monate waren so vergangen, als eines Tages ein hoher Angestellter durch das Dörfchen kam, auch die Schreibzimmer nachsah und mich später in sein Privatzimmer rufen ließ.

Er sprach erst Deutsch, dann Spanisch mit mir und fragte mich nach diesem und jenem. Schließlich schien er befriedigt, drückte mir, ohne weiter ein Wort fallen zu lassen, die Hand und fuhr am folgenden Tage wieder ab. — — —

Drei Tage später wurde ich zum Gerenten gerufen, der ein Telegramm in der Hand hielt.

„Machen Sie sich reisefertig, Herr Schmidt, Sie müssen noch heute nachmittag mit dem Zuge abfahren, denn soeben erhalte ich die Nachricht, daß Sie für das Büro eines unserer größten Fabrikorte bestimmt sind und damit feste Anstellung erhalten haben. Rechnen Sie mit dem Kassierer ab und lassen Sie sich auch gleich Ihre Reiseunkosten vergüten, die Sie seinerzeit von der Pampa nach hier gehabt haben."

Im ersten Moment tat ich etwas überrascht, ja es war mir nicht einmal angenehm, mich schon wieder so schnell von meinen neuen Freunden und dem schönen Zimmer trennen zu müssen. Als mich aber später beim Essen alle beglückwünschten, ja beinahe beneideten, und mir versicherten, daß ich es in meinem neuen Wirkungskreise wenigstens ebensogut, wenn nicht besser finden würde; als ich dann auch noch an das viele Geld dachte, das man mir geradezu aufgedrungen hatte, da wurde ich wieder froh und zuversichtlich.

Wie ein alter Lebemann drückte ich mich nachmittags in die Polster der ersten Klasse, winkte meinen Bekannten noch ein letztes Lebewohl zu, zündete mir eine Zigarette an und betrachtete meine Umgebung dann von oben herab.

Ich konnte mir's ja leisten, denn ich hatte die Taschen voll Geld, feste Anstellung und reiste auf Kosten und Gefahr einer der reichsten und vornehmsten Gesellschaften der Welt. — — —

Wunschlos am Ziel

Der liebenswürdige Direktor. Es geht nichts über gute Erziehung. Arzt und Eingeborene. Arbeit und Arbeiter. Schlimm für Kranke, Schwache und Alte. Der Engländer über deutsche Titelsucht. Noble Passionen. Hahnenkämpfe und Wettrennen. Ich werde wieder Photograph. Herr Lösche, mein Jagdgefährte und Freund. Landessitten. Tanz, Totenfeiern, Schießereien — Dazu die Bilder 29, 30.

Gegen Abend, nach kaum drei Stunden Fahrt, langte ich auf der mir bezeichneten Station an und mußte dann noch etwa eine halbe Stunde mit einer, der Gesellschaft gehörenden Zweigbahn in den Urwald hineinfahren. Dieser wurde allmählich lichter, öffnete sich schließlich ganz, und meinen Augen bot sich ein prächtiges Bild. Rechts und links, vom Bahndamm durchschnitten, lag ein riesiger Estero, mit unzähligen wilden Enten und anderem Wassergeflügel. Im Hintergrunde leuchteten die Zinkdächer des Pueblos, des Dörfchens, und rechts davon erhob sich die riesige, aus Ziegelsteinen gemauerte Fabrik, mit einem wenigstens siebzig Meter hohen Schornstein.

Obwohl es noch gar nicht sehr dunkel war, leuchtete alles schon im strahlenden Glanz elektrischen Lichtes, gerade als ob das nichts kostete, als ob es drinnen im Urwalde keine Armut gäbe.

Noch selbigen Abend stellte ich mich dem Fabrikdirektor vor, in seiner Privatwohnung. Ein rotbraunes, sauber gekleidetes Stubenmädchen öffnete mir, führte mich in das Empfangszimmer und forderte mich auf, in einem der Klubsessel Platz zu nehmen. Ich ließ mir das nicht zweimal sagen, kletterte über einige Jaguar- und Pumafelle hinweg und ließ mich so elegant und vornehm wie möglich in einen dieser Ledersessel gleiten.

Bald darauf erschien auch der Direktor selbst, ein Engländer. Einen Augenblick enttäuschte mich das etwas und machte mich befangen. Die Vornehmheit und Liebenswürdigkeit dieses Herrn jedoch, der mir sofort mit allen möglichen Likören und Zigaretten aufwartete, ließen mich bald wieder zu mir selbst kommen, und wir plauderten — die spanische Sprache gebrauchend — eine geraume Weile sehr angeregt.

„Ich habe schon von Ihnen gehört," sagte er, „seien Sie uns willkommen. Wir alle hier schätzen die Deutschen sehr wegen ihrer Tüchtigkeit und beschäftigen hier schon seit langem einige Ihrer Landsleute. Auch der Fabrikleiter ist ein Deutscher und gleichzeitig ein mir sehr lieber Freund."

Als ich mich später erhob, klingelte er seinem Diener, ebenfalls Engländer, und beauftragte ihn, mich nach meinem Zimmer zu geleiten. Diese meine neue Wohnung fand ich nicht weniger herrlich eingerichtet als die jüngst besessene. Auch hier befand sich ein prächtiges, mit einem Blumengarten umgebenes Gebäude, das nur für die unverheirateten Angestellten bestimmt war.

Später, beim Abendessen in der Fonda, lernte ich meine neuen Kollegen kennen. Es waren ihrer — dem Betriebe entsprechend — eine ganze Menge: Deutsche, aber auch Engländer, Italiener, Spanier und Argentinier, selbst ein Franzose. Alle zeigten sich als liebe, nette Kerle. Alle waren sie sehr fidel, scherzten und schienen glücklich zu sein. Auch die wenigen Deutschen gaben sich hier ganz anders, als ich es sonst von meinen Landsleuten gewöhnt war. Da fiel kein rauhes Wort, da zeigte sich keiner stolz, weil er vielleicht einen höheren Posten bekleidete als andere, sondern ein jeder schien hier gleiche Berechtigung und gleiche Stimme zu haben. Die Vertreter der verschiedenen Völker hatten sich gegenseitig erzogen und begegneten sich mit Achtung. Sicher hatte der englische Gerente nicht den wenigsten Einfluß auf alle diese Herren ausgeübt und war ihr Vorbild geworden, dieser vornehme Herr, der es fertig brachte, einen einfachen Angestellten wie mich, dessen Leistungen er noch nicht kannte, mit solcher Höflichkeit und Liebenswürdigkeit aufzunehmen. Hand aufs Herz, was hätte wohl an seiner Stelle irgendein deutscher Vorgesetzter, ohne den internationalen Schliff, gemacht? Hätte er mich nicht einfach draußen vor der Tür abgefertigt, mich mit kurzen Worten einzig und allein ermahnt, meine Pflicht zu tun?! Ja, ja, es geht doch nichts über gute Erziehung! — —

Im Büro wurden alle Bücher in spanischer Sprache geführt, das war Landesgesetz. Bald hatte ich mich auch diesmal in meine neue Arbeit hineingefunden, und hätte mein Tagesteil wohl sogar bequem in wenigen Stunden erledigen können, wenn es verlangt worden wäre. Es schien sich jedoch hier niemand überarbeiten zu sollen.

Die eigentliche Arbeitszeit war von früh 8 Uhr bis mittags 11½ Uhr und von nachmittags 3 Uhr bis abends 6 Uhr. Das scheint wenig, deutsche Verhältnisse in Betracht gezogen. Im Hochsommer wurden uns aber selbst diese paar Stunden zu einer Qual, denn die Durchschnittstemperatur war dann zwischen 30 und 40 Grad Celsius im Schatten und stieg selbst bis zu 44 Grad.

In diesen Wochen war es trotz untergelegter Löschblätter kaum möglich, in den Büchern zu arbeiten, denn der Schweiß tropfte ständig von der Stirn, und auf den feuchten Blättern lief die Tinte auseinander. Man griff als Neuling zum Tintenstift, aber damit ging es erst gar nicht, denn selbst der beste Stift bog sich, weich wie Butter.

Nachmittags gegen 3½ oder 4 Uhr wurde im Büro Tee gereicht mit einigen Biskuits dazu. Zwischendurch wurden kleine Unterhaltungen gepflogen und Zigaretten geraucht.

Die Gehälter waren gut. Wohl keiner der Angestellten verdiente weniger als 150 Pesos pro Monat, der Bürovorsteher 400, der Fabrikchef 500, der Gerente 800 und der Arzt der Gesellschaft auch nicht viel weniger. Überhaupt konnten hierzulande Ärzte und Zahnärzte noch Unsummen verdienen, konnten fordern, was sie wollten, denn die Konkurrenz war noch nichts weniger als groß.

Den Arzt und die Medizin hatten wir frei, aber mit Entsetzen denke ich noch daran, daß ich einmal nach der Stadt Santa Fé fahren mußte, um mir einige Zähne plombieren zu lassen. Der dortige Zahnarzt, ein Nordamerikaner, sprach zwar alle Sprachen der Welt, verlangte aber für jede einfache Plombe 25 Pesos, also 50 Mark. Zahnziehen kostete mindestens 5 Pesos, für gutgekleidete Leute aber das Doppelte!

Unser Gesellschaftsarzt war ein junger Argentinier, Italienersohn, der in Buenos Aires studiert hatte, ein sehr netter Herr, auch bei den Leuten sehr beliebt. Das Hospital hielt er gut in Schuß. Bisher nie aus der Großstadt herausgekommen, war er jedoch ganz unglücklich über die Verbohrtheit seiner Landsleute hier im Urwald und wußte uns fast täglich neue Schildbürgerstreiche von ihnen zu erzählen.

Namentlich bei Bekämpfung der hier in nicht geahntem Maße auftretenden, vom heißen Klima begünstigten Geschlechtskrankheiten stieß er auf große Hindernisse. Nicht allein, daß die Leute — trotzdem sie es umsonst hatten — lieber zu einer weisen Frau gingen, bis nicht mehr viel zu retten war, auch die Behandlung der Kranken, wenn sie zum Arzt kamen, hatte ihre Schwierigkeiten.

Kam da z. B. einer mit dem ganzen Kopf voll Ausschlag. Der Doktor gab ihm eine Salbe, mit der er sich abwechselnd Schenkel und Arme einreiben sollte, um auf diese Weise wieder gesund zu werden. Nach ein paar Tagen kam der Kranke wieder mit stark entzündetem Schädel. Auf die Frage, was er denn gemacht habe, erklärte er, daß man ihn zu Hause ausgelacht habe, weil er hätte Arme und Beine einreiben sollen, die doch ganz gesund seien, und da habe er sich dann die Wunden auf dem Kopfe eingerieben! —

Eine Frau kam mit ihrem zwölfjährigen Jungen, der Schmerzen am Unterleibe zu haben behauptete. Entsetzt sah der Arzt, daß der Bengel schon geschlechtskrank war, und machte die Mutter darauf aufmerksam.

„Si medio gaucho ya," antwortete aber diese nur stolz, zu deutsch etwa: „Nicht wahr, er ist schon ein tüchtiger Kerl!" —

Todsicher nahmen die Eingeborenen, die ja fast allesamt nicht lesen konnten, jede Medizin oder Salbe ein, die ihnen zum Einschmieren gegeben wurde. Ein Peon z. B., den der Arzt fragte, was er denn von der Salbe hielte, die er einige Tage vorher zum Einschmieren bekommen hatte, antwortete nur, daß sie „medio dulcesito", d. h. etwas süßlich gewesen wäre. Ein anderer hatte sogar verdünntes Lysol eingenommen, und als das ihm natürlich den Schlund verbrannt hatte und er es deshalb zurückwies, hatten es ihm seine Verwandten zwangsweise weiter eingegeben, um ihn schneller gesund zu machen! —

In der Fabrik, die Tag und Nacht, Sonn- und Feiertags arbeitete, wurden etwa zweihundert Mann beschäftigt, gegen ganz leidliche Löhne. Unter 2,50 Pesos, den Tag zu 10½ Stunden gerechnet, stellte man überhaupt keinen Peon an; viele hatten jedoch auch drei Pesos und darüber. Schmiede, Mechaniker und Zimmerleute verdienten 5—6 Pesos, die Kupferschmiede sogar 7 Pesos bei derselben Arbeitszeit.

Dementsprechend waren allerdings auch die Almacenpreise. So kosteten 1 kg Kartoffeln 30 Centavos, 1 kg Zucker 60—70 Centavos, 1 kg Mehl 30—40 Centavos. 1 Dutzend Eier bezahlte man je nach der Zeit mit 70 Centavos bis zu 1,30 Pesos. Ein Kohlkopf wurde mit 20—30 Centavos und eine

Melone ebenso teuer bezahlt. Das Kilo Fleisch kostete 50 Centavos. Gut ließen sich auch die Waschfrauen belohnen, die für das Waschen eines Dutzends großer Wäschestücke fast durchweg 3 Pesos forderten. Dabei flickten sie die Wäsche nicht einmal!

So schien hier dies ein Eden zu sein für Arbeiter und Angestellte. Jedenfalls verdiente man bedeutend mehr als im deutschen Vaterlande, wenn dieser Vorteil durch die hohen Lebensmittelpreise auch fast wieder aufgehoben wurde. Man lebte gut und sorglos und dachte nicht an die Zukunft, an Alter oder Krankheiten. Der hiesige nicht, weil es über seinen Horizont ging, und der Deutsche nicht, weil er das aus seiner Heimat nicht kannte, weil Mutter Deutschland für ihre Kinder stets in beispielloser Weise gesorgt hatte. Leider hält der Durchschnittsmensch die Wohl= taten, die er in einem geordneten Staatswesen, wie in Deutschland, genießt, nur zu bald für selbstverständlich, mehr noch, wenn er nicht Gelegenheit hat, Dergleiche mit anderen Ländern zu ziehen.

Wie stand das nun hier in der fortschrittlichsten Republik Südamerikas? Wohl hatte man, wenigstens in den größten Betrieben, Arzt und Hospital mit Ausnahme der Beköstigung frei; wohl waren die meisten Arbeiter der Riesenfabriken gegen Unfall versichert, sonst aber wurde auch nichts, gar nichts für sie getan. Längeren Urlaub gab es nie, kurzen nur sehr schwer. Wer sich ein paar Tage amüsieren oder erholen wollte, mußte seine Stellung aufgeben und einem anderen Platz machen. Wer wegen eines kleinen Vergehens entlassen worden war, mußte auch das Dorf verlassen. Andere Arbeit gab es da eben nicht, und Faulenzer oder Arbeitslose, die gezwungen gewesen wären zu stehlen, duldete die Polizei nicht.

Wo blieben hier ferner die Altersrenten und Krankenkassen, die in Deutschland selbst den einfachsten Arbeiter jeder ernsten Sorge um sich und seine Familie bei Alter oder Krankheit enthoben? Man kannte sie hier nicht! Wer nicht mehr mit konnte, wurde ersetzt, entlassen und konnte dann im Urwald verenden; keiner kehrte sich daran. Dem, der zu lange im Hospital lag, widerfuhr das gleiche; ebenso den Leuten, die Unglücksfälle gehabt hatten, und die, halb oder ganz arbeitsunfähig, stets von der Versicherung nur eine geringe, einmalige Abfindungssumme er= hielten. Glücklich unter diesen Unglücklichen, wer noch einen gut geratenen Sohn hatte, der ihn mit durchs Leben schleppte.

In seinen Freistunden war jeder Angestellte sein eigener Herr und konnte sich zwanglos den Passionen hingeben, die ihm am meisten behagten. So hatten einige einen Fußballklub gegründet, der bald eine beträchtliche Anzahl von Mit= gliedern aufwies, und in den auch der letzte Peon eintreten konnte, sofern er sich nur anständig benahm. Selbst der englische Gerente gehörte diesem Klub an, ver= folgte oft interessiert die Spiele und beteiligte sich auch persönlich des öfteren bei großen Preisturnieren.

Andere saßen lieber am Biertisch, obwohl dies der teuerste Sport war, denn eine Flasche Bier kostete hier nicht mehr und nicht weniger als 80 Centavos!

Wieder andere spielten den Don Juan und machten den braunen Dorfschönen den Hof. Leicht war dies gerade nicht, denn die braunen Weiber benahmen sich aus Erfahrung fast durchweg abweisend gegen Ausländer. Im allgemeinen hatte ich jedenfalls den Eindruck, daß auf sie selbst die feurigste Augensprache wenig Eindruck machte.

Viele Angestellte hielten sich auch Pferde und benutzten die Abende und Sonntage zu Spazierritten. Eine Eigentümlichkeit des Argentiniers ist es, nur männliche Tiere zu reiten; wer Stuten reitet, wird verhöhnt und ausgelacht. Stuten werden nur zur Zucht und zur Arbeit verwandt und sind auch stets nur halb so teuer als Wallache. Der Preis stellte sich damals für eine Stute auf 30—40 Pesos, ein guter Wallach dagegen war seine hundert wert.

Das Steckenpferd des Gerenten war der Tabakbau. Er hatte sich nach und nach eine große Tabakplantage angelegt, mit Trockenschuppen, Pressen und anderen nützlichen Dingen. Oft holte er mich abends aus dem Büro ab, um mich mit nach seinen Pflanzungen zu nehmen, wo ich ihm mit meinen landwirtschaftlichen Ratschlägen zur Seite stehen mußte. Nett, nur zu nett haben wir uns oft auf diesen kleinen Spaziergängen unterhalten, die ihr Ende meist im Hause des Direktors bei einem guten Abendessen fanden. Vielfach wurden dann englische und deutsche Eigentümlichkeiten kritisiert, verglichen und belacht. Ich entsinne mich, daß es namentlich die deutsche Titelsucht und Uniformen-Liebhaberei war, die ihn ganz aus dem Häuschen bringen konnte und die er dann scherzweise mit der Vorliebe der Wilden für glänzende Schmucksachen verglich. Er selbst war Doktor der Philosophie; aber daß sich einer „Herr Doktor" titulieren ließ, wenn er nicht gerade Arzt war, so seinen ehrlichen Vaternamen versteckend, das wollte oder konnte er nicht verstehen; das machte doch kein rechtschaffener Europäer, ein Engländer jedenfalls nicht! —

Der Polizeikommissar, natürlich ein Argentinier, quälte sich damit ab, Hähne für zu veranstaltende Hahnenkämpfe zu trainieren, obwohl diese eigentlich verboten waren. Er wählte dazu mit Vorliebe langbeinige und langhalsige Tiere mit langen Sporen und kurzem Kamm aus und hielt sich eigens einen Jungen, der die Tiere pflegen, beobachten und füttern mußte. Zweimal täglich eine Stunde lang wurde jeder Hahn trainiert. Er bekam einen Strick ums Bein, dessen anderes Ende der Junge in der Hand hielt, und wurde von diesem mit Stockschlägen im Laufschritt rund um das Haus gehetzt. Das sollte die Tiere stark und ausdauernd machen.

Die übrigen Argentinier veranstalteten fast alle Sonntage Pferderennen, bei denen oft Wetten bis zu hundert Pesos abgeschlossen wurden. Stets rannten nur zwei Pferde zu gleicher Zeit. Die Reiter waren so leicht wie möglich bekleidet, staken meist nur in Unterhose und Hemd und mußten ohne Sattel reiten. Gerannt wurde nur auf kurze Entfernung, selten auf mehr als 200—300 m.

Eine neue Passion, die ich mir endlich persönlich hier leisten konnte, war die des Photographierens. Ich verdiente ja jetzt Geld genug und konnte es deshalb schon wagen, 200 Pesos springen zu lassen, um mir einen guten Apparat nebst Zubehör anzuschaffen. Viel Freude hat mir dieser neue Sport bereitet, und da kein anderer Photograph in der Nähe war, konnte ich für meine Bilder fordern, was ich wollte; ich wurde sie stets los, wenn ich nur genug davon anfertigte. Ich verkaufte solche Photos auf Postkarten durchschnittlich für 30—50 Centavos, je nachdem einer mehr oder weniger abnahm. Dies war mein Satz, der auch niemandem zu teuer vorkam.

Natürlich vernachlässigte ich darüber die Jagd nicht, die mir hier um so mehr Freude machte, als ich in einem Herrn Lösche einen eifrigen, weidgerechten Jäger kennen lernte, mit dem mich bald enge Freundschaft verband und mit dem ich Sonntags stets gemeinsam zum Jagen auszog. Dieser Herr war schon weit in der Welt herumgekommen, hatte China und Japan, Indien und Nordamerika gesehen und war erst vor kurzem von einer einjährigen Jagdreise aus Paraguay zurückgekehrt, wo er unter anderem auch zwei Jaguare erlegt hatte.

Am Schlusse dieses Kapitels möchte ich noch den Urwald-Argentinier, seine Sitten und Gebräuche ein wenig schildern. Mit Ausnahme der Handwerker waren fast sämtliche Arbeiter der Fabrik Söhne des Urwaldes, da die schwere Arbeit in der sommerlichen Hitze einem Europäer bald den Garaus gemacht hätte.

Hohe, dunkelhäutige Gestalten waren es, mit pechschwarzem, möglichst langem Haar und schwarzen Augen, eine Mischung von Spanier- und sehr viel Indianerblut, die sich hier zu einer eigenartigen Rasse herausgebildet hatten. Es waren zum Teil tüchtige Arbeiter, die namentlich im Akkord viel leisten konnten, von denen es aber auch nicht einer verstand, sich Geld zurückzulegen oder es gar zu einem kleinen Vermögen zu bringen. Denn alle, ob jung oder alt, hatten ein ebenso dunkelhäutiges Weib in ihrem Wigwam, mit der sie in wilder Ehe lebten und deren Kinder sie fütterten, obwohl diese meist nicht von ihnen selbst, sondern von anderen Liebhabern des Weibes stammten. So kannte ich einen Fall, in dem der älteste Sohn älter war als der Mann seiner Mutter!

Diese Weiber verließen das Almacen nicht eher, als bis der letzte Centavo, den der Mann am Tage vorher verdient hatte, in Nahrungsmittel, Süßigkeiten, Schnaps und Zigarren umgesetzt war. Ohne die landesübliche schwere schwarze Zigarre im Munde sah man die Weiber eigentlich nur, wenn sie gerade — ausspuckten. Das verstanden sie meisterhaft, es war bei ihnen geradezu vornehm. Unterhielt man sich mit solch einer dunkelhäutigen Schönen, die stets ein Kind in der Hüfte reiten hatte, nur eine kleine Weile, so hatte sie inzwischen so viel um einen herumgespuckt, daß man sich nachher erst umsehen mußte, welcher Teil dieser neuentstandenen Lagune wohl am bequemsten zu überspringen war.

Wenigstens zwei- oder auch dreimal in der Woche gab es irgendwo Baile, das ist Tanz, im Dorfe. Abwechselnd wurde er einmal von dieser und dann wieder von jener Arbeiterfamilie veranstaltet, die dann ihr einzimmriges Rancho ausräumte, zur Verfügung stellte und auch für Musik und Getränke sorgte. Gern erinnere ich mich stets jener Abende, zu denen wir häufig geladen wurden, wo wir ihre schwermütigen Gesänge mit Gitarrebegleitung anhörten, oder wohl auch einen ihrer langsamen Schiebetänze mittanzten.

Gefährlich war dann meist nur der Heimweg, nicht etwa, weil man vielleicht hätte überfallen werden können, sondern wegen des Viehes in den Dorfstraßen. Die Bessergestellten hatten nämlich meist eine Milchkuh oder ein paar Schweine, die aus Mangel an Raum in der Dorfstraße nächtigten. An Menschen gewöhnt, fiel es diesen Tieren nun nicht im Traume ein, aufzustehen, wenn man in der Dunkelheit auf sie losgestolpert kam, so daß man des öfteren auf den Hörnern einer Kuh oder auf dem Rücken eines laut quietschenden Schweines aufsaß und dann sehen konnte, wie man sich mit ihm auseinandersetzte.

Auch an Urwaldhumor fehlte es den Leuten manchmal nicht. So arbeiteten viele Peone der Hitze wegen in der Fabrik ganz nackt und nur bekleidet mit einem Sack um die Hüften. Dieser fiel nun scherzhafterweise oft genug gerade in dem Augenblick zur Erde, wenn sie an hohen Herrschaften vorbei mußten, die häufig aus Buenos Aires oder gar aus Europa kamen, um den interessanten Betrieb kennen zu lernen.

Hochinteressant waren auch ihre Delorios, ihre Totenfeiern. Auch zu diesen wurden wir des öfteren geladen, und schlugen das auch niemals ab, um die Leute nicht zu beleidigen.

Da saßen sie nun jedesmal rings um den Sarg, der vor ihnen auf dem Tische stand und mit Heiligenbildern, Blumen und brennenden Kerzen umstellt war. Alle waren schwarz gekleidet, oft ein weißes Tuch um die Stirn. Die Weiber hatten stets das unvermeidliche Kind an der Hüfte und den schwarzen Zigarrenstummel im Mundwinkel. Alle plauderten gemütlich darauflos, und ständig machte eine Flasche mit Caña, dem Zuckerrohrschnaps, die Runde. Plötzlich fing eine runzlige Alte laut an zu jammern, daß es einem durch Mark und Bein ging, und sofort fiel der ganze Chor ein, und es begann ein allgemeines Klagen, Heulen, Jammern und Wimmern. Dies dauerte vielleicht eine halbe Stunde lang, bis allen die Puste ausgegangen und die Kehle trocken geworden war, worauf mit einem Schlage wieder alles verstummte und einige Jünglinge geschäftig aufsprangen, um die Schnapsflaschen neu zu füllen und herumzureichen. So ging es abwechselnd die ganze Nacht hindurch bis zum frühen Morgen, an dem dann die Beerdigung stattfand, da nach dem Gesetze hier jede Leiche binnen vierundzwanzig Stunden begraben sein muß.

Wie weit diese einstmals gewiß sehr schöne heidnisch-indianische Sitte der Delorios ausarten konnte, möchte ich an einem Beispiel vor Augen führen, dessen Augenzeuge ich war.

Eines Abends, Herr Lösche und ich waren zufällig gerade beim Arzt zum Abendbrot eingeladen, fand eine solche Totenfeier im Nebengebäude des Hospitals selbst statt. Der Arzt hatte sie ausnahmsweise dort gestattet und ein freies Zimmer dafür hergegeben, da die Verwandten des Toten in einem anderen Dorfe wohnten und ihren lieben Entschlafenen daher nicht mit nach Hause nehmen konnten. Er hatte jedoch vorsichtshalber zur Bedingung gemacht, daß die Klageweiber diesem Feste fernzubleiben und auch die Männer sich mäuschenstill zu verhalten hätten.

Alles schien gut zu gehen; als wir uns jedoch gegen Mitternacht von unserem freundlichen Gastgeber verabschiedeten und von diesem über den Hof geleitet wurden, hörten wir einen ziemlich großen Skandal in der Totenstube und begleiteten daher den Arzt dorthin, um nachzusehen, was denn die Leute da machten.

Was wir erblickten, ließ uns das Blut in den Adern erstarren. Oben auf dem Sargrand saßen die betrunkenen Kerle und spielten Karten! „Trúco, aña membý," Trumpf, du Sohn des Teufels, schrie gerade einer mit trunkener Stimme, und schlug die Karte auf den Leichnam, daß es nur so klatschte. Sofort traten wir natürlich energisch dazwischen und machten diesem empörenden Spiel ein Ende, indem wir das viehische Volk allesamt zum Tempel hinausjagten. —

Eine andere Unsitte war die Angewohnheit vieler, die es sich leisten konnten, ständig einen Revolver im Gürtel mit sich herumzutragen, wodurch in der Trunkenheit und durch Unfälle viel Unheil angestiftet wurde. Selbst bei der Arbeit trugen ihn die Peone, obwohl es verboten war. Auch zu Schießereien kam es natürlich auf diese Weise nur zu häufig, und fast jedesmal gab es dann einen Toten, während der Mörder auf Nimmerwiedersehen im Urwald verschwand. Interessant war es bei solchen Fällen, die übrigen Eingeborenen zu beobachten, wenn sie die Leiche umstanden. Das taten sie nämlich nicht etwa, um den Toten zu bedauern und von ihm gewissermaßen Abschied zu nehmen, nein, sie wollten sehen, ob der Mörder gut oder schlecht getroffen hatte, und um den Schußkanal zu untersuchen. „Que lindo tiro," welch prächtiger Schuß!, hörte ich sie dann manchmal ausrufen; was für eine sichere Hand hatte doch der Schütze! Und statt den Toten dann zu beklagen, fuhren sie fort, ein Loblied auf den Mörder zu singen. Dieser Mörder, nein, der hatte ja auch gar nicht die Schuld! Dem Toten hatte seine Stunde geschlagen, und Gott hatte sich des armen Mörders nur als Werkzeug bedient. Schlimm genug, daß das die Polizei nicht einsah! —

Die Quebracho-Industrie

Der Quebracho-Gerbe-Extrakt. Erfindung eines deutschen Gerbers. Schnelle Erfolge. Hauptsächlich englisches Kapital. Der Quebrachobaum. Alter bis zu tausend Jahren. Raubabbau. Herstellung des Gerbe-Extraktes. — Dazu die Bilder 26, 27, 28.

Vor etwa 35 Jahren kam der deutsche Besitzer einer Gerberei in Argentinien auf den Gedanken, die Späne (Aserrin) des Quebrachoholzes, die er — wie wir in Deutschland die Eichenlohe — zum Gerben der Felle verwandte, auszulaugen, dann diese tanninhaltige Lauge einzudicken und so handels- und versandfähig zu machen.

Es gelang ihm bald, dies Unternehmen aus den Anfängen herauszubringen. So entstand die erste kleine Quebrachofabrik, deren Einrichtungen nach und nach vergrößert und namentlich immer mehr vervollkommnet wurden.

Der so erzeugte Extrakt fand bald guten Absatz in aller Herren Ländern, so daß man sich genötigt sah, den Bau einer weiteren, viel größeren Fabrik in Angriff zu nehmen. Deutsche, englische und italienische Kapitalisten wurden interessiert, riesige mit Quebrachobäumen bestandene Urwaldbestände angekauft, und als die zweite Fabrik noch kaum vollendet war, wurde auch schon der Bau einer dritten angeordnet.

Leider ging das Übergewicht, das das deutsche Kapital bei diesem Unternehmen anfangs hatte, dadurch verloren, daß sich diese erste und größte Quebracho-Kompagnie wenige Jahre vor dem großen Kriege noch mit einer englischen Landgesellschaft zusammentat, die ebenfalls Besitzerin von großen Quebrachowaldungen war.

Der Quebrachobaum hat von weitem etwa das Aussehen eines riesigen alten und hohen Birnbaumes; namentlich die Rinde ist täuschend ähnlich. Seine Blätter sind klein, oval und dunkelgrün, die Farbe des Holzes, wegen dessen Härte der Baum Quebracho = quebra hacha = Axtbrecher heißt, ist dunkelrot, mit Ausnahme eines etwa zweifingerbreiten, hellgelben Ringes dicht unter der Rinde.

Diese Urwaldriesen wachsen so langsam, daß es nicht möglich war, die abgeholzten Flächen von neuem anzuschonen, zumal auch der Samen nur überaus schwer zum Keimen gebracht werden kann und zu diesem Zwecke wohl erst den Magen irgendeines Vogels passieren muß.

Das Alter der zur Verarbeitung bestimmten Stämme wird je nach ihrer Stärke auf 100, 300, 500, ja 1000 Jahre geschätzt. Die Jahresringe liegen so dicht aufeinander, daß man sie nur mit einer Stecknadel zählen kann, bei alten Bäumen überhaupt nicht mehr.

Diese Bäume läßt nun die Gesellschaft je nach Bedarf durch Unternehmer fällen, abästen und ihrer Rinde berauben. Auch die hellgelbe Schicht unter der Rinde muß mit abgeschlagen werden, da sie keinen Tanningehalt hat. Man bezahlte den Unternehmern etwa sechs Pesos für die Tonne geschlagener und sauber geschälter Bäume.

Auf Ochsenkarren werden diese „Rollizos" an die Urwaldstationen der Privateisenbahnen und dann von diesen zur Fabrik geschafft, wo man sie in den Raspeln, den Aserrineras, zu feinen Spänen, dem Aserrin, zerschneidet. Die Späne werden nun in Sieben von 6 mm Lochweite gesichtet; was nicht hindurchfällt, wird nochmals in Kreuzschlagmühlen zerkleinert. Transportschnecken (Caracoles) bringen nun das gut vorbereitete Aserrin nach einem Elevator, der es nach dem im obersten Stock befindlichen Späneboden hinaufbefördert. Von dort gelangen die feinen Holzstückchen in eine aus 6—9 senkrechten Kupferkesseln bestehende Batterie, deren einzelne Behälter eine Höhe von 3—4 m und einen Durchmesser von etwa 1,20 m haben. Durch diese mit Aserrin gefüllten Kessel pumpt man fortwährend heißes Wasser, das die Späne auslaugt. Diese Lauge, eine dunkelrotbraune Flüssigkeit mit hohem Tanningehalt, Liquido genannt, wird in große hölzerne Klärbottiche (Tinas) geleitet. Das ausgelaugte Aserrin dagegen wird durch Preßluft getrocknet, mittelst Schüttelrinnen (Canaletas vibrantes) und eines Elevators nach den Feuerungen (Calderas) der Dampfkessel gebracht, wo es als einziges Feuerungsmaterial dient.

In den Tinas setzen sich Holzspänchen und andere unlösliche Bestandteile des Liquidos ab, worauf die geklärte Lauge durch Luftleere in einen Apparat gesogen wird, der nach seiner doppelten, drei- oder vierfachen Wirkungsweise Doble-, Triple- oder Quadruple-Effet genannt wird. Dieser Apparat besteht aus 2, 3 oder 4 Kupferkesseln oder Körpern, die miteinander in Verbindung sind und in denen der Liquido unter Anwendung von Wärme und Luftleere eingedickt wird. Den ersten der Körper heizt der Abdampf der in der Fabrik befindlichen Dampfmaschinen, den zweiten der Dampf des Liquidos vom ersten Körper, den dritten der Dampf des Liquidos vom zweiten usw.

Bei der Fabrikation des gewöhnlichen Extraktes (Extracto ordinario) wird der Liquido, sobald er eine Dicke von 20—30° Beaumé erhalten hat, aus dem einen Verdampfapparat nach einem anderen übergezogen, der aus einem senkrechten Kupferkessel besteht, in dem sich eine mit Abdampf geheizte Schlange dreht. Dieser Kessel steht ebenfalls unter Luftleere. Dem Liquido wird in ihm das Wasser bis auf 25 % entzogen, worauf der nun gummiartige, dickflüssige, aber noch heiße Extrakt in Doppelsäcke zu 50 kg abgefüllt wird.

Diese Säcke sind auf einem zu diesem Zwecke an einer gewöhnlichen Dezimalwage angebrachten Gestell aufgespannt. Zeigt die Wage 50 kg an, so fängt ein Peon die von oben durch einen Verschlußdeckel im Kesselboden in den Sack laufende Masse so lange mit den Händen auf, bis zwei weitere Peone den vollen Sack entfernt und einen neuen leeren aufgespannt haben. Um sich nicht zu verbrennen und zu beschmutzen, taucht der Auffang-Peon seine Hände jedesmal in pulverisierte Kreide.

Nun werden die Säcke zugenäht und in Regalen getrocknet, einige Tage später in großen Schuppen aufgespeichert und von da aus waggonweise nach Buenos Aires verladen.

Der gewöhnliche Extrakt setzt sich aus Tannin, Nichttannin, Unlöslichem (Jnsoubles) und Wasser zusammen und macht zu 30 % des dazu verbrauchten Holzgewichtes aus.

Junge Quebrachostämme geben nicht so hochprozentige Erträge, ebensowenig sind alte, hohle Stämme beliebt und solche, die schon lange Zeit vor ihrer Derarbeitung geschlagen wurden und womöglich jahrelang im Urwald gelegen haben.

Übrigens kamen häufig beim Zerkleinern solcher uralter, hohler Bäume plötzlich riesige Schlangen zum Vorschein, die dann mit großem Geheul von den Halbindianern in Empfang genommen und erschlagen wurden. Auch die verlassenen Nester wilder Bienen, angefüllt mit prächtigem dunklen Honig, kamen auf diese Weise häufig an den Mann.

Außer dem Extracto orbinario oder Extracto comun wurden übrigens noch verschiedene andere Sorten fabriziert, z. B. Extracto neyter corona, especial usw. Alle diese wurden mit Chemikalien, als da sind Schwefel, Soda, Aluminium-Bisulfat, gemischt, welche die Kaltlöslichkeit der Ware erhöhen oder jedenfalls beschleunigen und auch eine hellere Färbung des gegerbten Leders hervorrufen.

Diese Extrakte fanden in der ganzen Welt Absatz. Ihre Herstellung kostete damals der Kompagnie etwa 70—80 Pesos Papier die Tonne, der Verkaufspreis dagegen stieg während des großen Krieges bis auf 550 Pesos.

Zwanzigstes Kapitel.
Jagderlebnisse im Chaco von Santa Fé

Das Urwaldwild meist schon vernichtet, nur die Mostitos nicht. Waschbär und Nasenbär. Wildkatzen. Kinderbestattung in Baumkronen. Sumpfwild: Reiher, Schwäne, Gänse, Enten, Flamingos, Löffelschnäbler, Sumpfstruthahn. Trockenzeiten. Nur in Nähe großer Ströme sich ansiedeln! Nutrias, Wasserschlangen, Aalfang. Fischregen. — Dazu die Bilder 5, 51, 52, 55.

Eigentlich könnte meine Beschreibung der Tierwelt des Chacogebietes, die ich ausführlich in Kapitel 13 gab, auch für den Norden von Santa Fé genügen. Der Chaco grenzt ja bekanntlich an dies Gebiet, die Tierwelt war also an sich dieselbe; nur daß hier schon alle diese Tiere viel seltener geworden waren, so sehr, daß es sich kaum mehr lohnte, auf sie zu jagen oder ihrer überhaupt Erwähnung zu tun. So will ich mich nur auf das Nötigste beschränken.

Die Provinz Santa Fé war eben viel früher besiedelt worden als der Chaco, und die Mordgewehre der Ansiedler hatten hier schon vor meiner Zeit ganze Arbeit geleistet. Jetzt klang nur noch die Axt ringsherum tief im Urwalde, und die Hacheros, die Quebrachobaumfäller, töteten in ihren Mußestunden mit Schießprügel, Revolver und den unvermeidlichen Fixkötern alles, was noch an Lebewesen übrig war.

So hatten meine Streifzüge durch den Urwald meist wenig Erfolg. Außer einigen Raubvögeln und sonstigen kleinen Vogelarten sah ich eigentlich nichts als Mostitos, die jedesmal meine ständigen Begleiter waren und mich wie kleine Wolken umhüllten. Sie allein mit ihrer Stecherei und ihrem Gesumme konnten einem schon den Urwald verleiden, wieviel mehr also, wo jagdbares Getier fast nicht mehr vorhanden war.

Ja, diese Mostitos, so schnell kann ich mich noch nicht von ihnen trennen. Sie waren hier, wie auch im Chaco, die gefährlichsten Verbreiter allerhand ansteckender Krankheiten, wie Malaria, allerhand Hautausschlägen, angeblich auch des gefürchteten „Mal de Lazaro", der unheilbaren Lepra! Und Lepra gab es hier, gab es in jedem Dorfe, ohne daß bisher der Staat mit eiserner Hand dazwischengegriffen hätte. Die Kranken blieben zu Haus, und bis sie gestorben waren, hatten sie auch meist schon die übrigen Familienmitglieder angesteckt.

Selbst auf unserem kleinen Bahnhof war man nicht vor den Mostitos sicher, denn jedesmal, wenn ein Zug eintraf und anhielt, löste sich von ihm ein Schwarm dieser unheimlichen Qualgeister und fuhr wie das Ungewitter unter die Anwesenden, gerade, als ob sie gewußt hätten, daß hier im Dorf für sie mehr zu holen sei als im

Urwald, und als ob sie eine Jagdreise mit dem Zuge unternommen hätten, eine Jagd auf Menschen!

Nur gut, daß wir wenigstens nachts durch große Mosquiteros, die Mückenschleier, vor ihnen geschützt waren. So besaßen auch die Fenster und Doppeltüren der Angestelltenhäuser feinmaschige Drahtgewebe, die uns schützten und ruhig schlafen ließen.

Alle vierfüßigen Tiere, die ich, wenn auch nur in wenigen Exemplaren, trotzdem erlegte, waren kleinere Raubtiere, die es vermocht hatten, sich auf hohe Bäume zu drücken, wenn die Hundemeuten der Hacheros den Wald unsicher machten.

So gelang es mir verschiedentlich, einen Aguará-popé zu erlegen, einen Waschbär (wohl einen Krabbenwaschbären) von der Größe unseres Dachses und auch von ähnlicher Behaarung, nur dunkler. Der Schwanz ist lang und buschig, wie der eines Fuchses, der Kopf rund und dick wie der eines Bären. Der Name Aguarápopé, aus der Indianersprache stammend, heißt zu deutsch Breitfuß-Fuchs. Dieses Tier weiß sich auf der Erde, wie auf schrägstehenden Bäumen geschickt zu bewegen und sitzt viel auf dem Hinterteil, die Vorderpfoten wie ein Eichhörnchen gebrauchend. Es nährt sich von Wurzeln, Insekten und verschmäht natürlich auch weder Mäuse noch ihm erreichbare Vögel und deren Brut. — Ich entsinne mich, einst in der Schule gelernt zu haben, daß dies auch in Brasilien häufig vorkommende Tier seinen Namen daher habe, daß es seine Beute vor dem Verzehren ins Wasser tauche. Das ist wohl nicht ganz richtig, denn der Waschbär, auch ohne Beute, wechselt an keinem Estero, an keiner Wasserpfütze vorüber, ohne sich nicht seine Vorderpfoten ordentlich zu befeuchten und nachher behaglich zu reiben, also gewissermaßen zu waschen.

Ein ähnliches Tier ist der Coati, der Nasenbär, von etwa derselben Größe wie der Waschbär und ähnlicher graubrauner Färbung, nur daß sein langer buschiger Schwanz schmutzigweiße Ringe aufweist und er ein viel gewandterer Kletterer und größerer Räuber ist als der Waschbär. Der Kopf des Coati ist lang, gestreift und läuft in einen Rüssel aus, der ihm den Namen gab und den er, wie die Schweine, zum Wühlen in der Erde gebraucht. Sein Fleisch ist sehr wohlschmeckend.

Dann gab es damals noch eine einfarbige, brandrote Wildkatze (Gato colorado, wohl die Eyra), bedeutend größer und stärker als unsere Hauskatze, und eine kleine, schlanke, auch einfarbig silbergraue Katze (Gato moro, die Yaguarundi?), die die Gras- und Rohrdickungen an den Esteros den hohen Urwaldriesen vorzog. Von ersterer hob ich sogar mal ein ganzes Nest mit drei Jungen aus einem hohlen Baumstamme aus; es war mir jedoch unmöglich, diese Kätzchen, die ich zähmen wollte, im Hause zu halten. Sie blieben wild und scheu, kratzten und bissen noch nach Wochen um sich, wenn ich sie anfassen wollte. Als sie dann eines Tages — noch sehr klein — dem nachbarlichen Hühnerhof einen Besuch abstatteten und ein Dutzend Küken abgemurkst hatten, blieb mir nichts übrig, als sie totzuschießen. —

Eines Tages, als ich mit einem Eingeborenen den Urwald durchstreifte und mit dem Glase die Wipfel der Bäume nach irgendwelchem jagdbaren Getier absuchte, erblickte ich auf einem mehrere große dunkle Klumpen, die im Winde schaukelten. Näher kommend sah ich, daß es Holzkisten waren, mit Baststricken an den Ästen befestigt.

„Sehen Sie bloß," sagte ich zu meinem Begleiter, „da hat irgendein Holzhauer sein Werkzeug und seine Lumpen auf dem Baume verborgen, damit man es ihm nicht stiehlt."

Mein Begleiter wollte sich erst totlachen, dann sagte er feierlich:

„No, Señor, diese Kisten bergen die Leichen kleiner Kinder, die von den Eltern nach einer alten Sitte auf Bäumen bestattet werden, um ihnen so den weiten Weg zum Himmel zu verkürzen."

Und wie zur Bekräftigung trieb ein Windstoß mir leichten Modergeruch in die Nase. — —

War es also mit der Jagd im Urwald nichts, so blieb mir doch der riesige, zur Hälfte bewachsene Estero, an und auf dem ich mich mit Herrn Lösche jagdlich gründlich ausgetobt habe.

Fast jeden Abend, jeden Sonntag verbrachten wir da, und namentlich in der Zugzeit, also im Frühjahr und Herbst, wimmelte es von Enten, Wasserhühnern, Reihern, Chajás, Tauchern und anderem Wasserwild. Dann war der Bahndamm, der diesen Estero durchschnitt, abends immer von allerhand Jägern besetzt, und es gab oft ein Geknalle, daß man in der Umgegend hätte glauben können, es sei eine Revolution bei uns ausgebrochen. In Ermangelung eines Hundes nahmen wir dann immer einen nackten Bengel mit, der uns die erlegten Enten aus dem Wasser herausholte und dafür eine abbekam.

Auch Peone, mit mehreren kleinen Boliadoras bewaffnet, holten sich hier ihre Entenbraten. Zog ein Schoof Enten über sie hinweg, schleuderten sie ihre drei durch Schnüre verbundenen, dem Wild entsprechend kleinen Bleikugeln geschickt zwischen sie und hatten sehr oft das Glück, daß eine der Enten sich mit Hals oder Flügeln darin verwickelte und, hundert Purzelbäume schlagend, herunterkam. Großes Freuden-Indianergeheul begleitete stets solches Weidmannsglück.

In diesen Zugzeiten kamen auch des öfteren die durch ihre Federn berühmten weißen Reiher bei uns durch, welche aber einen Schuß stets sehr übelnahmen und sofort wieder auf Nimmerwiedersehen verschwanden. Natürlich, es sind ja die seit jeher meistverfolgten Vögel, die früher sehr häufig waren, nun aber auch schon auszusterben beginnen.

Ebenfalls zeigten sich öfters wilde Schwäne und wilde Gänse, und es bemächtigte sich unserer immer Unruhe und Arbeitsunlust, wenn wir vom Bürofenster aus diese seltenen weißen Punkte weit draußen im Estero bemerkten. Sie kamen und gingen, wer weiß woher, wer weiß wohin. Niemals nisteten sie bei uns.

Diese südamerikanischen Wildgänse (Ganso silvestre) sind noch größer als unsere deutsche Saatgans, die ich früher schon in Ostpreußen viel auf dem Zuge erlegt hatte. Sie sind schneeweiß im Gefieder, mit Ausnahme der etwa handbreiten schwarzen Flügelspitzen, und haben einen etwas breiten, gelbroten Schnabel und ebensolche Beine. Ihr Wildbret ist zäh und tranig, ebenso wie das der deutschen Wildgänse. Wir lösten daher nur die Brüste heraus, legten sie vierundzwanzig Stunden in Essig und ließen sie uns dann braten; das schmeckte fein. Nach den Federn war natürlich große Nachfrage, namentlich bei den hier lebenden wenigen deutschen Hausfrauen; sie freuten sich immer sehr, wenn wir ihnen eine Wildgans schenkten oder Enten unter sie verteilten.

Die Schwäne (Cisnes) sind etwas kleiner als unser deutscher Singschwan und haben einen pechschwarzen Kopf und Halsansatz. Sonst sind sie ebenfalls schneeweiß im Gefieder (vermutlich waren es Schwarzhalsschwäne). Ihrer sah ich nie mehr als drei oder höchstens sechs zusammen, während die Gänse in Zügen von 8—20 ankamen.

Auch Flamingos und die ebenfalls prachtvoll rosaroten Löffelschnäbler (Cucharón, wohl der Ajaja) waren fast ständig da; ihnen war aber schwer beizukommen, da sie nur unregelmäßig zogen und die Nähe von Rohrdickungen oder buschigen Ufern mieden.

In zahllosen Scharen zeigte sich der graue Sumpftruthahn (Chauna), der alte Schreihals, der nach seinem Rufe Chaja (Tschaja) genannt wird, und den ich nur nochmals erwähne, weil ich einmal aus einem Schwarm einen Albino, einen ganz weißen, schoß, dessen Balg mir, wie so vieles, leider später durch Motten und Ameisen zerstört wurde.

Die Wasserjagd war namentlich dann hervorragend, wenn im Landesinneren bei großer Trockenheit kein Wasser mehr vorhanden war. Bei uns in der Nähe des Paraná regnete es nämlich stets mehr als anderswo!

Also deutsche Kolonisten, die ihr vielleicht hierher zu kommen gedenkt, schreibt euch das gründlich hinter die Ohren und vergeßt es ja nicht! Siedelt euch stets in der Nähe großer Ströme an (50—100 km sind hier noch keine Entfernung); besetzt euch erst das Land, bevor ihr es kauft oder pachtet. Neben dem üppigsten Humus tritt oft harter Ton zutage, auf dem nicht mal Unkraut wächst. Wo ihr leidliche Wohnungen und wohlhabende Bauern seht, da geht hin. Wo üppiges Gras und Unkraut wächst, wird auch Getreide oder Baumwolle gedeihen!

Bei solchen Trockenheiten kam alles, was nur fliegen konnte, nach hier, und wir machten manchen Sonntag — stundenlang bis an den Bauch im Wasser stehend — Strecken, die nur deshalb nicht in die Hunderte gingen, weil uns das Geld und die Patronen stets knapp waren. Es wurde natürlich nur auf fliegendes Wild geschossen, und immer wieder freute uns ein guter Schuß oder gar eine Dublette, und wir brachten es in dieser Zeit zu einer Schießfertigkeit auf Flugwild, die ich vorher nie für möglich gehalten hätte.

Was wir an Wild erübrigten, d. h. nicht selbst verwerten konnten, wurde verschenkt oder auch verkauft, um wieder Patronen kaufen zu können. Eine Ente hatte damals einen Handelswert von 40 Centavos. An Absatz fehlte es nie.

Übrigens erlegte ich hier Vertreter von wenigstens dreißig verschiedenen Wildentenarten. Viele kannte ich mit Namen, andere waren seltener, und selbst die Eingeborenen wußten nicht, sie zu benennen. Eine in Deutschland vorkommende Art war jedenfalls nicht dabei.

Neben all diesem Wassergeflügel barg der Estero in seinen Rohrdickungen auch zahlreiche Nutrias, wie ich sie im siebenten Kapitel beschrieben habe. Sie hatten hier gewissermaßen schwimmende Nester. Berufsjäger hatten früher schon mächtig unter ihnen aufgeräumt und sie auf den Nestern selbst in kleinen Tellereisen gefangen, die mittelst einer Kette an einem ins Wasser gerammten Pfahl befestigt werden. Wir schossen sie gelegentlich so nebenbei, was sich immerhin lohnte; auch hatten wir des öfteren junge Tiere im Hause, die bald sehr zahm wurden, aber auf die Dauer nicht zu halten waren, weil sie, wie alle Nager, die Möbel und Türen beschädigten. Man durfte sie jedenfalls auch nicht ohne Badegelegenheit lassen, weil sie sich scheinbar nur im Wasser oder gleich nach einem Bad lösen können und ohne Wasser an Verstopfung zugrunde gehen.

Häufig erlegten wir auch die sehr schön gefleckten, 3—6 m langen Wasserschlangen (Curiyú), die nicht giftig sind, und denen wir die Haut abzogen, um unsere Stuben damit zu schmücken. Jedesmal mußten wir dann von den uns begleitenden Eingeborenen den Unsinn von der sagenhaften Hundeschlange (Mbói yaguá) mit anhören, vor der man sich zu hüten hätte. Niemand hatte sie jemals richtig gesehen, jeder wußte es aber von anderen, daß sie existiere, einen Hundekopf mit Hundeohren besitze und auch wie ein Hund bellen könne. Diese Mär ist über den ganzen Norden verbreitet. Was daran vielleicht wahr ist, habe ich nie erfahren können.

Bei großer Trockenheit wurde der Aalfang eifrig betrieben. Wir besaßen zu diesem Zweck achtzinkige enggestellte Eisengabeln mit meterlangem Stiel, die an den Gabelspitzen mit Widerhälchen versehen waren. Damit stocherten wir in den nur seichten, uns bekannten schattigen Aufenthaltsorten der Aale herum und brachten dann manchmal einen halben Sack voll mit nach Hause.

Nach dem Abendessen saßen wir Jäger meist todmüde in dem Dorflur unseres Hauses, wo wir im Schaukelstuhl uns über die riesigen Ochsenfrösche (Zappos) belustigten, die sich an dem das elektrische Licht umschwärmenden Ungeziefer labten. Unstillbar schien ihr Appetit zu sein, und sie verschlangen oft riesige Käfer, die sich noch eine Weile im Leibe des Frosches sichtlich bewegten. Diese Tiere verschmähten auch brennende Zigarren- und Zigarettenstummel nicht, die sie wohl für große Leuchtkäfer hielten.

Später, in der Zeit der großen Hitze, legte man sich behaglich aufs Bett, nicht ohne sich vorher unter der Brause tüchtig naßgemacht zu haben; denn nur so — während das Wasser am Körper verdunstete und ihm etwas Wärme entzog — konnte man einschlafen. Ja, heiß war es manchmal, so heiß, daß man sich die Hand am Gewehrlauf verbrannte, daß der Arzt die Fieberkranken nicht messen konnte, weil das Thermometer über 40° zeigte.

Eine Beobachtung, die ich hier auch eines Tages machte, will ich nicht vergessen zu erwähnen. Wer hat von uns nicht schon einmal etwas von einem Fischregen gehört, oder hat gar in den Zeitungen gelesen, daß in Rußland oder sonstwo ein solcher niedergegangen wäre? Und wer hat daran geglaubt? Sicher die wenigsten, ich auch nicht!

Und doch! Wir hatten eines Tages ein furchtbares Gewitter. Der Regen klatschte nur so auf das Dach. Die Bäume wurden vom Sturm zerzaust, und durch das Fenster schauend sahen wir am Horizont scheinbar nicht mehr unseren Estero, sondern ein wogenreiches, schäumendes Meer, mit dessen Wassermassen die Wirbelwinde ihr Spiel trieben. Die Mittagszeit rückte heran, aber wir konnten das Büro nicht verlassen, denn es goß noch immer in Strömen.

Endlich ließ der Regen nach. Wir traten hinaus und bemerkten nun zu unserem größten Erstaunen in den nassen Straßen Hunderte von fingerlangen zappelnden Fischen liegen!

Niemand von uns hatte bisher so etwas gesehen, ich auch bis heute noch nicht wieder. Fast alle hatten aber schon davon gehört oder gelesen. Es waren Esterofische, aber auch der Estero war immerhin 500 m entfernt. Ich halte es durchaus für möglich, daß der Wirbelwind die Fische aus dem Wasser gehoben und fortgetragen hat. Es ist also doch kein Märchen, dieser Fischregen!

Einundzwanzigstes Kapitel.
Der Krieg

Der Juli 1914. Meldung beim Generalkonsul. Die englische Kriegserklärung. Unsere Diplomaten. Der Lügenfeldzug. Wir zeichnen Kriegsanleihe. „Die Deutschen verstehen nicht durchzuhalten". Von unserer Unbeliebtheit. Meine Entlassung.

So schwelgte ich hier im Vollbewußtsein hartertämpften Glückes und mit der besten Aussicht, mir in wenigen Jahren ein kleines Vermögen zusammenzusparen, als uns eines Tages wie ein Blitz aus heiterem Himmel die Nachricht von der Ermordung des österreichischen Thronfolgerpaares traf.

„Das ist der Krieg," sagte schon damals Herr Lösche, und „das ist der Krieg," die Angehörigen der anderen Nationen.

Jetzt drehten sich die Gespräche natürlich hauptsächlich nur noch um die Möglichkeit eines solchen Krieges und bei den Deutschen unter sich besonders um die Möglichkeit des Hinüberkommens nach Europa. Überhaupt fingen die einzelnen Nationen schon jetzt an, mehr unter sich zusammenzuhalten, und selbst die wenigen Deutschen, die auch hier geglaubt hatten, mit einem Landsmann, der vielleicht fünf Centavos täglich weniger verdiente als sie, nicht verkehren zu dürfen, waren plötzlich anders geworden.

So vergingen die nächsten Tage und Wochen. Immer kritischer schien die Lage zu werden, und immer begeisterter wurden wir. Kam der Zug, der die Zeitungen brachte, so war alles außer Rand und Band, stürzte nach den Fenstern, schrie den Postjungen an, daß er schneller laufen solle, und studierte dann die neuesten Nachrichten, ohne wie früher auf die Anwesenheit des Gerenten oder Bürovorstehers wenigstens etwas zu achten.

Der Juli neigte sich seinem Ende zu, und „Auf des Messers Schneide" betitelten schon die Zeitungen ihre spannenden Berichte. Nun war kein Halten mehr bei Herrn Lösche und mir. Gleichzeitig meldeten wir uns beim Generalkonsulat und baten bei etwaigen Truppentransporten als Erste berücksichtigt zu werden.

Dann kamen die ersten Kriegserklärungen. Jubelnd schwenkten wir Deutschen die Zeitung in den Händen. Jetzt sollten die Russen und Franzosen mal sehen, wie sie über den Haufen gerannt würden!

Am 5. August abends waren Herr Lösche und ich noch Gast bei unserem englischen Direktor. Es wurde natürlich nur vom Kriege gesprochen und ernstlich die Frage erwogen, ob wohl England sich doch noch hineinmischen würde. Keiner wollte es wahr wissen, weder der Engländer noch wir Deutschen, und doch fühlte jeder, was kommen mußte und inzwischen auch schon eingetreten war.

„Sie sind ja sehr zuversichtlich," meinte an jenem, mir unvergeßlichen Abend die liebenswürdige Gemahlin unseres Gewaltigen. „O, ganz gewiß werden wir siegen," antwortete ich, „vorausgesetzt natürlich, daß England nicht mit gegen uns kämpft, denn dann, ja dann würde es zum mindesten ein sehr harter Kampf werden."

Tags darauf erhielten wir aber auch schon die Nachricht von Englands Eingreifen in das große Ringen. Trotzdem wollte noch keiner so recht an den Ernst der Lage glauben. Manche meinten immer noch, die Welt sei so weit vorgeschritten, daß es große Kriege nicht mehr geben könnte; und wenn doch, daß solche Kriege, vermöge der modernen Waffen, in ein bis zwei Monaten zu Ende sein müßten.

Kaum war aber Englands Kriegserklärung erfolgt, als auch schon die Diplomatenfrage wieder aufs Tapet gebracht wurde, denn auch hier schien kein Deutscher mit unseren Diplomaten und Konsuln im Ausland recht zufrieden zu sein, und allgemein hasste man ihnen die größte Schuld an unserer Unbeliebtheit im allgemeinen und Englands Eingreifen gegen uns im besonderen auf.

„Ja, die Diplomaten der Engländer und Nordamerikaner, das sind noch Kerle," hieß es da, „die lassen wir uns gefallen, die gehen mit kaufmännischer Gewandtheit und Gewissenhaftigkeit vor, aber unsere!" Entrüstet erzählte einer, daß er sich in Buenos Aires einst in Not und ohne Stellung befunden und das Generalkonsulat um Unterstützung angegangen hätte. Und was hätte man ihm erwidert? „Sie haben ja noch einen ganz neuen Mantel, warum verkaufen Sie denn den nicht?" Einem anderen Unterstützungsuchenden hatte man geantwortet, daß man ihn ja nicht gerufen hätte und daß er ja ruhig in Deutschland hätte bleiben können!

Ich konnte selbst nicht mitreden, denn ich hatte bisher weder mit der Gesandtschaft noch mit irgendeinem Konsulat etwas zu tun gehabt.

Inzwischen waren die Aufrufe der deutschen und österreichischen Generalkonsulate in den Zeitungen erschienen, die dahin lauteten, daß jeder Dienstpflichtige sich brieflich bei ihnen zu melden hätte. Da Herr Lösche und ich das schon im voraus getan hatten, verhielten wir uns abwartend, erhielten auch bald darauf einen Fragebogen, auf dem wir Alter, Dienstgrad und Wohnort einzutragen hatten. In demselben Brief fand sich noch ein gedruckter Zettel, durch den jeder aufgefordert wurde, bis auf weiteres ja an Ort und Stelle seiner bisherigen Tätigkeit zu bleiben, da Buenos Aires schon von Deutschen wimmele, die aus dem Inneren gekommen wären, um nach der Heimat zu fahren, nun weder Stellung noch Brot hätten und deshalb der allgemeinen Wohltätigkeit zur Last fielen. Aussicht, hinüberzukommen, sei vorläufig nicht vorhanden.

So mußten wir uns in das Unvermeidliche finden. Die ersten deutschen Siege wurden inzwischen gemeldet, und unsere Begeisterung erreichte ihren Höhepunkt. Jubel und prahlerische Worte bei den Deutschen, lange Gesichter bei den Engländern. Inzwischen begann der Lügenfeldzug der alliierten Blätter, und große Umzüge wurden in Buenos Aires zugunsten der Alliierten veranstaltet. Die meisten Menschen können ja nicht selbständig denken, das war hier nicht anders als bei uns in Deutschland. Da mußten die Zeitungsleute nachhelfen, und die wollten verdienen, hielten es aber mit der Partei, die am meisten zahlte, also mit unseren Gegnern.

Der Kaiser von Österreich sollte ermordet worden sein. Ein riesengroßer französischer Sieg nach dem anderen wurde gemeldet. Die deutschen Heere sollten aus

Belgien zurück und nach Holland hineingetrieben worden sein. Zeppeline wurden schon in den ersten Tagen haufenweise zerstört. Die Deutschen sollten erklärt haben, nach Besiegung ihrer europäischen Feinde in Argentinien einfallen zu wollen. Täglich las man in diesen Blättern große deutsche Verlustziffern, von den Alliierten war aber scheinbar noch kein Mann gefallen. Allgemein war der Glaube verbreitet, daß Deutschland binnen zwei Monaten von der Übermacht erdrückt und von der Landkarte ausgelöscht sein würde. Außerdem wurde auch der Kronprinz andauernd schwer verwundet, und so fort.

Inzwischen machte die französische Bank in Buenos Aires Bankrott, und die Deutschen dort antworteten den Franzosen auf ihr: „Nieder mit Deutschland!" kaltblütig: „Es lebe die französische Bank!"

Kam mal unsere Post zu spät, wovon wir früher nie weiter Notiz genommen hatten, waren wir jetzt stets sehr aufgebracht, und die Witzbolde unter uns vermuteten dann gleich „schwere" Niederlagen, die der Zug nicht so schnell heranschaffen könne.

Die Witzblätter machten ihre Karikaturen; meist nicht sehr geistreich, meist alliiertenfreundlich, oft gemein. Eine der besten war noch die, wie ein wildbärtiger Russe über die preußische Grenze schreitet und mit seinem Schwert vom Grenz= schild: PRUSIA (Prusia = Preußen) das P wegschlägt, so daß „Rusia" (Rußland) übrigbleibt. Na, wir wußten, daß es so einfach denn doch nicht war!

Dann kamen wieder deutsche Siegesnachrichten, und unser Jubel war groß. Die erste deutsche Kriegsanleihe war soeben aufgelegt worden, und sowohl Herr Lösche als auch ich gaben unsere ganzen Ersparnisse dafür her, zumal uns der Kurs sehr günstig schien; wir erhielten nämlich für einen Peso Papier ganze 2 Mark, statt wie früher nur 1,75 Mark.

Der Gerente, mit dem wir es jetzt vermieden, über den Krieg zu sprechen, sagte eines Tages, über die Zeitung gebeugt, ganz entrüstet: „Mir scheint, die Deut= schen machen, was sie wollen". Ja, ja, es war doch ein Engländer.

Trotz allem gab es auch unter uns Nachdenkliche, die schon jetzt ihre eigenen Schlüsse zogen. So sagte einer: „Wenn nur der Krieg nicht zu lange dauert, sonst sind wir verloren."

„Warum das?" fragte ich erstaunt.

„Weil unsere Landsleute nicht durchhalten können."

„Und womit wollen Sie das begründen, Sie waren ja nicht einmal Soldat?"

„Das schon, aber ich war lange in Buenos Aires, hatte im Hafen zu tun und machte die Beobachtung, daß weit über die Hälfte aller deutschen Einwanderer binnen wenigen Monaten wieder nach der alten Heimat zurückfahren, weil sie es nicht fertig brachten, durchzuhalten. Das war bei den Angehörigen keines anderen Volkes in solchem Maße der Fall."

Die Preise für alle Lebensmittel und Bedarfsartikel fingen an zu steigen und verdoppelten sich zum Teil. Die durch die nichtdeutschen Zeitungen ständig geschürte Deutschenhetze fand allmählich auch bei uns fruchtbaren Boden. Man zog sich von uns zurück und mied uns. Die Italiener hatten es sowieso schon vom ersten Tage ab mit den Engländern gehalten und wurden von uns schon „Verräter" genannt, als sonst noch niemand in der Welt glauben wollte, was tatsächlich nachher eintrat.

Wir Deutschen waren ja niemals im Ausland beliebt gewesen. Das „Warum" zu beantworten, würde zuviel Raum in Anspruch nehmen, und wer die ersten Kapitel dieses Buches aufmerksam durchgelesen hat, kann sich die Antwort auch allein geben. Nur noch ein Beispiel möchte ich hier einfügen, eins für viele, die ich selbst erlebte. Eines Sonntags kam ein ehemaliger deutscher Offizier bei uns durchgeritten und bat mich, nach der üblichen Vorstellung, ihm doch den Weg nach der kleinen Estancia eines Schweizers zu zeigen, die in der Nähe lag. Da ich den Schweizer persönlich kannte, erbot ich mich, ihn zu Pferd zu begleiten, was er dankend annahm. Auf der Estancia angekommen, wurden wir nach Erledigung der geschäftlichen Angelegenheiten — es handelte sich um einen Viehkauf — zum Essen eingeladen. Der Schweizer erzählte uns dabei von dem schweren Anfang, den er hier im Lande gehabt habe, und daß er sich jetzt endlich nach jahrelangem Kämpfen seinen sehnlichsten Wunsch nach einem netten Häuschen hätte erfüllen können. Nach aufgehobener Tafel zeigte er uns mit berechtigtem Stolz seine bescheidenen Räume.

Kritisch musterte der Offizier alles und meinte dann in näselndem Tone: „Nun ja, in Deutschland wäre das natürlich nur ein Schweinestall!"

Der Schweizer war zu gut erzogen, um ihm die einzig richtige Antwort zu geben, die ihm gebührt hätte. Ich aber, der ich dabei stand, schämte mich für meinen Landsmann.

Inzwischen trafen für uns Angestellte Hiobsbotschaften aus allen Teilen Argentiniens ein. Die alliierten Geschäftshäuser fingen an, auf Verlangen ihrer Gesandtschaften ihre langjährigen deutschen Mitarbeiter zu entlassen. Auch auf unsere Kompagnie, obwohl international, wurde dieser Druck ausgeübt. Hier und da und immer wieder hörte man von der grundlosen Entlassung eines Deutschen und seine Ersetzung durch einen Alliierten oder Argentinier. Wir wußten alle, was uns bevorstand, keiner aber wagte zu sagen: „Ich gehe selbst, ich lasse mich nicht erst hinauswerfen"; denn jeder fühlte, daß jetzt während des Krieges so gut wie keine neue Stellung zu finden gewesen wäre. Schließlich hatte auch niemand Geld, denn die meisten hatten in den guten Zeiten nicht daran gedacht, zu sparen, und die übrigen hatten begeistert den letzten Centavo in Kriegsanleihen angelegt. So sahen wir der Stunde entgegen, die auch uns die Entlassung bringen sollte, und eines Tages erreichte mich dann wirklich mein Geschick.

Die Post war gerade angekommen, und ich saß über die Zeitung gebeugt, als der Gerente mir auf die Schulter klopfte:

„Herr Schmidt," sagte er, „ich habe eine traurige Nachricht bekommen, traurig sowohl für Sie als auch für mich, ich soll Sie entlassen."

Ich stand auf und verbeugte mich: „C'est la guerre", antwortete ich mit erzwungenem Lächeln.

Er aber blieb ernst. „Es tut mir leid, sehr leid," sagte er, „aber ich bin machtlos dagegen. Sie bleiben selbstverständlich so lange bei uns, bis Sie eine andere Stellung gefunden haben."

„Es ist gut," antwortete ich, „ich danke Jhnen," zündete mir gemächlich eine Zigarette an, um den anderen Kollegen zu verbergen, wie es in meinem Innersten aussah, schlug dann meine Zeitung zusammen, nahm den Hut und ging hinaus.

Luft, Luft mußte ich haben.

Zweiundzwanzigstes Kapitel.
Jäger in Paraguay

Vergebliche Stellengesuche. Der Engländer mein väterlicher Freund. Abschied. Diva Alemania. In Resistencia. Herr Berg. Auf dem Rio Paraguay. Am Ziel. Carpinchéro. Verdächtige Bekanntschaft. Ehrlicher Rat. Drüben, in meinem Jagdrevier. Fürchterliche Nacht. Krokodileier. Die zweite Nacht.

„Mensch, gehen Sie doch nach Paraguay, gehen Sie doch jagen," mahnte mich Herr Lösche, wenn er — abends aus dem Büro kommend — mich in meiner Stube sitzend fand, wo ich zweck- und erfolglose Stellengesuche schrieb.

Es war in der Tat aussichtslos, etwas zu finden. Von überall, wohin ich geschrieben hatte, kamen dieselben höflichen, aber abschlägigen Antworten: „Wir sind des flauen Geschäftsganges wegen selbst gezwungen, den größten Teil unserer Angestellten zu entlassen," oder „Wir bedauern, aus Geschäftsrücksichten in dieser Zeit keine Deutschen einstellen zu können."

So fügte ich mich denn in das Unvermeidliche. Es war ja immer mein Wunsch gewesen, in den noch gesegneten, zum Teil unberührten Jagdgründen Paraguays zu jagen, nun war fast ein hartes „Muß" daraus geworden. Wollte ich nicht den letzten Centavo ausgeben und dann langsam verhungern oder wie tausend andere der öffentlichen Wohltätigkeit zur Last fallen, mußte ich sehen, daß ich mich mit der Jagd ernährte, mußte notgedrungen so leben wie einst unsere Vorfahren vor zweitausend Jahren!

Ich war sehr niedergeschlagen und machte mir Vorwürfe. Wenn ich auch meinen vaterländischen Verpflichtungen auf das gewissenhafteste nachgekommen war, warum hatte ich es nicht gemacht wie so manch einer meiner Landsleute, der sich verkleidet auf fremden Schiffen nach der Heimat durchgeschmuggelt hatte. Was hätte mir schlimmstenfalls dabei passieren können? Höchstens doch, daß ich bis zum Kriegsende in Gibraltar hätte Steine karren müssen. Aber wäre ich dann wirklich schlimmer daran gewesen als jetzt? Gewiß nicht. Ich hätte meine Arbeit getan und hätte dafür zu essen bekommen, und hier? Ja, hier war ich auch nur ein Kriegsgefangener, aber einer, dem man weder zu essen noch Arbeit gab!

Herr Lösche konnte nicht mit mir kommen, das sah ich ein. Auch er hatte seinen letzten Peso in Kriegsanleihe angelegt, nun mußte er notgedrungen hier aushalten, solange es ging, bis auch er an die Reihe kommen würde. Aber er wollte dann nachkommen, war sogar Feuer und Flamme und suchte in jeder Weise mir meine trüben Gedanken auszutreiben. So ging ich denn vierzehn Tage später nochmals zum Gerenten, ihn um ein Zeugnis und um Abrechnung bittend.

„Also fanden Sie schon Stellung," sagte er, „wie mich das freut."
„Ich fand nichts."
„Aber ich sagte Ihnen doch, es hat keine Eile, wo wollen Sie denn hin?"
„O, ich werde mich auch ohne Stellung durchzuschlagen wissen." Er stand nun auf und ging zum Kassierer, mit dem er ein paar leise Worte wechselte. Der Kassierer rief mich bald darauf zu sich und zahlte mir — 1000 Pesos aus, für die ich eine Quittung zu unterschreiben hatte. Ich staunte natürlich sehr, auf einmal so viel Geld zu erhalten, denn ich wußte, daß ich als kaufmännischer Angestellter, aber auch nur als solcher, bei grundloser Entlassung ohne Kündigung nach dem Gesetz einen Monatsgehalt extra beanspruchen konnte, sonst aber auch nichts weiter. Da ich zuletzt 200 Pesos monatlich verdient hatte, waren es eben 200 Pesos gewesen, die ich erwartet hatte, sonst nichts. So bat ich denn den Kassierer um Aufklärung, und dieser rechnete mir vor, daß ich laut Anweisung des Gerenten drei Monate extra bekäme, außerdem einen Monat als Jahresgratifikation und 200 Pesos Reisegeld, um standesgemäß nach meiner neuen Stellung fahren zu können.

Stumm nahm ich das viele Geld in Empfang, zu dessen Ersparnis ich ein ganzes Jahr und länger benötigt hätte. Stumm drückte ich nochmals dem Direktor, dem Engländer, die Hand, der mir gleichzeitig das beste Zeugnis überreichte, das ich je erhalten habe. Dann wandte ich mich der Tür zu, um nicht zu zeigen, daß ich Tränen in den Augen hatte, Tränen der Rührung und des Dankes einem Manne gegenüber, der mein Feind sein sollte und mir doch stets ein väterlicher Freund gewesen ist. —

Meine Jagdausrüstung war die einfachste der Welt. Ein fester Lodenrock und ebensolche Hose; Schlapphut, Halstuch, ein Hemd (es wäre auch ohne gegangen), und die üblichen leichten Segeltuchschuhe (Alpargatas). Ein großer regensicherer Rucksack, angefüllt mit Munition, meinem kleinen photographischen Apparat, einer Bratpfanne und einer alten Konservenbüchse zum Wasserschöpfen. Außerdem besaß ich noch ein langes Buschmesser und natürlich meinen bewährten Drilling. Mein übriges Gepäck überließ ich der Obhut des Herrn Lösche, der mir später, nach fast zwei Jahren, auch alles getreulich zurückerstattet hat, allerdings an einem anderen Orte, weit entfernt dem jetzigen, nämlich in der Provinz San Luis.

Herr Lösche begleitete mich auch noch bis zur Station der französischen Bahn, die mich fürs erste nach Resistencia, der Hauptstadt des Chaco, bringen sollte. Als wir, den Zug erwartend, die Station auf und ab gingen, fuhr ein Güterzug ein, dessen Waggons, wie alle diese Züge der französischen Bahn, jetzt zur Kriegszeit von Überpatrioten mit allerhand Kriegskarikaturen bemalt waren. Auf dem Türflügel eines geschlossenen Wagens standen, mit Kreide untereinander geschrieben, deutlich und groß die Worte zu lesen:

„Viva Francia, abajo Alemania," also „Es lebe Frankreich, nieder mit Deutschland."

„Diese verfluchten Kerle," sagte erregt Herr Lösche, „sie können doch das Hetzen nicht lassen und werden auch dies sonst so vernünftige Land noch dazu bringen, gegen uns zu kämpfen!"

„Lassen Sie nur," gab ich zurück, „diesmal jedenfalls werden wir den Spieß umdrehen."

Ich ging an die Pumpe, wo ich meinen Rockzipfel befeuchtete. Als dann der Stationschef das Abfahrtsignal gab, sprang ich hinzu und löschte behutsam die Worte „— Francia, abajo —" aus. Und fort brauste der Zug, in markiger Schrift der nächsten französischen Bahnstation die Worte entgegentragend: „Diva — — Alemania."

Endlich kam auch mein Zug. Noch ein Händedruck, und fort ging's im Bummeltempo, wohin — ich wußte es selbst noch nicht. Station auf Station passierten wir, alles Haltestellen, die ihr Bestehen dem Quebrachobaum verdankten. Rechts und links Urwald und immer wieder Urwald, teils hoch, teils niedrig, je nachdem die besten Bäume schon geschlagen waren oder nicht. Ab und zu ein Stück Steppe, lichte Palmenhaine oder riesige bewachsene Esteros, an deren Rändern etwas Vieh weidete. Von wilden Tieren dagegen keine Spur; nur ein paar Störche, Wildenten, graue Reiher und Raubvögel bekam ich zu Gesicht.

In Resistencia wollte ich mich nicht aufhalten, das hätte nur Geld gekostet, sondern begab mich unverzüglich nach dem Hafen, wo ich mich sofort nach der Abfahrt des nächsten Dampfers in Richtung nach Paraguay erkundigte. Leider war gerade am selben Morgen der fällige Dampfer durchgekommen, und so mußte ich drei Tage festliegen, was mir nicht des Zeitverlustes, sondern des Geldes wegen leid tat, denn in dieser belebten Gegend mußte ich wohl oder übel ein kleines Gasthaus aufsuchen.

Vorsichtshalber kaufte ich jedoch gleich den Fahrschein für die Dampferreise nach einem kleinen paraguayschen Hafen, in dessen Umgebung, wie Herr Lösche meinte, es noch von den mannigfaltigsten Wildarten wimmeln sollte. Nachher begab ich mich auf die Suche und hatte das Glück, eine kleine deutsche Wirtschaft anzutreffen, in der man für mich in jeder Beziehung sorgte.

Hier in dieser Wirtschaft lernte ich nun ganz durch Zufall einen deutschen Herrn kennen, einen Herrn Berg, der sich vor kurzem hier in der Nähe ein Stück Land gekauft hatte und nun gekommen war, um einige in Buenos Aires bestellte landwirtschaftliche Maschinen abzuholen.

Nach dem Abendessen erzählte er mir seine Geschichte. Sie hatte viel Ähnlichkeit mit der meinigen. Nachdem er die erste und schwerste Zeit durchgemacht hatte, war es ihm gelungen, eine gute Stellung als Verwalter auf der Estancia eines Engländers zu erhalten und sich daselbst jahrelang zu behaupten. Dann kam der Krieg, und der Engländer, sein Patron, wurde von Buenos Aires aus moralisch gezwungen, ihn, den Deutschen, zu entlassen. Glücklicherweise habe er der Versuchung, Kriegsanleihe zu kaufen, widerstanden, habe sich nun für sein erspartes Geld in einer nahegelegenen Kolonie angekauft und wolle Baumwolle (Algodon) pflanzen, was immer ein ganz einträgliches Geschäft sei.

„Sie waren sehr leichtsinnig, Ihr sauer verdientes Geld auf eine Karte zu setzen," meinte er, als ich ihm auch meine Geschichte kurz erzählt hatte. „Wenn Deutschland die Oberhand behält, mag es ja noch angehen, aber wenn es verliert, werden Ihre Kriegsanleihepapiere gerade zum Feueranmachen gut genug sein. Außerdem kann der Krieg noch Monate, vielleicht noch Jahre dauern. Was wollen Sie überhaupt allein in dieser ganzen Zeit im paraguayschen Urwald machen, Sie, der Sie an Arbeit gewöhnt sind? Wenn es Ihnen nur daran liegt, sich ohne große Unkosten durchzuschlagen, bis der Krieg zu Ende ist, können Sie gern mit mir auf meine Chacra kommen und mir ein bißchen helfen, wobei Sie auch allerlei lernen können und vielleicht doch noch Lust bekommen, zu Ihrem alten Beruf, der Landwirtschaft, zurückzukehren. Gehalt kann ich Ihnen allerdings nicht bezahlen, denn aller Anfang ist schwer, und ich weiß selbst noch nicht, ob und wie ich durchkommen werde, denn bis zur nächsten Ernte ist es noch lange, und meine Barmittel sind schon jetzt sehr zusammengeschmolzen."

Ich dankte ihm herzlichst für sein freundliches Anerbieten und bat ihn um seine genaue Adresse.

„Vorläufig," sagte ich, „werde ich meinem Vorsatze treu bleiben. Jedenfalls möchte ich Paraguay, seine Menschen und Jagdgelegenheiten kennen lernen; sollte es mir aber wider Erwarten nicht gefallen oder zu langweilig werden, werde ich zu Ihnen kommen und nochmals den Wirtschaftseleven spielen, wie einst in Deutschland vor nunmehr fast zwanzig Jahren."

Am nächsten Morgen half ich ihm noch seine Ackergeräte mit aufladen, dann kam mittlerweile auch mein Dampferchen an, und es ging nun auf gut Glück nach Paraguay.

Unterwegs war nicht viel zu sehen, da die Ufer meist von Bambusrohr und Weidengestrüpp bedeckt waren, die jede Aussicht versperrten. Die einzigen Tiere, die wir immer wieder am Ufer liegen sahen, und die namentlich von den Kindern an Bord stets mit Jubel begrüßt wurden, waren die Yacarés, die südamerikanischen Krokodile (aus der Gattung der Kaimane), die den oberen Paraná und namentlich den Rio Paraguay, in den wir bald darauf einliefen, noch zu Tausenden bevölkern. Sie werden kaum bis zu vier Meter lang. Oft lagen sie faul im Sande und nahmen von unserem Schiffe gar keine Notiz; kam dieses jedoch zu nahe, hoben sie die Köpfe, beobachteten uns einen Augenblick und verschwanden dann laut- und spurlos in der Flut. — Nachts schlief ich in meiner Kabine mit dem Rucksack unter dem Kopfe; am anderen Nachmittag schon gelangten wir an mein Ziel.

Es war nur ein kleiner Hafen, in dem ich ausstieg, mit einer aus Holz gebauten Zollstation, einer Kneipe und einem kleinen Kaufladen. Sonst gab es noch ein paar Holzhäuser, weiter zurück einige Fischerhütten, das war alles. Das erste, was mir sofort auffiel, war, daß alle Welt barfuß lief. Der Polizist, der Zollbeamte, beide in Uniform, selbst ein, nach seinem sonstigen Äußeren zu urteilen, reicher Estanciero, mit schweren goldenen Ringen an den Fingern, großem Schlapphut und silberner Reitpeitsche; er saß barfuß auf seinem Pferde, hing, das mußte vornehm sein, nur mit den großen Zehen im Steigbügel und hatte am rechten nackten Fuß einen Sporn angeschnallt, dessen Rädchen wenigstens so groß war wie ein Handteller.

Nachdem der Zöllner eingesehen hatte, daß bei mir nichts zu holen war, begab ich mich in die Kneipe, die Fonda, um vor Beginn meiner Robinsonade im Inneren noch eine ordentliche Mahlzeit zu halten und die Leute etwas auszuhorchen. Ich bestellte mir Brot, Käse und Wein und fühlte, während ich aß, wie mich die wenigen Gäste musterten. Ich merkte, daß man von mir sprach. Das geschah in Guarani, der Indianersprache, doch mußte es ein anderer Dialekt sein, denn ich verstand nur sehr schwer, während ich im Chaco und Norden von Santa Fé diese Sprache, wenn auch nicht sprechen, so doch leidlich verstehen gelernt hatte, was mir schon deshalb leicht gefallen war, weil in ihr viele spanische Laute vorkamen.

Nur das etwas verächtlich gesprochene Wort Carpinchéro (Wasserschweinjäger) klang deutlich zu mir herüber; aber es freute mich, denn nun wußte ich, daß es hier sicher viele dieser Tiere, der größten Nager der Welt, geben würde.

Später näherte sich mir ein großer Kerl, der mich schon eine Zeitlang scharf angesehen hatte, aber, nur mit Hemd und Hose bekleidet, gerade nicht den vertrauenerweckendsten Eindruck machte. Er reichte mir, ohne sich weiter vorzustellen, die Hand und setzte sich neben mich an meinen Tisch.

„Sie sind gewiß Deutscher," meinte er, „und wollen hier jagen!"

„O, ja, ich weiß das," fuhr er fort, als er mein erstauntes Gesicht sah, „ich kenne die Deutschen, denn ich bin erst vor kurzem von einem Jagdausflug mit einem Deutschen zurückgekehrt. Wir haben viel geschossen, viel Felle und Federn mitgebracht und hier im Almacen verkauft. Wenn Sie wollen, will ich gern Ihr Führer sein, es gibt hier viel Wild, und ich weiß, was sonst keiner weiß, nämlich eine große Reiherkolonie, in der man noch ein ganzes Vermögen machen kann, vorausgesetzt, daß man genug Munition mitnimmt."

Die Sache wurde mir interessant, und ich fragte nach diesem und jenem. Wenn alles wahr gewesen wäre, was der Mann mit seinem deutschen Patron erlegt haben wollte, mußten sie wenigstens einen sechsspännigen Ochsenkarren voll Munition bei sich gehabt haben. Aber das kannte ich ja schon zur Genüge bei diesen Leuten: aus der Maus mußten sie immer einen Elefanten machen, und wenn man ihnen nur den zehnten Teil ihrer phantasiereichen „Cuentos" glaubte, traf man den Nagel wohl gerade auf den Kopf.

Er erzählte weiter von seinen guten Hunden, die sich vor keinem Tiger fürchteten, bot sich an, mit mir auf halben Gewinn zu arbeiten, und antwortete stets nur ausweichend, wenn ich ihn nach meinem Landsmann, seinem verflossenen Patron fragte.

Trotzdem war ich sehr glücklich, so schnell einen Daqueano, einen Führer gefunden zu haben, und sagte zu allem Ja und Amen. Allerdings, das dicke Ende kam natürlich nach, er verlangte nämlich am Schluß unserer langen Sitzung „nur" 3000 Pesos Paraguayos, also 200 Pesos Argentinos, als Vorschuß, da er doch seine Frau nicht ohne Geld sitzen lassen könne und auch noch einige Kleidungsstücke und Eßwaren für sich einkaufen wolle. Ich erklärte ihm, daß ich wohl Gewehr und Munition, sonst aber so gut wie nichts besäße, denn wenn ich Geld hätte, brauchte ich ja nicht „Carpinchéro" zu werden. Das sah er zwar ein, meinte aber doch, die Ausländer hätten immer Geld, zog aber verschnupft ab.

Die Wirtsstube war inzwischen leer geworden, und der Wirt, ein alter gemütlicher Mann, fragte mich jetzt, ob ich noch etwas wünsche, wohl deshalb nur, um ein Gespräch mit mir anzuknüpfen.

„Es war sehr gut, daß Sie den Kerl abwiesen," meinte er; „es ist zwar mein Landsmann, aber ein Taugenichts, und — er rückte dicht an mich heran — er ist wohl vor Monaten mit einem Deutschen, wie Sie, in den Urwald gezogen, aber später nur allein zurückgekommen, beladen mit wertvollen Reiherfedern und Fellen."

„Und der Deutsche?"

„Ja, das ist's gerade. Der hat sich verlaufen, hat er erzählt, eines Tages sei er nicht mehr nach dem Lager zurückgekehrt. Anderen wieder hat er erzählt, sein Compañero sei verunglückt. Das ist doch sehr verdächtig, nicht wahr?"

„Allerdings, mehr als verdächtig."

„Wenn Sie jagen wollen, laffen Sie sich am besten von unserem Fährmann, der weiter unterhalb am Flusse wohnt, auf die andere Seite überfetzen. Dort drüben ist das Ufer noch nicht so bevölkert wie hier, wo der Hafen sich befindet. Auch fährt der Fährmann öfters hinüber, und die Verbindung verlieren Sie daher nicht. Dort drüben finden Sie auch sicher bald irgendeinen Landsmann von mir, der mit seiner Familie am Ufer haust und sich vom Ertrage der Carpinchojagd ernährt. Solchen Leuten können Sie sich dann immer noch anschließen, wenn Sie Lust dazu verspüren. Hier drüben im Almacen können Sie stets Ihre Federn oder Felle gegen Geld und Munition eintauschen."

Ich dankte ihm für seine Auskünfte, zahlte meine Rechnung und begab mich auch gleich in den Kaufladen, wo ich mir vor allen Dingen noch einen Kochtopf kaufte, den ich mit Reis und Streichhölzern anfüllen ließ. Außerdem erstand ich einen Mosquitero, im Urwald unbedingt notwendig, und eine Schlafdecke. Als ich darauf in argentinischer Währung bezahlte, war der Mann sichtlich erfreut, und ich gab ihm auf sein Drängen noch weitere zehn argentinische Pesos zum Einwechseln. Ich bekam dafür ganze 150 Pesos, fast alle in einzelnen, schmutzigen Peso- und 50-Centavoscheinen, so daß meine Brusttasche dick angefüllt war.

Diese Vorliebe für argentinisches Geld habe ich später noch vielfach bei Paraguayern beobachten können. Natürlich, die argentinische Währung unterlag lange nicht so den Kursschwankungen wie die paraguaysche, denn diese wird fast täglich anders notiert. So war ein argentinisches Peso manchmal nur 6, manchmal aber auch bis zu 24 Pesos Paraguayos wert, je nachdem Paraguay gerade ruhig war, oder sich in einer Krisis oder gar Revolution befand.

Der Fährmann, bei dem ich dann anklopfte, hatte ein häßliches, pockennarbiges Gesicht und wollte durchaus nicht fahren.

„Es ist schlimmes Wetter im Anzuge," meinte er, „sehen Sie nur, wie böse die Moskitos heute sind; außerdem ist es schon spät."

Aber ich drängte, wollte an mein Ziel, das eigentlich gar kein Ziel war, und winkte ihm mit 50 schmutzigen paraguayschen Pesoscheinen. Das half; wie der Blitz war das kleine Boot ausgeschöpft und reisefertig. Dann ging die Fahrt los. Ich steuerte, er ruderte, gegen den Strom. Gut eine Stunde, dann waren wir drüben. Hier wünschte er mir guten Erfolg und drehte sofort um, während ich, meines neuen Berufes eingedenk, sofort meinen Rucksack und sonstiges Gepäck unter einem Busche verbarg und dann mit meinem Drilling das Ufer entlang pirschte, um etwas Eßbares zu erlegen. Aus einem Schof Enten, der über mir hinwegzog, holte ich eine einzelne herunter; dann zog schon das vom Fährmann angekündigte Gewitter herauf. Ich machte, daß ich zu meinen Sachen kam, um zu sehen, wie ich mich am besten vor dem Regen schützen könnte. Alles zusammenraffend, suchte ich nach einem hohlen Baume oder einer überstehenden Uferwand, fand aber nur ein altes morsches Boot, das wohl beim Hochwasser mal angeschwemmt worden war, stülpte es um und kroch unter, denn schwere dicke Tropfen schlugen schon hernieder, und ein furchtbarer Sturmwind hatte eingesetzt. Dabei war es fast dunkle Nacht geworden, obwohl die Sonne gerade eben erst untergegangen sein konnte.

So verbrachte ich die Nacht, eine fürchterliche Nacht! Es goß wie mit Kannen, und das Wasser träufelte nicht nur durch die Bootritzen ständig auf mich hernieder, nein, wie ein breiter Bach floß es unter meinem Boote durch, sich an meinem Körper stauend. Allmählich fing ich an zu frieren. Als es in dem Moraste gar zu ungemütlich wurde, wickelte ich Rucksack und alle meine Geräte in die Decke, kroch hervor, setzte mich oben auf den umgestülpten Kahn und — dachte an gar nichts, war völlig abgestumpft. Mochte es meinethalben noch drei Tage so weiter regnen, mir war alles gleich.

Jedes Ding findet auf der Welt einmal sein Ende, so auch dieser Regen, aber er hatte mich auf eine harte Probe gestellt. Der Tag graute. Mein erster Gedanke war natürlich, mich durch Bewegung und den Genuß von etwas Warmem vor Erkältung zu schützen, und ich fing an, Reisig zu sammeln, um Feuer zu machen und die tags vorher erlegte Ente zu kochen. Aber nein! Meine Streichhölzer waren zwar im Rucksack trocken geblieben, aber das durchnäßte Reisig wollte und wollte nicht anbrennen; es war geradezu zum Verzweifeln.

Eine Stunde wohl hatte ich mich herumgequält, da schmiß ich den ganzen Kram beiseite, rupfte und zerschnitt die Ente und aß das rohe Fleisch, um wenigstens einigermaßen meinen nagenden Hunger zu stillen. Schön schmeckte es gerade nicht, hinterher wurde mir auch etwas übel, aber sonst erfolgte weiter nichts, und das war die Hauptsache.

Als später die Sonne zum Vorschein kam, nahm ich ein Bad und hängte unterdessen meine Sachen zum Trocknen über Dorngestrüpp. Gegen Mittag nahm ich wieder meinen Drilling und ging auf die Nahrungssuche, die Jagd, die mir früher meine Mußestunden verkürzt hatte, war mir ja jetzt zum Beruf geworden, zu einem unfreiwilligen Muß. Wollte ich doch lieber verhungern, als mit Almosen oder sonstiger fremder Hilfe mein Leben fristen!

Ich ging durch den Urwald, immer den Fluß im Auge behaltend, um mich nicht zu verirren. Langsam, Schritt für Schritt pirschte ich vorwärts, ohne auch nur etwas Besonderes zu Gesicht zu bekommen, denn das eigentliche Tierleben beginnt auch hier erst nach Sonnenuntergang.

Schon war ich im Begriff, einige kleine Vögel zu schießen, nur um endlich etwas in den Leib zu bekommen, als mir plötzlich ein frischer, wohl meterhoher Haufen fauligen Laubes auffiel, der von Tieren oder Menschenhand zusammengetragen zu sein schien. Sollte da etwa jemand etwas verborgen haben? Ich fing an, in dem Haufen herumzustochern, und entdeckte in dessen Mitte, schön zusammengelegt, einen großen Haufen Eier — Hühnereier? — Nein, dafür waren sie viel zu länglich, hatten auch eine Schale, fast so rauh wie ein Reibeisen. Was war das also? —, Da fiel mir ein, daß Herr Lösche uns viel von den Krokodileiern vorgeschwärmt hatte, die ihm immer so gut geschmeckt hätten und die er so oft in fauligen Laubhaufen, den Nestern der Yacaré-Mutter gefunden hätte.

Meine Freude war unbeschreiblich. Ich zählte über dreißig Stück, immer ängstlich zur Seite sehend, ob auch das Krokodil nicht plötzlich ankäme. Doch das schien sich irgendwo auf einer Sandbank zu sonnen.

Ich band mein Halstuch ab, tat alle Eier hinein, und im Laufschritt ging es „nach Haus," wo ich mir meine Beute kochen wollte; denn Fett zum Braten hatte ich nicht. Wieder sammelte ich Reisig, und wieder ging es mir wie am Morgen.

Die Sonnenstrahlen hatten noch nicht vermocht, das Holz genügend zu trocknen, und es wurde fast Abend, aber Feuer hatte ich noch immer nicht. Natürlich ärgerte mich das, und ich überlegte. Wozu hatte ich eigentlich solch einen Haufen paraguayscher Pesoscheine in der Tasche, wenn sie doch zu nichts nütze waren. Zu was war überhaupt so ein Lappen wert, noch dazu hier, wo ich ganz allein war, wenn nicht zum Feueranmachen. Fünfzehn gab man her für einen argentinischen Peso, na, und der reichte gerade für eine Flasche Bier. Ich nahm also eine Handvoll der allertrockensten aus der Mitte heraus, knüllte sie einzeln zusammen, und siehe da, es ging, ich hatte plötzlich das ersehnte Feuer.

Als das Wasser kochte, tat ich ein Dutzend der Eier hinein, denn ich wollte mich endlich wieder satt essen. Schön schmeckten sie gerade nicht, sie waren gallertartig geblieben, und die Hauptsache fehlte mir, das Salz. Jedenfalls war es immer noch besser als gar nichts, und das ganze Dutzend verschwand glatt.

Für den folgenden Tag plante ich einen größeren Ausflug. Zeitig legte ich mich deshalb an einem geeigneten Orte zur Ruhe, nicht, ohne mich gut unter meinen Mosquitero verstaut zu haben, denn nach dem Regen waren die Mücken fast unerträglich geworden. Ich schlief ganz gut ein, erwachte aber bald wieder mit heftigen Schmerzen im Unterleib. Hatte ich mich doch erkältet, oder waren es die Yacaréeier, die ich ohne jede Zutat in solcher Masse verspeist hatte? Nun, lieber Leser, verzeih mir, wenn ich erzähle, was nun folgt, aber es gehört auch zum Urwaldleben, von dem du doch wissen willst. Also ich wollte tun, was man in solchen Fällen muß. Aber, was war das? Saß ich in einem Ameisenhaufen? — Nein, — Moskitos, Tausende von Moskitos, die mich verrückt, wahnsinnig machten. Also schnell raus aus den Büschen und im Laufschritt ans freie Ufer. Aber auch da nicht, im Gegenteil, die wildgewordenen Bestien waren ebenso schnell wie ich, saßen mir überall, auf dem Kopf, in den Ohren und namentlich da, wo die Beine einen anderen Namen annehmen. Ich fuchtelte mit den Armen, ich wollte schreien, aber da hatte ich gleich auch noch den ganzen Mund voll. Und dazu wühlte es in meinem Leibe. Da, ein Gedanke, ein Sprung, und ich saß bis an den Hals im Fluß, wo ich nun endlich den dringend nötigen Frieden fand, nur daß ich auch den Kopf untertauchen mußte, um mich nicht totstechen zu lassen. Dann ging ich wieder „zu Bett".

Dreiundzwanzigstes Kapitel
Wasserschweinjäger

Die Victoria regia. Mein erster Carpincho. José. Palomettas. Nachträglicher Schreck. Josés Familie. Festmahl. Urwaldleben. Wasserjagd mit Einbaum und Speer. Wildschweine. Krokodil-Rührei. Der Krokodilphotograph beinahe geschnappt. Brüllaffen. Pfefferfresser. Von wildem Honig trunken. Abschied von José. — Dazu die Bilder 31, 32, 35, 36, 45, 53, 54.

Am folgenden Morgen brach ich auf, ohne auch nur irgendetwas genossen zu haben, um meinen verdorbenen Magen nicht noch mehr zu reizen. Ich wollte auf jeden Fall den geplanten Streifzug tief in den Urwald hinein durchführen, da ich dort Großwild anzutreffen hoffte. Außer dem Drilling und genügend Munition nahm ich nur noch einige Streichhölzer mit, um mir gegen Mittag irgendeinen Braten am offenen Feuer zubereiten zu können. Abends, bevor die Mostitos zu arg wurden, wollte ich dann wieder in meinem Lager und bei meinen anderen Sachen sein, die ich sorgfältig unter einem Dornbusche versteckt hatte.

Ich ging, um mich nicht zu verirren, dem Ufer eines kleinen Flüßchens entlang, das aus dem Innern kam und in den Strom einmündete. Jedenfalls war dieser Weg auch bedeutend angenehmer, denn der Wald selbst war fast undurchdringlich, sein Boden von scharfstacheligen Kakteen bedeckt, ein schmerz- und geräuschloses Pirschen also unmöglich. Das Flüßchen dagegen gestattete mir freie Aussicht, mußte ich nicht gerade durch einen mehr als mannshohen Pajonal, Graswald, hindurch, dessen Halme das vorzügliche, kühlende, hier allgemein geschätzte Dachstroh lieferten.

Oft war das Wasser in enge, hohe Ufer eingezwängt, und dann war es tief und rein. Oft aber war es breit, wie ein großer Teich, flach, und hatte eine üppige Vegetation. Allerhand Wasserpflanzen gab es da.

Am meisten freuten mich die prächtigen rosa- oder gelbweißen Blüten und die riesigen, oft mehr als zwei Meter breiten Blätter der Victoria regia, dieser herrlichsten aller Wasserpflanzen, die oft große Flächen mit ihrem schönen Grün bedeckt. Auf diesen riesigen Blättern, die, den Rand nach oben gebogen, wie große Präsentierteller aussahen, liefen geschäftig Wasserhühner, Kiebitze und Bekassinen hin und her, und zuweilen sah ich selbst junge Yacarés von einer Länge bis zu einem Meter darauf liegen und den Schlaf des Gerechten schlafen.

„Hö, hö, hö" — schreckte es mich da plötzlich aus meiner Träumerei, und aus dem Gebüsch kurz vor mir sauste ein braunes Tier, so groß und so dick wie ein fettes Hausschwein, und verschwand im Wasser, bevor ich mich von meinem Erstaunen erholt hatte. Ich wußte, das konnte nur ein Carpincho (Wasserschwein) sein; es war aber das erste Mal, daß ich ein solches Tier zu Gesicht bekam.

„Hö," machte es da schon wieder, etwas weiter vor mir, und während ich sofort in die Knie sank, tauchte abermals ein Carpincho aus dem Ufergestrüpp auf, dicht am Wasser für einen Augenblick verhoffend.

Wie ein heller Jauchzer klang da mein Büchsenschuß in diese Ur-Einsamkeit hinein, im Walde ein tausendstimmiges Echo findend; denn da, wo vorher kaum ein Vogel zu hören gewesen war, kreischte und zwitscherte es jetzt von allen Seiten, wie zum Protest.

Der Carpincho brach mit einem Schuß auf den Stich im Feuer zusammen, kam auch nicht wieder hoch, und das war gut, denn hätte er das Wasser noch erreicht, wäre er für mich verloren gewesen. — Ich betrachtete mir meine Beute lange. Das war doch eine andere Sache, das lohnte sich doch schon eher als eine armselige Ente oder ein paar Dutzend angebrütete Krokodileier! Nur schade, daß man das Fleisch nicht alles nutzen konnte, denn es verdarb hier sicher schon nach vierundzwanzig Stunden. Aber gleichgültig, die Hauptsache war schließlich das Fell, denn der Almacenero hatte mir noch gesagt, daß er insbesondere Carpinchofelle auflaufe, die als Satteldecken sehr geschätzt wären und daß er mir für ein großes Fell bis zu dreieinhalb Pesos Argentinos zahlen würde.

Das feine wollige Unterhaar fand ich von starken langen Borsten überschattet, ganz wie beim Schwein. Auch sonst war die ganze Körperform der eines Schweines sehr ähnlich, namentlich der fette Rumpf und der schwere Hängebauch, ganz abgesehen von der gleichen Größe und den „schweinemäßigen" Lauten, die das Tier von sich gibt, wenn es aufgeschreckt wird. Dann klingt sein „hö, hö" nämlich ganz wie der Schreckenslaut unseres Hausschweines. Und doch gibt es viele Unterschiede. Der Kopf des Carpincho zum Beispiel, mit den großen, hellgelben Nagezähnen, so lang und dick wie ein kleiner Finger, ist so ganz anders, gedrungener, vorn abgestumpft, ganz der typische Kopf des Nagers. Dann hat das Tier auch keinen Schwanz, nicht einmal einen Stummel, und an der Stelle, wo dieser sich im allgemeinen zu befinden pflegt, ist nur ein dunkler, haarloser Fleck. An den Vorderfüßen befinden sich vier, an den Hinterfüßen drei Zehen, alle mit Schwimmhäuten verbunden.

Ich zückte nun mein Messer, um in aller Gemütsruhe mit dem Abstreifen zu beginnen. Ich hatte in meinem Leben ja schon so viele Tiere ihrer Decke beraubt, so konnte das, dachte ich, für mich nur eine Kleinigkeit sein. Aber da hatte ich mich doch geirrt. Ich kam und kam mit der Arbeit nicht vom Fleck. Das Fell war mit einer fast handbreiten Fettschicht so gut wie verwachsen, genau wie beim Schwein. Mir blieben daher immer wieder Fettstücke daran hängen, die unbedingt ab mußten; schnitt ich aber zuviel weg, so kam wohl das Messer auf der anderen, behaarten Seite heraus, und ein großer Schnitt klaffte in der Haut.

So, schon schwitzend und ganz in meine Arbeit vertieft, fuhr ich, wie von einer Tarantel gestochen, heftig erschrocken auf, als ich plötzlich dicht hinter mir ein wütendes Hundegebell vernahm. Mich umdrehend, bemerkte ich einen großen gelben Köter, zu dessen Unterstützung jetzt noch zwei, drei weitere herbeigerast kamen, die mich nun wie einen angeschossenen Keiler umstellten und verbellten. Ich mußte sie mir mit dem Messer vom Leibe halten, denn mein Drilling war mir nicht mehr erreichbar. Da, als ich es schon mit der Angst zu tun bekam, teilten sich die Büsche und heraus trat ein nur leicht gekleideter, natürlich barfüßiger, tief dunkelhäutiger Mann mit einer Art Speer in der Rechten. Er hatte natürlich ein Stück Wild vermutet, das die Hunde für ihn gestellt hätten. Als er sah, um was es sich handelte, bemühte er sich sofort, die Hunde zu beschwichtigen und stieß dem bösesten von ihnen sogar den umgedrehten Speer in die Rippen.

Halb verwundert, halb vorwurfsvoll sah er mich dann an, als wollte er mich fragen, was ich in seinem Jagdreviere zu suchen hätte. Er fragte jedoch nicht, sondern wünschte mir nur einen guten Tag und schwieg dann, schwieg wie ein Indianer, mit dem er auch die Hautfarbe gemein hatte. Ich kannte das, sagte daher auch nichts weiter, sondern begann, von den Hunden umknurrt, ruhig weiter an meinem Carpinchofell herumzuschnitzeln.

Endlich brach der Mann diese unheimliche Stille, und mit aufrichtiger Bewunderung sagte er: „Eine schöne Waffe, ein schöner Schuß!"

„Ja," antwortete ich, „es ging gut, er kam nicht mehr ins Wasser."

„Aber, wie kommen Sie hierher, und was machen Sie hier? Sie sind doch kein Carpinchero!"

„Aber ja, ich bin doch einer; warum sollte ich auch keiner sein!?"

Lautlos lächelnd zeigte er seine gesunden Zähne, dann antwortete er bedächtig: „Weil Sie mit Ihrem stumpfen Messer das Fell verletzen und weil Sie den Carpincho mittendurch schossen, für solche Felle erhält man nur noch den halben Preis."

Dieser Urwaldsohn mit seinen scharfen Augen, die sicher noch mehr sahen, als er mit Worten ausdrücken konnte, hatte mich also sofort richtig eingeschätzt. Demgegenüber war ich machtlos, und da mir der Mann einen guten Eindruck machte, vertraute ich mich ihm an und erklärte ihm mit viel Worten und noch mehr Gesten, wo ich „wohnte," was ich vorhatte, und daß ich der glücklichste Mensch der Welt sein würde, wenn er, der Meister in diesem Fache, sich herabließe, mir etwas auf die Sprünge zu helfen.

Stumm lächelnd und wiederum die schönen Zähne fletschend, hörte mich mein Gegenüber an. Er war sichtlich befriedigt und stolz auf die Schmeicheleien, die ich ihm hatte zukommen lassen.

„Schon gut," sagte er, „kommen Sie nur nachher mit zu meiner Hütte, wir jagen dann zusammen, solange Sie Lust haben, und Ihre treffliche Büchse wird uns noch gute Dienste leisten."

„Aber jagen Sie denn immer nur mit dem Spieß?"

„Ach," meinte er, „ich habe auch so eine Flinte, aber die ist alt, sehr alt und klapprig. Wenn ich schieße, kommt immer hinten mehr Rauch heraus als vorn, und der Schuß geht meist daneben. Eine neue Flinte ist hier sehr teuer, die Munition auch, so jage ich denn nur mit meinen Hunden oder mit dem Boot, und wenn das Wild an einem Orte vergrämt ist, wechsele ich das Revier."

Er hatte sich inzwischen auf die Knie niedergelassen und begann nun, sein eigenes Messer an einem Stahle schärfend, dem Carpincho die Decke mitsamt der Fettschicht abzuziehen, das Werk weniger Minuten. Kaum, daß ich ihm dabei mit den Augen folgen konnte. War ich eben dabei, ihn zu unterstützen und das eine Bein zu halten, war er schon beim anderen. Dann reinigte er die Decke vom Blut, indem er sie im Flusse wusch, was viele kleine 20—30 cm lange Fische anlockte, die mit der größten Dreistigkeit sich herandrängten. Ins Wasser tretend hatte ich das Glück, tatsächlich einige mit dem Schlapphut herauszuschöpfen und an Land zu schleudern, um sie mir näher zu betrachten.

„Sehen Sie nur," rief ich erstaunt, „was für einen häßlichen Kopf diese Biester haben, und Zähne wie eine Säge."

Schon griff ich nach einem der Fische, aber mein neuer Gefährte warnte mich dringend und empfahl mir, das Tier erst zu töten; wenn es zubisse, sei es um den Finger geschehen.

„Überhaupt," fuhr er fort, „ist es nicht ratsam, mit unbedecktem Körper, wie Sie eben, ins Wasser zu treten, denn diese Palomettas (Sägesalmler, Karibenfische), so klein sie sind, sind furchtbare Räuber. Wittern sie Blut, so sind sie sofort zu Tausenden da, und ein angeschweißtes Stück Wild, das ins Wasser tritt, um sich seine Wunden zu kühlen, ist rettungslos verloren. Aber auch Menschen und Haustiere werden oft von diesen Fischen verletzt." Er zeigte eine tiefe, runde Narbe am Oberschenkel, wo ihm vor Jahren einmal eine solche Palometta ein Stück Fleisch aus dem Körper herausgebissen hatte.

Erschreckt erzählte ich ihm darauf mein Erlebnis der letzten Nacht, und er meinte, daß er lieber die Mücken ausgehalten hätte, als sich, und noch dazu nachts, in das Wasser zu setzen. Leicht hätte mir da etwas ganz Unangenehmes geschehen können. Auch sei der Biß ganz besonders schmerzhaft.

Nachdem wir das abgehäutete Wasserschwein noch aufgebrochen hatten, wobei ich sah, daß die massigen, fettdurchwachsenen Därme ebenfalls große Ähnlichkeit mit Schweinedärmen besaßen, hängte mein Begleiter mir die Decke über die Schultern, während er selbst sich das übrige auflud. Den Hunden, um sie mit mir zu versöhnen, hatte ich schon vorher einige tüchtige Brocken abgeschnitten und zugeworfen, wofür sie sich jetzt mit Schwanzwedeln bedankten. Dann ging's einen ausgetretenen Wildpfad entlang einem riesigen Baume zu, unter dem, durch ein notdürftiges Strohdach vor dem Regen geschützt, der Jäger mit seiner Familie hauste.

Ein Haufen splitternackter, kupferroter Kinder kam jetzt jubelnd herbeigelaufen, denn der Vater brachte ihnen ja endlich wieder mal was zu essen mit. Von mir schienen sie gar nicht mal groß Notiz zu nehmen, denn wie ich aus ihrem Guarani=Geschnatter heraushörte, freuten sie sich einzig und allein über die außergewöhnlich fette und große Beute und auf das gute Leben in den nächsten Tagen. Anders das halbnackte Weib, das inzwischen vergebens nach einem Lappen Umschau gehalten hatte, um ihre Brüste vor dem Fremdling zu bedecken. Sie sprach nun längere Zeit mit ihrem Ehegemahl; offenbar über mich, dem sie Mißtrauen entgegenbrachte. Endlich bequemte sie sich aber doch, mir die Hand zu geben und mir einige liebenswürdige Guaraniworte zu sagen, denn von der spanischen Sprache hatte sie keine Ahnung.

Nun wurde das verglimmende Feuer neu angefacht und Mate gereicht, die uns hier bei der reichlichen Fleischnahrung die Pflanzenkost ersetzen mußte. Darauf spießten wir einige lange und große Stücke Carpinchofleisch auf mehr als meterlange Stöcke, die dann so in die Erde gesteckt wurden, daß das Fleisch schräg über dem Feuer schwebte und doch mit Vorsicht ab und zu gedreht und gewendet werden konnte. Ich war natürlich sehr gespannt auf den Geschmack des Bratens, der uns da entgegenschmorte, und dessen Fett nur so ins Feuer tröpfelte, es immer wieder zu heller Glut anfachend.

Herrlich hat er mir dann geschmeckt, mein erster Carpincho, und der tranige Nachgeschmack, den ich noch stundenlang im Munde hatte, war wirklich das einzige Unangenehme. Jedoch auch daran gewöhnte ich mich bald.

Nachdem wir alle satt waren — wir mit all den hungrigen Gören hatten tatsächlich fast den halben Carpincho vertilgt —, kreiste wieder die Mate, und man bot mir sogar eine Zigarre an, so schwarz und so schwer, daß ich fast schwindelig wurde und sie halb aufgeraucht fortwarf. Aber da hatte auch schon der älteste, wohl zehnjährige Junge den Stummel beim Wickel und rauchte vergnügt weiter, bis er sich an dem „Pucho" fast die Finger verbrannte.

Das ganze Gerät, das ich in Josés buchstäblich offenem Hause bemerkte, bestand aus einem eisernen Kochtopf mit drei Füßen und aus drei alten Konservenbüchsen, von denen die eine mit Yerba zum Matetrinken, die andere mit Salz gefüllt war. In der dritten wurde das Wasser gekocht, mit dem man die Yerba in dem Mategefäß immer neu begoß.

„Woher bekommen Sie denn die Yerba?" fragte ich.

„Ach," meinte er, „alle 2—3 Monate, wenn ich einige Felle zusammen habe, fahre ich mal rüber auf die andere Seite zum Almacen und tausche mir Yerba, Salz, Zigarren, und wenn es reicht, auch mal etwas Zucker oder eine neue Hose dafür ein."

„Und die Mosquiteros? Schlafen Sie denn ohne Mückennetze?"

„Como no, was wollen wir machen, woher das Geld dazu nehmen? Gewiß, die Moskitos sind lästig, aber wir sind das gewöhnt; außerdem haben wir ja das Feuer, das die ganze Nacht hindurch brennt und dessen Rauch die Plagegeister doch etwas abhält. So brauchen wir auch keine Streichhölzer zu kaufen, die uns doch nur feucht werden und dann nicht brennen."

„Das ist ganz gut," meinte ich, „aber wenn es regnet, soll das Feuer wohl bald ausgehen."

„Ach nein," antwortete er, „denn dann nehmen wir es mit in die Hütte, oder unterhalten es weiter dort in dem hohlen Baume; das ist das wenigste."

Am Nachmittage wurden die mageren Teile des Fleisches in lange, fingerdicke Streifen geschnitten, mit Salz eingerieben und über eine starke Lianenranke in der Sonne zum Trocknen aufgehängt. Das war, um Vorrat zu haben, für den Fall, daß wir mal ein paar Tage nichts jagten oder ein längerer Regen eintrat. Dann wurde das Fell mit Holzpflöcken auf dem Erdboden aufgespannt und mit einem scharfen Messer die armdicke Fettschicht gewissermaßen heruntergeschält, was mein neuer Compañero ausgezeichnet verstand; denn zwischen meiner Schnippelei und der seinigen war ein Unterschied wie zwischen Tag und Nacht. Die Fettseiten wurden darauf in Stücke geschnitten und in dem eisernen Kochtopf ausgebraten. Das ausgekochte Fett, eine ölige, gelbe Flüssigkeit, die nie dick wurde, verwahrte die Frau darauf in Flaschen; die Grieben dagegen wurden am Abend zusammen mit einigen Waldfrüchten verzehrt, die von den Kindern herbeigeschafft worden waren.

Auch ohne Mosquitero verbrachte ich eine leidliche Nacht, weil mein neuer Freund, der José (Joseph) hieß, mir das beste Lager am Feuer gegeben hatte, wo der

Rauch fauligen Holzes langsam über mich hinweggezogen kam. Zeitig am anderen Morgen brachen wir auf, um meine übrigen Sachen zu holen, und als wir gegen Mittag wieder an Ort und Stelle waren, brachten wir sogar noch einen weiteren, wenn auch kleineren Carpincho mit, den ich auf dem Hinweg erlegt hatte.

José war des Lobes voll und erzählte seiner Frau lange Enden von meiner Treffsicherheit. Als ich dann auspackte und der Frau meinen Kochtopf und die Bratpfanne zum Geschenk machte, da hatte ich endlich auch ihr Herz erobert und gehörte fortan zur Familie.

An Fleisch mangelte es nun nicht mehr. Trotzdem ließ ich den Drilling nur sprechen, wenn es dringend notwendig war oder wenn mir ein noch unbekanntes Wild vor das Rohr kam; sonst wären namentlich meine Kugeln nur zu bald zu Ende gegangen, und dafür gab es hier keinen Ersatz.

Der Carpincho war und blieb natürlich unser Hauptjagdtier. Hatten wir genug zu essen im Lager, ließ ich den Drilling zu Hause, und wir bestiegen das kleine schwanke Boot, einen Einbaum, den José selbst mit dem Buschmesser sich in wochenlanger Arbeit aus einem Weichholzstamm gezimmert hatte, um uns an dieser bei weitem schwierigeren Jagd zu ergötzen. Wir suchten uns dann offene, unbewachsene Stellen aus, und wenn die Hunde am Ufer einen Carpincho hochgemacht hatten und dieser im Wasser untergetaucht war, verfolgten wir ihn mit dem Boote, bis er zum Luftschnappen wieder an die Oberfläche kam, und stießen ihm dann einen mit Widerhaken versehenen Speer in die Rippen, ihn so festhaltend und mit Hilfe der Hunde nach dem Ufer zerrend.

Die Carpinchos laufen nämlich in seichten Gewässern, vor einem Verfolger flüchtend, auf dem Grunde und kennzeichnen ihren Weg durch die massenhaft aufsteigenden Sumpfgasblasen. Mit unfehlbarer Sicherheit brachte mich mein geschickter Bootsmann immer auf Lanzenlänge an das interessante Wild heran, und meine ganze Arbeit bestand nur darin, sicher zuzustoßen und festzuhalten, ohne daß dabei das Boot kenterte. Schwer, ja fast zwecklos war die Verfolgung dagegen, wenn der Carpincho einen verwachsenen Teil des Flusses oder eine Wasserpflanzenkette erreichte, durch die wir uns dann durchzuarbeiten hatten. Namentlich durch die Victoria regia mit dem Boot hindurchzukommen, kostete unbeschreibliche Mühe. Wir mußten uns mit den Buschmessern Bahn brechen und konnten die zerhackten Blätter nicht mal mit den Händen wegräumen. Die Blätter besitzen nämlich auf der Unterseite unzählige scharfe Stacheln, mit denen ich im Übereifer schon in den ersten Tagen unfreiwillige Bekanntschaft gemacht hatte.

Pirschten wir am Ufer und hörten irgendwo den einmaligen Warnruf „hö" eines Schweines, war immer noch Hoffnung, an es heranzukommen. Ertönte der Warnruf jedoch dreimal hintereinander, war es jedesmal zu spät; denn dann stürzte es sich gleich ins Wasser.

An kühlen Abenden, wenn die Moskitos nicht so arg waren, kletterten wir dann und wann auf Bäume, pfiffen von dort die Schweine an und erlegten sie auf diese Weise; denn der Lockruf, namentlich der jungen Tiere, war dem Pfeifen nicht unähnlich, mit dem manch einer gewöhnt ist, seine Hühner oder Tauben beim Füttern zusammenzurufen. —

Ein anderes Jagdtier, dessen Schwarte zwar nicht verwandt wurde, dessen Wildbret aber um so besser mundete, war das Wildschwein. Auch diese Jagd war mir ebenso interessant wie neu. José übte sie ebenfalls nur mit den Hunden und dem Speer aus. Ich nahm der Sicherheit halber und für alle Fälle meinen Drilling mit. Manch aufregende Szene erlebte ich dabei.

So wurden wir eines Tages von einer Rotte von nicht weniger als zwanzig Sauen angenommen. Es half alles nichts, wir mußten aufbaumen, und die wütenden Tiere, von denen ich vorher eins angeschossen hatte, verließen ihren Posten unter uns nicht eher, als bis ich in aller Gemütsruhe zwei weitere erlegt hatte. Als diese nacheinander in ihrer Mitte mausetot umfielen, wurde es ihnen doch unheimlich, und sie wandten sich zur Flucht.

Es gibt zwei Arten dieser Wildschweine, eine kleinere, die Chancho moro (graues Schwein, Halsband-Pekari, Nabelschwein) heißt, und eine größere, die man Chancho Jaball (Weißbart-Pekari, Bisamschwein) nennt. Die kleinen grauen Schweine sind kaum so groß wie ein normaler deutscher Überläufer und leben meist nur zu zweien oder dreien zusammen. Sie bewohnen hohle Bäume und werden in diesen von den Hunden, die ihrer Fährte gefolgt, verbellt; oder aber sie liegen bei gutem Wetter draußen im Gebüsch und werden dann von den Hunden gestellt oder solange gehetzt, bis sie ebenfalls einen hohlen Baum annehmen. Dann werden sie ebenfalls verbellt, bis die Jäger sie mit dem Speere erlegen. Diese Schweine sind nicht bösartig, versuchten uns jedenfalls niemals anzugreifen.

Anders die Jabalis. Diese Tiere sind braun gefärbt und erreichen auch etwa die Größe eines zweijährigen Hausschweines. Stets traf man sie in größeren Rotten beisammen. Ich zählte bis zu fünfzig Stück, die von einem Führer zusammengehalten wurden, der in kurzen Zwischenräumen regelmäßig grunzt und daher „Tambor" (Trommler) genannt wird. Waren einem diese Töne erst einmal bekannt, konnt-man immer mit Bestimmtheit in der Hütte selbst merken, ob solche Schweine in der Nähe waren. Sie mußten sich wohl ihrer gemeinsamen Kraft bewußt sein, sonst wären sie sicher nicht so vorlaut gewesen. Wie José mir sagte, hat selbst der Jaguar vor ihnen Angst und greift sie nur an, wenn er ein einzelnes Stück abseits der Rotte schlagen kann. Auch diese Art bewohnt oft hohle Bäume oder bezieht während der heißen Jahreszeit hohle, unterwaschene Flußufer, in denen es schön kühl und feucht ist. —

Überaus zahlreich waren auch die Yacarés, die Krokodile, von denen ich mehrere erlegte, wenn auch zwecklos, da ich keine Verwendung für sie hatte. Ihre Nester dagegen, in denen sie ihre Eier durch das sich erhitzende faule Laub von der Allmutter Natur ausbrüten ließen, zerstörten wir regelmäßig, denn das Yacaré ist nicht nur ein großer Fisch-, sondern auch Eierräuber, verschmäht außerdem weder Vögel noch kleinere Säugetiere bis zum Hund aufwärts. Unbebrütete Eier aber nahmen wir mit „nach Haus", schlugen sie in die Pfanne, gossen Carpinchofett darüber und machten uns dann ein feines Rührei. Ja, ja, wir hatten schon unsere eigenen Leckerbissen.

An kühlen Wintermorgen liegen die Yacarés wie tot und ganz steif da und werden erst wieder lebendig, wenn die Sonne allmählich hochkommt. Als ich eines Tages solch ein scheinbar schlafendes Untier photographieren wollte und dicht vor ihm sorglos an dem Apparate herumhantierte, war es inzwischen aufgewacht. Nur mit genauer Not entrann ich damals dem furchtbaren Gebiß dieses Largatos, der sich auf mich stürzte, als ich gerade geknipst hatte.

Auch den nicht tödlich getroffenen Yacarés darf man sich nie zu sehr nähern. Sie lauern mit ihren listigen kleinen Augen, wenn auch gelähmt und wie tot daliegend, nur auf die Gelegenheit, zuzuschnappen, und beißen wütend auf alles, was man ihnen hinhält, daß es nur so kracht. Im Walde, auf den höchsten Bäumen, hausen die Brüllaffen, z. B. die Carayás. Das sind große Tiere, die ausgewachsen sicher ihre vierzig Kilo wiegen, die alten Männchen schön tiefschwarz gefärbt, die Weibchen dunkel- und die kleineren und größeren Jungen schön hellbraun. Ihr Haar ist lang und dicht; ihren langen Schwanz benutzen sie geschickt, um sich im Geäst festzuklammern. Sie leben in Familien zu 6—20 zusammen und nähren sich nur von Knospen und Waldfrüchten. Ihren Namen haben sie mit Recht, denn namentlich in den Morgen- und Abendstunden tönt ihr Gebrüll steinerweichend durch die Stille der Natur, so daß ein Uneingeweihter mit Recht zu dem Glauben kommen könnte, sämtliche Tiger der Welt seien plötzlich in diesem Walde losgelassen worden. Mir taten die Tiere, die wenig Furcht zeigten, leid; auch hatte mir José bestätigt, was ich früher schon hatte erzählen hören, daß sie, angeschossen, weinen wie Kinder, sich Gras in die Wunden stopfen und anderes mehr. Eines Tages jedoch, als ich unter einer Herde ein altes Weibchen mit einem leidlich großen Jungen erblickte, das ihr auf dem Rücken herumstieg, war die Versuchung doch zu groß, und ich beschloß, es zu erlegen, um das Junge großzuziehen. Da ich eine Jammerszene aber möglichst vermeiden wollte, auch damit sich das Tier nicht etwa schwer verwundet irgendwie im Astwerk festklammerte, hielt ich mitten auf den Schädel. Dröhnend und mausetot unter dem Jammergebrüll der übrigen und dem Gequietsche des Jungen schlug der schwere Körper auf den Erdboden auf. Das Junge hatte sich leider im Fallen schwer verletzt, so daß ich es auch töten mußte. Übrigens ergriffen die anderen Affen deshalb durchaus nicht die Flucht, kamen im Gegenteil näher heran. Als das Junge in meinen Armen nicht aufhören wollte zu jammern, dabei oft einen Flunsch ziehend wie ein kleines Kind, und sich mit den Vorderpfoten die Augen reibend, kam sogar ein altes schwarzes Männchen den Baum herunter und näherte sich mir so bedenklich und in so drohender Haltung, daß ich mich vorsichtshalber schußbereit machte. Dann zog ich mich zurück und habe ihnen niemals wieder etwas zuleide getan, zumal die Brüllaffen keine Räuber sind und, wie ich hörte, sogar die Feldfrüchte nicht anrühren.

Verschiedene Male erlegten wir auch Hirsche und Füchse, aber immer nur zufällig, denn wenn man sie suchte, fand man sie sicher nicht. Das ist ja eben das Sonderbare hier zu Lande, daß das Steppenwild keine Wechsel hält und immer dort ist, wo man es am wenigsten vermutet. Auch alle sonstigen Tiergattungen, die dem Chaco eigentümlich sind, kamen hier vor, wenn auch nur in beschränkter Anzahl.

Ein Säugetierchen, das mich interessierte, lernte ich hier auch noch kennen, nämlich eine kleine Hasenart, hier Conejo (Kaninchen) genannt. Die Hunde fingen dies Tierchen öfters im hohen Grase. Als ich das erste zu sehen bekam, hielt ich es unbedingt für einen jungen Feldhasen. Natürlich zerbrach ich mir den Kopf, wie solch ein Hase, deren es im Süden ja genugsam gab, durch den Chacourwald nach hier vorgedrungen sein könnte. Denn selbst, wenn einige von ihnen hier ausgesetzt gewesen wären, hätten sie es in der Hitze und ohne die Saatfelder des Südens wohl schwerlich lange ausgehalten.

Die Tierchen waren kleiner als unsere Wildkaninchen, und erst, als die Hunde einmal ein solches Miniatur-Hasenweibchen, mit dem Gesäuge voll Milch, anbrachten, wurde ich überzeugt, daß es sich doch nur um eine hiesige, subtropische Hasenart handeln könne.

Unter den Vögeln waren es drei Arten Störche, die meine Aufmerksamkeit auf sich zogen. Eine davon, die unseren europäischen Störchen am ähnlichsten, beschrieb ich schon im Kapitel 13. Die zweite Art unterscheidet sich, was Größe und Farbe anbetrifft, nicht viel von jener, lebt aber geselliger und mischt sich auch gern unter die weißen und grauen Reiher. Ich schoß niemals auf sie. Manchmal nur machte ich mir den Spaß, einen dieser gemächlich über mich hinwegziehenden großen Vögel durch plötzlichen Zuruf und Hochheben der Arme zu erschrecken, worauf er dann oftmals Fische, Aale oder Frösche ausspie, um schneller entwischen zu können. Die dritte Storchart, ein Sattelstorch, der Jabiru, ist wenigstens doppelt so groß wie ein gewöhnlicher Storch, ein Riesenvogel. Doch war er selten, scheinbar nur ein Pärchen. Er besitzt einen schwarzen Schnabel, schwarzen Kopf und schwarzen Halsansatz. Weiter unterhalb hat er eine prachtvolle braunrote Halskrause; das übrige Gefieder ist schmutzig-weiß. Vor mir hat das Pärchen Ruhe gehabt.

Im Walde gab es auch viele Tucane (Pfefferfresser), die sich durch ihre riesigen, gelb, rot und schwarz gezeichneten hohlen Schnäbel auszeichnen, sonst aber ein fast durchweg schwarzes Gefieder haben. Der Körper dieser komischen Vögel ist etwa so groß wie der einer Nebelkrähe, ihre Schnäbel allein aber nicht viel kleiner als ihr Körper. Sie besitzen vier Zehen an jedem Fuß, von denen zwei nach vorn und zwei nach hinten stehen. Der Tucan ist Höhlenbrüter und ein großer Nesträuber, der weder Eier noch junge Vögel verschmäht. Im übrigen nährt er sich von Waldfrüchten und richtet zur Zeit der Reife in den Apfelsinenpflanzungen viel Schaden an.

Eines Tages, als ich mit José am Ufer saß, angelte und — das war auch mal schön — so recht an nichts dachte, machte mich dieser auf kleine Tierchen am Wasserrande aufmerksam, die unseren Bienen sehr ähnlich sahen. „Hier in der Nähe wohnt ein wilder Bienenschwarm," sagte er, „wollen doch mal sehen, ob wir ihn nicht ausfindig machen können; denn jetzt im Herbst wird er viel Honig im Stock haben."

Er beobachtete nun die Bienen und ihre Flugrichtung, folgte ihnen endlich in den Wald und hatte in kurzer Zeit auch schon den Baum und das Flugloch entdeckt. Ich war sprachlos. Glaubte ich doch, selbst scharfe Augen zu besitzen, hatte aber gar nichts sehen können und fand auch jetzt nur mit vieler Mühe den Eingang zum Bienenstock.

„Schade," meinte José, „daß wir keine Axt haben, sonst könnten wir den Baum einfach fällen. Aber es wird auch so gehen. Der Baum hat Äste genug; so werde ich oben mit fauligem Holz Rauch machen, und Sie werden mittlerweile mit dem Buschmesser versuchen, das Flugloch zu erweitern, um die Waben bequem herausnehmen zu können."

Gesagt, getan. Behende erklommen wir den Baum. Fast vor Rauch erstickend, hackte ich wie ein Wilder darauflos, um den hohlen Stamm zu öffnen, denn ich wollte zeigen, daß ich auch schon ein tüchtiger und brauchbarer Waldmensch geworden sei.

Da wollte sich plötzlich José halbtotlachen.

„Aber wo hauen Sie denn hin?" sagte er, „Sie wollen ja unterhalb des Flugloches öffnen, wir sind doch nicht beim Vogelnesterausnehmen! Daß die Bienen nach oben bauen, sollten Sie doch nachgerade wissen, außerdem müßten Sie doch schon am Klang hören, daß der Baum da, wo Sie hinhauen, gar nicht mehr hohl ist! Ha, ha, ha!"

Da habe ich mich geschämt und mir eingestanden, daß es doch nicht ganz so leicht ist, Carpinchero zu spielen, daß auch in diesem Beruf kein Meister vom Himmel fällt. Als wir dann reiche Ernte hielten, biß ich aber trotzdem tüchtig in die Waben hinein, aß und schlürfte, bis ich nicht mehr konnte. Später auf dem Heimwege aber sagte ich zu José: „Ich glaube, ich bin betrunken." Und wirklich: der in überreichem Maße genossene wilde Honig hatte mich vollständig berauscht.

Als ich einmal meine Verwunderung darüber aussprach, daß man hier so wenig Großwild, namentlich fast nie Hirsche antraf, meinte José, daß dies alles hier Überschwemmungsgebiet des Rio Paraguay sei und daß bei den großen Überschwemmungen immer viel Großwild ertrinke, auf kleine Inseln flüchtend verhungere oder ebendort in Massen von den Carpincheros der Felle wegen niedergemacht würde.

Aus dem gleichen Grunde, der häufigen Überschwemmungen wegen, gab es hier am Ufer kilometerweit keine menschlichen Ansiedlungen, auch nur sehr wenig Ameisen und Schlangen. —

So vergingen Wochen und Monate. Es war mir vor lauter Jagdeifer und neuen Eindrücken bisher noch gar nicht zum Bewußtsein gekommen, daß ich, von aller Welt abgeschlossen, nicht einmal wußte, ob der Krieg noch andauerte, ob der Kaiser nicht vielleicht schon in London residierte, oder was sonst noch alles hätte sein können.

Da kamen eines Tages paraguaysche Bauern bei uns durch und schlugen am Flusse ihr Nachtlager auf. Erst sah ich ihnen — scheu wie ein Reh — nur von weitem zu. Dann konnte ich es nicht mehr aushalten, ich mußte sie ausfragen nach diesem und jenem und machte mich mit ihnen bekannt.

Es waren freundliche Leute, die gemeinsam eine Viehherde nach einer Stadt geleitet und dort verkauft hatten. Nun waren sie auf dem Heimweg begriffen zu ihrem Urwalddörfchen und dachten, dem Lauf des Flüßchens folgend, ihren Weg abzukürzen.

Ich brachte den ganzen Abend bei ihnen zu, half ihren Wein mit austrinken und ihren Spießbraten mit verzehren. Als sie merkten, daß ich in der Welt Bescheid wußte, hatte ich tausend Fragen zu beantworten, ich, der ich von ihnen etwas Neues hatte hören wollen.

So wurde ich selbigen Abends schon mehrmals aufgefordert, doch mit ihnen zu kommen, und man erzählte mir von schönen Mädchen, lustigen Tänzen, Musik und Wettrennen.

In der kommenden Nacht kämpfte ich einen harten Kampf. Als mich aber am anderen Morgen ihr gemütlicher dicker Anführer auf die Schultern klopfte und mich nochmals fragte: „Nicht wahr, Don Juan, Sie kommen jetzt mit uns?" da stimmte ich freudig ein, nahm rührenden Abschied von meinem Lehrmeister José, schenkte seiner Frau noch ganze zehn argentinische Pesos, wofür sie mir beinahe einen Kuß gegeben hätte, bestieg eines der vielen Reservepferde und fort ging's — wie schon so oft — einem unbekannten Ziele entgegen.

Vierundzwanzigstes Kapitel.
Unter Bauersleuten in Paraguay

Don Alberto. Paraguay — Deutschland, gleiches Schicksal. Die Eintreibung Paraguays. Das Dorf. Abendlich Tanz. Ländlich, sittlich. Dicenta. Die Dorfschule. Nahrung die Fülle, wozu arbeiten! Wettrennen. Die Guaranisprache. Warum heiraten Sie nicht? Revolution, Flucht in den Wald. Apfelsinenernte. Heuschrecken vernichten alles. Also auch hier kein Paradies mehr. — Dazu die Bilder 3, 33, 34, 37, 38, 44, 46, 49, 58, 59.

Zwei Tage gebrauchten wir noch, bevor wir das Dörfchen erreichten, in dem ich für die nächsten Wintermonate ehrliche, aufrichtige Gastfreundschaft genießen sollte. Wir hätten die Strecke vielleicht auch schneller zurücklegen können, aber der Anführer, das Oberhaupt des Dörfchens, schien keine Eile zu haben, und daran hatte auch ich wohl ein wenig schuld. Nicht allein, daß er mich andauernd fragte, ob mich das stundenlange, ungewohnte Reiten auch nicht zu sehr anstrenge, konnte er sich auch gar nicht genugtun, mich auszufragen über den großen Krieg, über Deutschland und überhaupt über die ganze Welt. — Ich merkte bald, daß er auch schon mehr gesehen haben mußte als seine Compañeros, die fast alle nur das Guarani sprachen, und hörte denn auch bald aus seinem eigenen Munde, daß er früher eine Zeitlang Seemann gewesen und als solcher nicht nur den großen Strom, sondern auch die argentinische und brasilianische Küste befahren hatte.

„Ich kenne Ihre Landsleute nicht," meinte er, während wir im gemütlichen Trotte, immer zwei und zwei nebeneinander, durch Steppe und Urwald ritten, hin und wieder auch mal einen Sumpf durchkreuzten, „ich wußte früher kaum, daß es Deutsche gibt. Aber ich schätze sie, denn nach allem, was ich da aus Ihrem Munde höre, und auch nach dem, was die Zeitungen schreiben, die wir ab und zu aus Azunción, unserer Hauptstadt, bekommen, müssen es sehr tapfere Leute sein, vielleicht ebenso tapfer als die Paraguayer. Und deshalb, Don Juan, achte ich die Deutschen und wünsche ihnen den Sieg, obwohl ich ja Romane bin und es also eigentlich mit den Alliierten halten müßte. Trotzdem wird es ihren Landsleuten wahrscheinlich nicht besser ergehen als damals den meinigen, als sie einer Welt von Feinden mehr als vier Jahre lang standhielten. Es kämpften damals nicht nur die Männer, sondern auch die Weiber und Kinder einen Verzweiflungskampf. Auch mein Vater fiel. Aber meine Mutter, die Sie bald kennenlernen werden, füllte ihren Platz aus, kämpfte wie eine Löwin und wurde, wie so viele Weiber in jener Zeit, zum Offizier befördert, weil der Männer nachgerade wenige geworden waren."

In alte trübe Erinnerungen vertieft, brach er — traurig vor sich hinstarrend —

seine interessante Erzählung ab; ich aber drängte ihn, mehr zu sagen, mir alles zu berichten, was er von seinem Lande und dessen Vergangenheit wisse.

„Paraguay," sagte er, „wird heute etwa 700 000 Seelen zählen, trotzdem es, wie ich hörte, wenigstens halb so groß ist wie Ihr Vaterland, das — es ist kaum zu glauben — 70 Millionen Einwohner zählen soll. Vor etwa 55 Jahren jedoch besaß mein Land schon einmal mehr als 1 300 000 Einwohner. Dann aber kam der furchtbare Krieg, in dem wir gegen Uruguay, Brasilien und Argentinien gleichzeitig zu kämpfen hatten. Er dauerte von 1865 bis zum Tode des damaligen Präsidenten Solano Lopez, der am 1. März 1870 niedergemacht wurde. Von der Außenwelt vollständig abgeschlossen, mit uralten Waffen und wenig Munition ausgerüstet, kämpften damals meine Landsleute, bis fast die ganze männliche Bevölkerung und Tausende von Frauen und Kindern umgekommen waren. Nur etwa 230 000 Paraguayer, meist Frauen und Kinder, blieben damals am Leben. Lopez selbst war ein Tyrann schlimmster Sorte, der viele Morde auf dem Gewissen hatte. Aber — Mut und Ausdauer besaß er. Selbst, als er — in die Wildnis zurückgedrängt — nur noch dreihundert Getreue um sich wußte und sein Oberst ihn bat, sich doch endlich der Übermacht zu ergeben, ließ er diesen vor aller Augen mit einem Speer niederstechen und schrie den Soldaten zu: „Widersteht!" — Noch heute sucht man nach den Schätzen, die dieser Präsident damals, zusammen mit seiner ehrgeizigen englischen Frau, vergraben ließ, aber niemand weiß, wo sie stecken, denn die wenigen Getreuen, die ihm bei dieser nächtlichen Arbeit behilflich waren, ließ er jedesmal bei der Rückkehr ins Lager sofort festnehmen und aus irgendeinem Vorwand erschießen."

„Dann war also dieser Lopez eine Gottesgeißel für Ihr armes Land?"

„Wie man's nimmt. Vielleicht hat er das Beste gewollt, hat sein Land groß machen und in die Höhe bringen wollen. Bei seinem Regierungsantritt zum Beispiel hat er gleich Leben in das schlafende Volk gebracht, hat es gewissermaßen geweckt und zur Arbeit erzogen. Niemand durfte sich zu jener Zeit ein Weib nehmen, ohne nicht vorher hundert Apfelsinenbäume gepflanzt zu haben; jeder Haus-, jeder Hüttenbesitzer mußte dasselbe tun. Das Land blühte auf, die Bevölkerung verdoppelte sich, bis dann, wie gesagt, der unglückliche Krieg kam und uns an den Bettelstab brachte. Unser Geld ist nichts mehr wert, unsere Männer sind Faulenzer geworden und entartet. Wie hätte es wohl auch anders sein können. Die Männer waren selten geworden, und die Vielweiberei stand in hoher Blüte. Die Weiber mußten für den Mann arbeiten, mußten das Feld bestellen, das Vieh hüten, während ihr Herr und Gebieter seine Zeit mit Nichtstun totschlug, mit Spiel, Tanz und Pferderennen."

„Das ist doch aber inzwischen sicher wieder ganz anders geworden?!"

„Leider nein. Die Arbeit unserer Väter, die Millionen Fruchtbäume pflanzten, bringt heute den Enkeln unverdiente Zinsen. Aus den kleinen Apfelsinenpflänzchen von damals sind heute riesige Bäume geworden, die jährlich Tausende von Früchten tragen. Diese werden in der Reifezeit, Mai bis September, verkauft. Ein paar Stück Vieh, Pferde, einige Milchkühe und Hühner hat auch jeder, und davon lebt man. Die Apfelsinenbäume werden aber inzwischen alt; schon sieht man hier und da große Lücken in den Pflanzungen, und jeder Baum, der vertrocknet oder vom Sturm gestürzt wird, wird beklagt wie ein totes Familienmitglied. Aber glauben Sie, daß jemand daran dächte, nachzupflanzen oder neue Plantagen anzulegen? Keine Ahnung!"

Wir ritten schweigend weiter, und auch ich war ganz in Gedanken versunken, als er sein Pferd plötzlich dicht an das meine herandrängte und mir auf die Schultern klopfte.

„Don Juan," sagte er, und ich sah eine Träne in seinem Auge blinken, „lieber Freund, ich habe ein Stück Welt gesehen und versucht, meinen Landsleuten die Augen zu öffnen. — Vergebens! — Jetzt lasse ich es gehen, wie es will. Mögen ihnen alle ihre Bäume vertrocknen, um so eher werden sie sich zurückfinden in die Arbeit, die allein glücklich und zufrieden macht. Unsere Äcker liegen heute brach, und Vieh weidet darauf; aber neue Einwanderer kommen ständig an, fleißige Leute, die — so hoffe ich — bald die Unsrigen mit sich fortreißen werden. Sie werden sich rühren müssen, bald, sehr bald, wollen sie nicht in ihrem eigenen Lande die Sklaven Fremder werden, denn die Kultur pocht schon gewaltig an unsere Tore, und sie kommt diesmal nicht von einem Tyrannen, sondern tritt von außen an uns heran." — —

So hatten wir uns schon ausgesprochen und schätzen gelernt, als sich der Urwald teilte, und ich ein wunderschönes Tal erblickte, voll kleiner dunkelgrüner Apfelsinenwäldchen, kleiner, zum Teil mit roten Ziegeln, zum Teil mit Stroh gedeckter Häuschen, jedes in einem Stückchen Acker liegend, der mit gespaltenen Palmenstämmen eingezäunt war. Auf der nicht eingefriebigten Steppe dagegen weideten kleine Gruppen Rindvieh, auch Ziegen und Schafe, und in den Sümpfen suhlten sich halbverwilderte Schweine.

„Das ist unser Dorf," sagte mein Gönner, Don Alberto, schmunzelnd, als er meine Überraschung sah, „und hier ist mein Haus, das auch das Ihrige sein wird." Und er deutete auf ein schönes, zweizimmeriges Häuschen in der Nähe, mit einem Schuppen rechts, einer Küche links daneben und einem großen Apfelsinenwäldchen dahinter. Die übrigen Gefährten verabschiedeten sich, denn sie mußten noch ein gutes Stück weiter, und jeden drängte es, nach so langer Abwesenheit Weib und Kind zu begrüßen.

Eine freundliche Frau, umringt von einem Dutzend Kinder, erwartete uns an der Gartenpforte. Wir wurden herzlich willkommen geheißen, worauf das Weib — natürlich in Guarani — den Mann bat, ihr doch zu sagen, wer ich, der Fremdling, sei, und wo er mich aufgelesen habe.

„Schweig doch," gebot er ihr lächelnd, und sich halb zu mir wendend, „es ist zwar nur ein Carpinchero, aber er hat Geld. Auch ist er Mecánico (Mechaniker), Fotografista (Photograph), kann schreiben, lesen und versteht viele Sprachen, sogar die unsere."

Da verstummte sie in Ehrfurcht, denn daß einer so viel auf einmal sein konnte und verstand, war ihr noch nicht vorgekommen und unbegreiflich.

Während ich mir nun gemeinsam mit Don Alberto am Brunnen den Staub vom Körper wusch, fragte mich mein Gönner, was ich denn nun essen wolle, ein Schwein, eine Ziege, ein Schaf oder eine Ente; es sei alles da und man müßte doch auch einmal ein bißchen feiern. Und so feierten wir denn und hieben tüchtig in den schnell bereiteten Ziegenasado ein, denn von einem Schweinebraten wollte ich nichts wissen, weil ich noch immer nicht den fetten Carpinchofleisch-Geschmack im Munde losgeworden war. Dazu wurde ein Gläschen Caña getrunken, der landesübliche Zuckerrohrschnaps, hinterher eine fürchterlich starke Zigarre geraucht, und den Abschluß bildete wieder die bittere, aber bekömmliche, niemals fehlende Mate.

Währenddessen hatte sich der älteste, etwa zwanzigjährige Sohn des Hauses an mich herangemacht. Stolz erzählte er mir, daß er drei Jahre lang bei Verwandten im nächsten Städtchen bedienstet gewesen sei, dort die Ortsschule hätte besuchen müssen, lesen und schreiben könne und darum hier jetzt zum Lehrer ernannt worden sei. Er lud mich auch sofort ein, ihm am nächsten Morgen, wenn er Stunden gäbe, Gesellschaft zu leisten, was ich selbstverständlich nicht abschlug. Vorerst aber nahm er mich selbigen Abends mit zum Baile, zum Tanz. Den gab es überhaupt fast jeden Abend. Es waren immer Privatbailes, das heißt, sie wurden heute bei der einen Kolonistenfamilie abgehalten, morgen bei einer anderen. Jedesmal kamen die Nachbarn zu Pferd an, wobei der Mann sein Weib hinter sich auf dem Gaule sitzen hatte. Diese Tiere standen dann oft die ganze Nacht wartend vor dem Lokale, teils angebunden, meist aber mit nur lose übergehängtem Zügel, und warteten geduldig, bis es ihren Herren einfiel, sich nach Hause zu begeben. Zum Tanzen selbst war dann immer das meist nur einzimmerige Rancho ausgeräumt worden; einige Bretter dienten als Sitzplätze, Caña und Zigarren wurden gereicht, zum Teil gegen Bezahlung, zum Teil auch so, je nach der Vermögenslage des Hausbesitzers. Die Tänze selbst waren meist langsame Schiebetänze und Tangos. Die Musikbande setzte sich aus einigen Gitarrespielern zusammen, auch war manchmal eine Ziehharmonika mit darunter. Diese Leute spielten und sangen dann die ganze Nacht, für wenig Essen und möglichst viel Caña, ihre schwermütig klingenden paraguayschen Lieder, die einzelnen Strophen und Worte immer so oft wie möglich wiederholend. Noch heute klingt mir ihr wehmütiges: „Tatú, tatú; tatú—teú—catú" in den Ohren.

Bei diesen nächtlichen Bailes wurde auch ganz ungeniert geliebt, geküßt und geflirtet. Was ich allerdings schmerzlich dabei vermißte, war die Augensprache, die die Weiber nicht zu verstehen schienen; sie gingen gleich aufs Ganze. Es kam gar nicht so genau darauf an, und jedes Mädchen schien sechs Männer, jeder Mann sechs Frauen zu haben; was war dabei. Tagsüber lebte natürlich jeder mit seiner Auserwählten (es waren auch manchmal mehrere) allein in seinem Rancho; aber dieser Bund schien keinesfalls fürs ganze Leben geschlossen zu sein. Verheiratet war jedenfalls nicht einer, sondern jeder hatte nur seine Compañera bei sich, seine Gefährtin, die für ihn arbeitete, ihm das Pferd pflegte, für ihn kochte, wusch, ihm den Tabak baute und die Zigarren drehte, den Caña bereitete und die Mate servierte. War er mit seinem Weibe dann eines Tages nicht mehr zufrieden, gab es eine kleine Szene; man ging auseinander und hatte beiderseits meist tags darauf schon wieder anderen Anschluß gefunden. Ja, diese Naturkinder waren noch glücklich und beneidenswert! Wie ein Schildbürgerstreich klingt es da fast, daß es tatsächlich die paraguaysche Regierung als eine der ersten in Südamerika kürzlich durchgesetzt hat, daß die Ehescheidung im Lande zu gestatten sei! Man kann sich also heute scheiden lassen in einem Lande, in dem sich niemand verheiratet!

Am folgenden Morgen — wir hatten allesamt in den zwei Zimmern geschlafen, die meinem Wirt zur Verfügung standen und in denen sich Männlein und Weiblein hinpackten, wo es gerade anging — war die erste, die schon vor Sonnenaufgang ich erhob, und ungeniert halbnackt an mir vorbeiging, die schöne siebzehnjährige Tochter Dicenta. Sie hatte nämlich in der Küche Feuer anzumachen und dann uns, die wir noch im Bette lagen, Mate zu reichen. Das besorgte sie stets zu aller Zufriedenheit, aber — in offenem Hemd, mich frei und ernst dabei anblickend, wenn sie meine Augen auf sich ruhen sah, als wollte sie fragen: „Ja, was machst du denn für verwunderte Augen, bist du etwa in Kleidern geboren?!"

Später ging ich mit dem ältesten Sohn Augustin, dem Lehrer, zur Schule. Diese war ganz in der Nähe, ein Estero war nicht zu durchkreuzen, und doch mußte erst gesattelt werden. Die Pferde sind billig, und selbst der ärmste Peon hat wenigstens eins. Das Sattel- und Zaumzeug fertigt man sich selbst an, und zu fressen bekommen diese Tiere nur das, was sie sich selbst im Campe suchen. — Das Schulgebäude war ein baufälliges, altes Rancho mit schadhaftem Strohdach. Seine Bänke und Tische waren aus rohen Brettern hergestellt. Aber die arme Gemeinde hatte doch den guten Willen, und der Herr Lehrer bekam sogar 150 paraguaysche Pesos Gehalt monatlich, also etwa zehn Pesos argentinos, ein Lohn, der natürlich selbst in diesem Eden nicht einmal ausreichte, um sich satt zu essen, geschweige denn, um sich noch etwas zu kaufen.

Auch hier standen schon etwa zwanzig Pferde herum, den Kindern gehörig, die bei unserer Ankunft schnell auf ihre Plätze eilten und sich schön brav und still verhielten. Es waren ihrer etwa vierzig, große und kleine und beiderlei Geschlechts, die da zusammen saßen.

Da die Regierung nicht mehr gestattete, den Unterricht in der Guaranisprache abzuhalten, wurde Spanisch gesprochen, wenn das auch sehr haperte, da es der Lehrer selbst nicht recht konnte. Beim Beginn des Unterrichts wurden kleine Lesebücher verteilt, die fortgeschrittensten Schüler mußten vorlesen, die übrigen den Zeilen folgen. Dann wurden Buchstaben und Wörter mit dem Schieferstift auf Tafeln gemalt, wobei wieder die des Schreibens schon Kundigen den jüngsten ABC-Schützen Hilfestellung geben mußten. Alle zeigten Eifer und erfreulichen Wissensdrang, wie er nur bei diesen Naturkindern möglich war, die noch nicht durch tägliche 6—8 Schul- und weitere 2—3 häusliche Arbeitsstunden Generationen hindurch ermüdet waren wie unser armer Nachwuchs in Deutschland, der zum Teil nur noch aus Angst vor dem Rohrstocke seine Pflicht tut. Geschlagen wurde hier nicht. Der Lehrer war der Freund, noch nicht von Schulräten an Lehrpläne gebunden. — —

O du glückliches Land, o ihr glücklichen Paraguayer! Schade, daß auch ihr der Zivilisation zum Opfer fallen werdet. Die Welt geht ihren Gang; aber Glück und Seelenruhe hat die Zivilisation den Menschen nicht gebracht, die gibt nur die Allmutter Natur ihren Kindern.

Noch gab hier die Erde ja mehr, als die Menschen verzehren konnten. Dom Mai bis September, den Wintermonaten, hatte man die herrlichsten Apfelsinen im Überfluß, im Frühjahr Melonen, Sandias, später die unzähligen, herrlichen Waldfrüchte und Bananen fast das ganze Jahr. Ein bißchen Mais pflanzten sie an, ein paar Mandiocawurzeln, die das Brot ersetzten, etwas Manis (Erdnüsse) und ein paar Batatas (Süßkartoffeln), das war alles, und davon lebten sie und lebten gut! —

Ich sah, wie eine Mutter sich mit ihrem Herrn Sohn erzürnte, der, ein paar alte Ochsen vor einen noch älteren Pflug gespannt, ein paar Furchen gezogen hatte.

„Du mußt noch wenigstens sechsmal herumpflügen," schalt sie, „auf dem bißchen da können wir ja kaum genug Mais säen, geschweige denn noch etwas anderes! Wie sollen wir damit das ganze Jahr auskommen?"

„Ach," antwortete der tüchtige Stammhalter, „wenn Gott nur will, werden wir schon eine reiche Ernte haben." Aber die Alte wußte es besser und wurde energisch. So bequemte sich denn der hoffnungsvolle Sohn wirklich, noch eine halbe Stunde weiter zu pflügen, bevor er die Ochsen wieder in den Wald jagte. Dann kam er strahlend zu uns. „Gott sei Dank," sagte er, „für dies Jahr sind wir fertig, was habe ich aber auch gearbeitet, diesen ganzen Morgen!" —

In den Apfelsinenwäldchen lagen faul und fett Dutzende von Schweinen. Sie mästeten sich an den herunterfallenden Früchten, und ihr Fleisch war daher besonders wohlschmeckend. Überhaupt war es verpönt, solch kostbare Gabe, wenn sie schon auf der Erde gelegen hatte, noch zu genießen. Wozu auch. Man hatte Apfelsinen ja im Überfluß, zu Hunderttausenden. Ich erzählte einmal, daß man in Deutschland jeden herunterfallenden Apfel aufsammele, auch wenn er noch so grün wäre, um ihn zu verwerten. Man lächelte nur ungläubig. Hier hatte man Früchte das ganze Jahr, und daß es in anderen Ländern nicht so sei, das wollten sie nicht recht fassen.

Natürlich fehlte diesen Leuten der Sparsinn. Es ging ihnen wie allen Tropenvölkern, denen die Früchte das ganze Jahr in den Mund hineinwachsen, und die für Kleidung so gut wie keine Ausgaben zu machen brauchen. Geld kannten sie daher fast gar nicht, oder besser gesagt, sie brauchten es nicht. Zu essen gab es ja genug.

Ein Fleischer hätte hier kein Geschäft machen können. Man schlachtete wohl Rindvieh, aber abwechselnd, das heißt heute der eine, in acht Tagen der andere, und jedesmal wurde das Fleisch über das ganze Dorf verteilt, weil es sonst in der Hitze sofort verdorben wäre. Trotzdem wurde es noch oft in Streifen geschnitten und so getrocknet, konnte man nicht selbigen Tages alles aufessen.

Ähnlich dem Fleischer wäre es einem Bäcker ergangen. Brot hatte man zwar nicht, brauchte es aber auch nicht, denn die überaus aromatischen Mandioca-Wurzeln ersetzten, abgekocht, mehlig, wie eine gute Kartoffel, Brot vollkommen. Aus dieser selben Mandioca verstanden sie auch Mehl zu bereiten, indem sie die rohen Mandiocas schälten, auf einem drehbaren Reibeisen zerrieben und dann das Geriebene in der Sonne trockneten. Dies Mehl wurde Fariña genannt; sie bereiteten daraus mit Käse und Eiern ihre berühmten Chipás, ihre Kuchenbrote.

Kam die Apfelsinenernte, so brachte der Familienvater vom Hafen statt des Geldes Kleiderstoffe und Hausgeräte mit. Zwischendurch wurde auch mal ein Stück Vieh verkauft oder ein paar Felle. Dann konnte man in Ruhe seinen Caña trinken und brauchte niemanden bei den Tanzvergnügen etwas schuldig zu bleiben.

Sättel, Zäume, Geschirre, Lassos und viele andere Sachen wurden aus Fellen selbst hergestellt, so daß man von anderen Ländern und der Zivilisation eigentlich ganz unabhängig war, zumal man nicht allein den Honig wilder Bienen, sondern ständig den Miel de Caña, den Zuckerrohrhonig, zur Verfügung hatte, der den Zucker völlig ersetzt. Er wird gewonnen, indem man die reifen Zuckerrohrstengel durch zwei Holzrollen — einer Wäschemangel ähnlich — hindurchpreßt, den dünnflüssigen, süßen Saft auffängt, durch langes Kochen eindickt und dann in einem großen Beutel, aus einem ganzen Rinderfell hergestellt, hängend so aufbewahrt, daß weder Mäuse noch Ameisen herankommen können.

Häufig kam Besuch aus der Umgegend, meist Männer, wohl der schönen Tochter wegen, vielleicht auch, um mich, den „Gringo," mal in der Nähe zu besehen. Alle waren sehr höflich und stellten sich mir stets vor; immer mit dem aufmerksamen Nachsatz, daß es ihnen ein Vergnügen sei, mich kennen zu lernen. Ein deutscher Bauer hätte das jedenfalls gewiß nicht so fertig gebracht. Wenn sie aber nachher andauernd in die Stube spuckten, das ihretwegen aufgelegte Tischtuch benutzten, um sich nicht nur den Mund, sondern auch den Schweiß von der Stirn zu wischen, dann waren mir die deutschen Bauern wieder lieber.

Fragte ich gelegentlich meine Gastgeber verstohlen, was für einen Beruf denn der oder jener habe, was er arbeite, antwortete man mir stets mit einem erstaunten „nada", nichts.

Oft wurde ich auch zu den allsonntäglichen Wettrennen mitgenommen, die ähnlich abgehalten wurden wie die in Argentinien. Die Rennpferde genossen meist eine besondere Pflege, wurden mit Palmblättern gefüttert, täglich geritten und sogar geputzt. Den Rennen selbst konnte ich aber keinen Genuß abgewinnen, denn da es oft stundenlang nicht zu einer Einigung der Parteien kam, wurden sie mir langweilig.

Fabelhaft billig waren Landesprodukte, ebenso teuer dagegen eingeführte Sachen, nicht allein wegen des niedrigen Standes des paraguayschen Pesos, sondern weil sie auch noch verzollt werden mußten. Ein Pferd konnte man schon für 300 Pesos = 15 Pesos argentinos kaufen; eine Milchkuh kostete nicht viel mehr. Einem Tagelöhner in der Apfelsinenernte zahlte man 7 Pesos täglich, also nicht mal 50 Centavos argentinos, und das Essen. Monatstagelöhner hatte man hier schon für 120 Pesos und das Essen. Hundert Zigarren kosteten 6 Pesos = 40 Centavos argentinos, ein Wasserglas voll Caña (Schnaps), so stark, daß man sich die Kehle verbrannte, erhielt man für 50 Centavos = $3^1/_3$ Centavos argentinos.

Die allgemeine Umgangssprache war natürlich das Guarani, die offizielle Sprache dagegen das Spanische. Es gab aber sowohl Bücher als auch Zeitungen in der Indianersprache, in der ich hier einige Worte folgen lasse, wie sie mir gerade aus der Erinnerung einfallen:

Deutsch:	Guarani:	Spanisch:	Deutsch:	Guarani:	Spanisch:
Haus	Óga	Casa	Ente	Ipé	pato
Mücke	ñatiú	mosquito	schwarz	cambá	negro
Wasser	í	agua	Milch	cambí	leche
Vogel Strauß	ñandú	avestruz	Krokodil	yacaré	largato
groß	guazú	grande	schlafen	qué	dormir
zwei	mocói	dos	Zigarre	sigárro	cigarro
klein	michí	chico	Kuh	vacá	vaca
Brot	chipá	pan	Hund	yaguá	perro
Frau	cuñá	mujer	Jaguar	yaguareté	tigre
Mädchen	cuñatahí	muchacha	Mais	avatí	maiz
Herr	carahí	señor	Tee	caá	Yrba-mata

Deutsch:	Guarani:	Spanisch:	Deutsch:	Guarani:	Spanisch:
schmutzig	qulá	sucio	es regnet	oquý	llueve
Laus	ký	piojo	Schwein	curé	chancho
lang	pucú	largo	Schaf	ovechá	oveja
Papa	taitá	papa	Ziege	cambará	cabra
nein	ndá	no	Heuschrecke	tucú	langosta
Storch	tuyuyú	cigüeña	Pferd	cabayú	caballo
Teufel	añá	diablo	Esel	búrro	burro
ich	ché	yo	Frosch	yuí	rana
Hühnerei	Ryguazú	huevo	Huhn	riguasú	gallina
häßlich	vai	feo	dünn	pirú	flaco
Fleisch	soó	carue	Zucker	asucá	azucar

Alle Wörter, die dem großen Indianerstamm der Guaranis vor Entdeckung Amerikas gefehlt hatten, sind dagegen spanisch oder nur etwas gewandelt. So z. B. bei Kuh, Pferd, Esel, Schaf, Ziege, Zucker usw., woraus man schließen kann, welche dieser Tiere oder Sachen es früher in Südamerika nicht gegeben hat. Schweine hatte es gegeben, wenigstens Wildschweine. Zählen konnten damals diese Indianer nur bis vier. Die Zahl fünf hat es schon nicht mehr gegeben; fünf war gleich „eine Hand", 22 war gleich „vier Hände und zwei" und so fort. —

Daß Süßigkeiten, in reichem Maße genossen, sowohl dem Magen wie auch den Zähnen schädlich sind, konnte ich hier gut beobachten. Der Paraguayer hat im allgemeinen ein kerngesundes Gebiß. Bei einzelnen Familien, und zwar stets solchen, die gewohnt waren, die Mate süß zu trinken und dabei eine Menge Zucker oder Zuckerrohr-Honig verbrauchend, sah ich viel angegangene Zähne, auch sahen die Leute gelb im Gesicht, also kränklich aus.

Alle wollten gern photographiert sein. Ich mußte mich aber auf einige wenige Pflichtaufnahmen beschränken, meinen liebenswürdigen Wirtsleuten und ihren nächsten Verwandten zuliebe, denn die Platten und Papiere, die ich mitgebracht hatte, gingen zur Neige, und ich wollte sie mir für Naturaufnahmen von Großwild sparen. So mußte ich für die übrigen auch dann hartherzig bleiben, als sie mir bis zu hundert Pesos für das halbe Dutzend boten, also den Wert einer Kuh.

Eines Tages kam ein Spanier angeritten und bat um ein Nachtquartier. Ganz aufgeregt erzählte er mir, daß er schon in verschiedenen Hütten angefragt, man ihm aber immer in Guarani geantwortet hätte, was er nicht im geringsten verstehe. Zufällig kam unsere Wirtin dazu und fragte ihn teilnehmend nach seinem Woher und Wohin, natürlich auch in Guarani. Nun konnte er gar nicht mehr an sich halten und antwortete ihr empört: „Aber liebe Frau, sprecht doch wie Menschen!"

Der Landbesitz dieser Bauern, vor langen Jahren von der Regierung zugemessen, bestand aus je 100 Hektar, die aber nicht etwa quadratisch waren, wie in Argentinien, also 1000 × 1000 m im Umfang hatten, sondern sie waren 200 m breit, dafür aber fünf Kilometer lang. Die Leute konnten sich ihren Besitz weder regelrecht einzäunen, noch ordnungsgemäß beaufsichtigen und übersehen.

Gern flirtete ich mit der kleinen lieben Dicenta, die ja noch nichts weiter gesehen hatte als beim Kirchgang das nächste Städtchen, und deren naive Fragen und Antworten mir viel Spaß bereiteten. Immer war sie in meiner Nähe, drängte sich mit der Unschuld und Ungeniertheit des Naturkindes an mich heran, mich mit den unmöglichsten Fragen überhäufend.

„Warum heiraten Sie mich nicht?" sagte sie eines Tages, „ich habe schon fünf Kühe, und später werde ich einmal viel, viel mehr haben."

Erwartungsvoll sah sie mich mit ihren großen Augen an, während ich ihr noch die Antwort schuldig blieb. War es nicht wie ein Traum, wie zu biblischen Zeiten? „Ich habe fünf Kühe, komm und heirate mich!"

Ungeduldig stieß sie mich jetzt an, ich aber fing an, recht herzlich zu lachen.

„Warum wollen Sie nicht?" fragte sie.

„Sie sind mir viel, viel zu alt."

„Aber Sie sind doch noch viel, viel älter als ich?!"

„Gerade darum," antwortete ich so ernst als möglich, „brauche ich eine um so jüngere Frau. Sie wissen, daß sich hierzulande die Mädchen oft schon mit vierzehn, ja selbst mit zwölf Jahren verheiraten, wenn es die Eltern erlauben. Sehen Sie, so eine junge Frau suche ich, als Ausgleich für meine schon ergrauenden Haare." — Da war sie denn doch tief beleidigt und lief davon.

„Unsere Religion heißt: Katholisch apostolisch romanisch," sagte sie ein anderes Mal, „heißt Ihre auch so?"

„Nein," antwortete ich, „ich bin Protestant."

„Das ist aber gar nicht hübsch von Ihnen," meinte sie da erschrocken, „glauben denn die Protestanten auch an Gott?"

Als ich ihr dann meine Religion lang und breit auseinandersetzte, schien sie schließlich doch sehr befriedigt und meinte: „Ich glaube, Sie wissen mehr als unser Lehrer." Darauf erzählte sie von ihrem Pfaffen im Städtchen, und daß ihn viele Leute gar nicht gern hätten, er habe nämlich überall Kinder, im ganzen vierzehn, soweit sie wisse, aber gar keine Frau! —

„Weshalb gehen Sie eigentlich immer in Schuhen?" fragte sie mich ein andermal, „wird man denn da nicht krank? Bekommt man denn da keine steifen Füße?"

Ich erklärte ihr darauf, daß ich aus einem kalten Klima käme, daß dort jeder Schuhe tragen müsse, um nicht die Füße zu erfrieren, und daß ich deshalb nicht gewohnt sei, barfuß zu laufen.

„Aber dann können Sie ja gar nichts mit den Füßen anfassen," erwiderte sie mitleidig.

In der Tat ist es staunenswert, wie diese andauernd barfuß gehende paraguayische Landbevölkerung ihre Füße gebrauchen kann. Um das Feuer hockend, holen sie die Holzscheite mit den Zehen heran, um nachzulegen, und ordnen ebenso das Feuer. Der Reiter hält den Steigbügel meist nur mit der großen Zehe, etwa wie wir einen eisernen Ring in der Hand halten würden. Fällt eine Zigarre zu Boden, wird sie erst mit den Zehen ergriffen und dann in halber Höhe mit der Hand in Empfang genommen. Wozu auch sich bücken, wenn man es bequemer haben kann! Selbst schlanke Palmen erklettern diese Naturkinder, indem sie nicht mit den Knien und Schenkeln, sondern mit den Füßen und Zehen den Stamm gewissermaßen hinauflaufen. —

Daß dieselbe kleine Dicenta mich eines Tages fragte, ob Deutschland näher an Paraguay oder an Brasilien liege, auch daß sie meine weiße Haut des öfteren genau untersuchte, ob sie auch nicht abfärbe, das heißt, ob sie nicht nur gepudert wäre, wunderte mich weiter nicht.

Als Dicenta mich das erstemal eine Apfelsine vertilgen sah, meinte sie ganz erstaunt: „Aber Sie essen ja die Apfelsine!?"

„Natürlich," antwortete ich, „was macht ihr denn damit?"

„Wir trinken sie!"

In der Tat schälen die Paraguayer die Apfelsinen dünn mit dem Messer, schneiden dann oben die Spitze weg, saugen sie aus und werfen den Rest fort. Sie können sich das leisten! —

Eines Morgens wurden wir — es war noch ganz dunkel — von einem Manne, der aus der Stadt gekommen war, geweckt. Er rief dem Don Alberto einige Worte zu, die diesen ganz außer Fassung brachten, und ritt dann weiter. Auch den Schulmeister hatte ich noch nie so rennen sehen. Immer schrie er: „Mich werden sie nicht kriegen, mich werden sie nicht kriegen!" All mein Fragen war zwecklos; ich wurde von dem verstörten Alten einmal fast umgerannt und verdrückte mich daher nach der Küche, wo Frau und Kinder, sichtlich erschrocken, dabei waren, allerhand Sachen zuzusammenzutragen und in Bündel zu verschnüren.

„Aber, was ist denn bloß los?" fragte ich erstaunt.

„Ach die Revolution, es ist schon wieder Revolution," antwortete die Frau unter Tränen. „Die Kommission ist schon unterwegs, und sie nehmen alles mit, was nur mitzunehmen geht, die Männer, die Ochsen und Karren, das Schlachtvieh und die Feldfrüchte, selbst Möbel und Schlafdecken. Da müssen wir in den Urwald flüchten und alles mitnehmen, bis die Gefahr vorüber ist, damit es uns nicht geht wie das letzte Mal."

„Und was geschah Ihnen denn bei der letzten Revolution?"

„Ach, da waren wir auch geflüchtet, aber als die Militärkommission der einen Partei schon durch unser Dorf gezogen war, kehrte ein anderer Sohn von mir sofort mit einem Ochsenkarren zurück, um Hof und Haus zu schützen. Da kam auch die Kommission der Gegenpartei durch und hat ihn mitgenommen mitsamt den Ochsen und dem Karren. Wir haben damals nichts wieder bekommen, und unser Sohn ist gefallen oder ist erschossen worden, wir wissen es nicht, überhaupt weiß dann keiner, wofür er eigentlich kämpft."

Da trat auch schon Don Alberto ein und bat mich händeringend, hier zu bleiben und sein Hab und Gut zu bewachen; mir als Ausländer könne ja nichts passieren. Ich versprach das natürlich herzlich gern, hielt die Hunde an mich, damit sie nicht mitliefen und den Zufluchtsort der Familie durch ihr Bellen verrieten, und kam mir vor wie einer, der doch noch auf der Welt zu etwas nütze ist.

Selbigen Tages kam denn auch noch die eine Kommission durch das Dörfchen. Es waren die Abgesandten der Revolutionäre, nicht der Regierungspartei, etwa zwanzig bis an die Zähne bewaffnete Männer zu Pferde, schon von einigen gestohlenen, mit Waffen und Eßwaren beladenen Karren begleitet. Auch etwas Vieh trieben sie vor sich her. Lange hielten sie sich jedoch nicht auf, hatten es sogar sehr eilig, denn die Regierungstruppen waren ihnen hart auf den Fersen, und wenige Tage darauf war alles schon wieder beim alten und der Aufruhr unterdrückt.

Oft ging ich an die Wassertümpel, die überall auf den Viehweiden zu finden waren, um ein paar Wildenten zu schießen, womit ich der Hausfrau immer eine große Freude bereitete. Ich schoß dann nur auf die großen Arten und, um meine Munition zu schonen, möglichst immer auf zwei oder drei, die dicht zusammen saßen. Auf diesen Pirschgängen freute ich mich immer über einige Herden Strauße, die unter dem Vieh regelrecht weideten, von keinem belästigt, von allen heilig gehalten und daher fast zahm waren. Jedenfalls näherten sie sich manchmal bis auf fünfzig Schritt unserer Häuslichkeit. Don Alberto hatte mich gleich zu Anfang darum gebeten, nicht auf sie zu schießen, es seien die letzten in der ganzen Umgegend, und die Carpincheros und wildernde Hunde hätten schon tüchtig darunter aufgeräumt. Die Tiere seien so nützlich, reinigten die Weiden von Ungeziefer und brächten der Viehzucht Glück. Nur die Eier — wurden sie gefunden — durften mitgenommen und verwendet werden.

Wütend dagegen war er auf die Tucane und großen Papageien, die sich jetzt mehr und mehr in den Gärten einfanden und die Früchte beschädigten. Leider konnte ich seinem Wunsche, alle abzuschießen, nicht nachkommen, weil meine Munition knapp und der Vögel viel zu viele waren. Einige wenige Tucane schoß ich trotzdem ihrer Schnäbel wegen. Ich präparierte die Schädel auch fein säuberlich, sie wurden mir jedoch bald darauf des nachts von Katzen verschleppt.

Sehr, sehr habe ich damals bedauert, nicht ein 6-mm-Flobert nebst einigen tausend Kugeln zu besitzen, ich hätte sonst den täglichen Fleischbedarf der Familie bequem in weniger als einer Stunde decken können, zumal auch immer allerhand Wildtauben in der Nähe waren.

Im übrigen war hier jagdlich nicht viel los, wie überall in den Kolonien, wo längst alles erreichbare Wild mit Hunden zu Tode gehetzt oder vertrieben worden war. Ja, die Zeiten, von denen die alte bettlägerige Großmutter noch erzählen konnte, daß ihr Geliebter sie des Nachts oft nicht hätte besuchen können, weil „Tiger" in der Nähe der Ansiedlungen ihr Unwesen trieben, waren längst vorüber — leider, leider!

Inzwischen war mit dem Winter auch die Apfelsinenernte in vollen Gang gekommen. Ein Unternehmer, Besitzer vieler Segelboote aus Buenos Aires, ein alter Kunde, kam eines Tages, besah sich überall die diesjährige Ernte, die gut ausgefallen war, und handelte um den Preis. Nachdem er wieder gegangen war, kam Don Alberto strahlend zu mir und erzählte, er bekäme für jedes Tausend, das er am Hafen abliefere, dies Jahr vier Pesos argentinos, ein guter Preis, das erstemal, daß man ihm so viel bezahle. Nun konnte auch ich mich betätigen und mich meinen freundlichen Wirtsleuten gegenüber dankbar erweisen. Täglich stand ich auf schwanker Bambusleiter hoch oben in einem Baume und warf der Dicenta die Apfelsinen zu zweien und dreien zu, die sie dann in der Weise auffing, daß sie einen an zwei Zipfeln gehaltenen Sack gewissermaßen den fallenden Apfelsinen entgegenschleuderte, so daß dieselben sich einen Moment darin verwickelten und dann sanft zur Erde rollend nicht mehr zerplatzten. Das war außerordentlich praktisch und ging sehr schnell, wenn nur der Pflücker und die Auffängerin einigermaßen bei der Sache, das heißt, nicht zu sehr verliebt ineinander gewesen wären. Während dieser Arbeit wurden von den kleineren Kindern die Schweine abgehalten, von den Früchten zu naschen. Wir zählten sie dann und luden sie immer zu je 5000 auf einen der hohen zweirädrigen Ochsenkarren, die dann tags darauf, jeder mit sechs Ochsen bespannt, zum

Hafen abgingen und meist erst spät abends zurückkamen. Alle, wenn auch nur leicht an einer Stelle verletzten Früchte wurden weggeworfen und dienten dem kleinen Volk als Wurfgeschosse, um Papageien und andere Vögel zu verscheuchen, oder sie wurden von den Milchkühen, Schweinen und Ziegen vertilgt. Auch die Hühner nahmen sie gern und pickten sie ganz aus.

So leicht war es übrigens gar nicht, da oben zu stehen und Naraujas zu ernten. Erstens schwitzte man bald, konnte aber trotzdem, wegen der langen scharfen Stacheln, die die Bäume haben, nicht wagen, den Rock auszuziehen, da man sich schon die Hände nach und nach genugsam zerfleischte. Außerdem waren die langen, mit Lianenranken zusammengebundenen Bambusleitern mehr als lebensgefährlich, und oft genug war ich nahe daran, der kleinen Dicenta, statt der Früchte, persönlich in den Sack zu fallen.

Aber auch dies wurde überstanden. Der Monat August kam, die Ernte ging ihrem Ende entgegen, und die Apfelsinenbäume standen wieder schneeweiß in voller Blüte. „Eine gute Ernte werden wir wieder haben im nächsten Jahr, si Dios quiere", schmunzelte Don Alberto.

Aber Gott wollte nicht. Eines Tages kamen dunkle rotbraune Wolken am Horizont in die Höhe. Größer und immer größer wurden sie, dann fielen, wie schwere Regentropfen, die ersten Langostas, die ersten Wanderheuschrecken auf uns hernieder. Bald konnten wir uns nicht mehr vor ihnen retten. Faustdick lagerten sie auf den Bäumen, daß große Äste einfach herunterbrachen, faustdick saßen sie auf dem Erdboden, sogar auf dem Hausdache und selbst in den Stuben. Kaum, daß man heraustreten konnte, ohne daß einem gleich Hunderte aufgeschreckter Tiere wie Peitschenschlag ins Gesicht fuhren, es mit ihren scharfen Krallen verletzend. Kaum daß man ein Pferd vorwärts bringen konnte in den Wolken dieser Gottesgeißeln.

Zwei ganze Tage blieben sie, bis auch nichts, gar nichts mehr zu fressen übrig war, weder ein Grashalm noch ein Blatt oder eine Blüte. Auch die von uns noch schnell mit Säcken bedeckte Tabaksaat wurde gänzlich von ihnen zerstört und selbst die Säcke wurden zerfressen.

Am traurigsten sahen aber die Apfelsinenhaine aus. Da, wo vor kurzem noch ein üppiger, blühender Baum in vollem dunkelgrünen Blätterschmuck gestanden hatte, befand sich jetzt nur noch ein Reiserskelett. Ein nacktes Ästegewirr mit weißen Spitzen ragte wie eine stumme Anklage zum Himmel empor; mit weißen Spitzen, denn die gefräßigen Heuschrecken hatten selbst die bis fingerdicken Zweige gänzlich abgeschält.

Aber das war alles noch nicht einmal das schlimmste. Ein gelinder Regen, und neue Blätter, neues Gras würde entstehen. Doch nein, denn die Heuschrecken hatten Eier in die Erde gelegt, Millionen von Eiern, aus denen ebensoviele Millionen kleiner flügelloser Hüpfer nach etwa vierzig Tagen auskriechen würden, denen man dann ebenso machtlos gegenüberstand. Sie würden das Spiel von neuem beginnen, aber nicht nach zwei Tagen schon weiterziehen, sondern bleiben, bleiben viele Monate, bis sie groß und dick geworden waren und Flügel bekommen hatten.

Stumm besahen wir uns den Schaden; stumm und mit nassen Augen. Keiner sprach ein Wort, keiner schien das Furchtbare noch recht fassen zu können.

Alles zerstört, vernichtet, für zwei Jahre wenigstens keine Aussicht auf eine Ernte!

Da wußte ich — es gab doch kein Paradies mehr auf Erden!

Fünfundzwanzigstes Kapitel.
Jagdpech und Malaria

Im Dorf wird's mir langweilig. Der alte Jäger. Ich will mit ihm. „Bleiben Sie bei uns." Adios, adios. Das Pech beginnt. Hirsch ausgelassen. Vom Riesengürteltier. Der Mytú und die Charata. Der Ameisenbär. Den Jaguar nicht photographiert. Dem Tapir tut Schrot nichts. Aber die Kakteen mir. Ich kriege Malaria. „Der stirbt."
— Dazu die Bilder 1, 56, 57.

Mit dem Abschluß der Apfelsinenernte war auch ich gewissermaßen „arbeitslos" geworden. Ich half zwar noch Mandioca säen und Batatas pflanzen, auch wurden wieder neue Tabaksaatbeete angelegt, aber das waren ja alles nur Kleinigkeiten, Dinge, die in wenigen Tagen erledigt waren, da man ja schon allein der noch zu erwartenden Heuschreckengefahr wegen nur das Allernötigste für den eigenen Bedarf pflanzte. Nachgerade wurde es mir daher langweilig, teils, weil ich mich nicht ausgiebig genug beschäftigen konnte, teils, weil ich meinen Wunsch, in Paraguay Großwild zu jagen, noch nicht befriedigt hatte.

Da kam eines Abends — es war ein tatenloser Regentag — ein alter Jäger mit seinen Hunden an unser Gehöft herangeritten und bat um Unterkommen, da es bei der Nässe nicht gerade angenehm sei, im Freien zu nächtigen.

Natürlich wurde ihm seine Bitte gern gewährt, und er mußte uns den ganzen Abend mit seinen Jagd- und anderen Erlebnissen unterhalten. Dabei stellte es sich heraus, daß er kein gewöhnlicher Carpinchero war, sondern ein wirklicher Hirsch- und Tigrejäger, der ziemlich weit von hier ganz allein mit seinem Sohne, Pferd und Hunden im Urwalde hauste und nur dann und wann einmal nach der Stadt ritt, um Felle und Federn gegen allerhand Eßbares und Munition einzutauschen.

Ich war natürlich gleich Feuer und Flamme. Der Mann kam mir wie gerufen, und so machte ich denn auch kein Geheimnis aus meinem Vorhaben und sprach unverhohlen den Wunsch aus, mit ihm eine Zeitlang zu jagen. Der alte Jäger war auch gleich damit einverstanden, nicht so Don Alberto.

„Don Juan," sagte er ernst, fast wehmütig, „warum wollen Sie uns verlassen? Was fehlt Ihnen hier, um glücklich zu sein? Bauen Sie sich Ihr eigenes Haus, wir helfen alle mit, suchen Sie sich eine Compañera, ein Weib, und pflanzen Sie in Ruhe Ihren Mais. An Land fehlt es nicht, und die Erde gibt reichlich und ohne jeden Dünger. Nur bleiben Sie bei uns! — Sie sind fleißig und haben gute Manieren, ein Vorbild für uns alle. Aber auch von uns können Sie noch viel lernen, so zum Beispiel, wie man Lassos flechtet und Vieh damit einfängt, wie man sich Sättel und Zäume selbst anfertigt, und wie man das halbwilde Fohlen unter seinen Willen zwingt."

„Sie waren mir stets ein aufrichtiger, lieber Freund, Don Alberto," antwortete ich gerührt, „und ich will ja auch nicht für immer gehen, nein, nur einmal wieder jagen möchte ich, richtiges Hochwild, wie Hirsche, „Tiger" und Tapire; dann komme ich wieder, kehre zurück zu Ihnen, meinen Freunden, und gehe nicht wieder fort."

„Es ist gut, gehen Sie also, und denken Sie an Ihr Versprechen. Denken Sie aber auch daran, daß es nicht so leicht ist, der Fährte des Hirsches und des Tigers zu folgen. Denken Sie daran, daß Sie sich verirren können und dann elendiglich verhungern müssen; daß Sie von Giftschlangen gebissen oder von einem verwundeten Tiger angegriffen werden können. Sie können aber auch krank werden, sehr krank, und werden dann kein Weib in der Nähe haben, das Sie pflegt, Ihnen die Kräuter sucht und die Remedios, die Heilmittel bereitet." —

„Alles das könnte ja vorkommen," antwortete ich darauf, ungläubig lächelnd, „und wenn man Pech hat, braucht man nicht einmal in den Urwald zu gehen, kann man beim Matetrinken vom Stuhle fallen und sich das Genick brechen. Und krank werden? Nein, ich werde nicht krank, war es nie in meinem Leben, warum sollte ich es also hier werden?

„Si Dios quiere, wenn Gott will," antwortete er und bekreuzigte sich.

Ich kaufte mir nun in der Nachbarschaft Pferd und Sattel, denn ich wußte, wäre ich Don Alberto darum angegangen, er hätte mir alles gegeben, ohne Bezahlung anzunehmen, und das wollte ich vermeiden.

Tags darauf ging es ans Abschiednehmen: „Leb' wohl, Don Alberto, ja, ich komme bald wieder, ganz bestimmt. Lebt wohl ihr anderen alle, die ihr mir lieb geworden seid, und du besonders, kleine Vicenta. Vielleicht bauen wir uns doch noch unseren Wigwam eines Tages auf dem anderen Ende deines väterlichen Besitzes. Adios, adios."

Ein schöner, frischer Morgen war es, an dem wir aufbrachen; und auf den schattigen Waldpfaden merkte man auch selbst gegen Mittag nicht viel von der Hitze, als wir uns anschickten, die Pferde abzusatteln, damit sie ein bißchen fressen konnten. Wir selbst brieten uns ein mitgebrachtes Stück Rindfleisch am offenen Feuer, tranken dann bequem liegend Mate und rauchten eine Zigarre dazu.

„Ist Ihr Rancho eigentlich noch weit von hier?" fragte ich.

„No, Señor, cerca no mas, ganz nahe, nur etwa siebzig Kilometer," antwortete er. Morgen abend sind wir vielleicht schon da; im übrigen, wir haben ja keine Eile."

Gegen Abend, beim Weiterreiten, stießen wir plötzlich auf ein Rudel Hirsche, die zur Tränke zogen. Sie schienen mir etwas geringer an Wildbret zu sein als unser deutsches Rotwild, im übrigen war es dasselbe Bild. Ganz aufgeregt bat ich meinen Begleiter, doch mein Pferd zu übernehmen, glitt lautlos aus dem Sattel, machte den Drilling fertig und pirschte mich bei gutem Winde an das Rudel heran, das unschlüssig hin und her trat, also unser Herankommen vernommen haben mußte.

Dergebens suchten meine Augen jetzt nach einem Geweihten, um ihm die Kugel anzutragen. Sollte wirklich das ganze große Rudel nur aus Mutterwild bestehen, hier, wo es keinen regelrechten Abschuß gab und der Eingeborene nur der Decke und des Wildbrets wegen jagte, die Geweihstangen dagegen abschlägt und fortwirft? Stück für Stück musterte ich, und da — natürlich — das war doch die Kolossalstatue eines Hirsches; aber wo war das Geweih? Jetzt drehte er den Schädel herum. Aha, da waren ja die starken Rosenstöcke — aber das Geweih, das mußte er gerade vor kurzem erst abgeworfen haben! —

Daß ich daran noch gar nicht gedacht hatte! Selbstverständlich, es war ja Frühling, war Anfang September; gewiß also die schlechteste Zeit für einen Trophäenjäger, auf Hochwild zu pirschen. Was half's, das war eben Mißgeschick, war Pech, das erste Pech auf dieser Unglücksfahrt. Zu morden hatte ich keine Lust, machte also kehrt und wurde von dem Alten — das setzte allem die Krone auf — noch tüchtig ns Gebet genommen, nicht wenigstens ein Wildkalb geschossen zu haben, da wir ja nichts mehr zu essen hätten. So mußten wir uns mit ein paar trocknen Charatas (Waldhühnern) begnügen. Meine gute Laune aber war vorbei für den ganzen Abend.

Am folgenden Tage erzählte mir mein sonst so verschlossener Begleiter von einem sehr seltenen, aussterbenden Tiere, dem Tatú caréta, dem Riesengürteltier. Er wisse nur noch eine Stelle, wo es solche gäbe, und hätte gerade vor kurzem noch eins erbeutet, des wohlschmeckenden Fleisches wegen. Das riesige Fell habe er noch zu Hause und ich könne es gern bekommen, wenn ich es haben wollte. Dies Riesengürteltier-Fell, an den Füßen bewehrt mit kolossalen Krallen, blieb denn auch die einzige Trophäe, die ich aus diesem Unglücksfeldzug mit heimbrachte, die mir als Erinnerung doppelt wert wurde, und die ich noch heute besitze. Das Fell mißt: Kopflänge 24 cm, Rumpflänge 80 cm, Schwanz 50 cm. Der Gürtelpanzer allein hat eine Breite von 65 cm.

Viel wußte mein Gefährte leider über dies Urwelttier nicht zu sagen, nur daß ihm vor vielen Jahren einmal ein Herr aus Buenos Aires ein solches Fell für vieles Geld abgekauft und ihm gesagt habe, daß er für ein lebendes Tier viele tausend Pesos bezahlen würde. Er habe dann auch alles versucht, das möglich zu machen, aber erstens mal sei das Tatú caréta schon furchtbar selten, und dann wären seine Krallen auch sehr gefährlich, vielleicht nicht, weil es sich zu verteidigen suche, sondern, weil es ständig Grabbewegungen damit mache. Endlich könne es sich so schnell in den Boden eingraben, daß keiner ihm mit dem Spaten folgen könne, und einmal halb in der Erde, vermöchte es sich vermittelst seiner Klauen und Gürtelringe so festzuhalten, daß man es — spanne man 10 Ochsen davor — wohl zerreißen, nicht aber lebend wieder ans Tageslicht befördern könne. — Diese Tiere lebten von Aas, Würmern und Wurzeln. Leider war es mir persönlich nicht vergönnt, dies vorsintflutliche, seltene Tier noch in freier Wildbahn zu beobachten; auch habe ich nie gehört, daß es lebend irgendein zoologischer Garten besessen hätte.

Um erfolgreich Naturforscher zu sein, noch dazu in exotisch-fremden Ländern, braucht man nicht nur langjährige Erfahrung, Sprachen- und Ortskenntnis, die ich ja nun schon hatte; dazu gehörte auch Geld, viel Geld, um sich gut ausrüsten und so den mannigfaltigsten Gefahren trotzen zu können. Das sollte ich leider bald am eigenen Leibe erfahren.

Als wir endlich in der Hütte ankamen, ein ganzes Schwein hinter uns auf dem Sattel, das ich noch kurz vorher erlegt hatte, lernte ich auch den Sohn kennen, der allerdings meine Erwartungen sehr enttäuschte. Statt eines gewandten Jägers in der Blüte seiner Jahre fand ich nämlich einen halbblöden Kerl vor, der — zur Jagd wenig brauchbar — dem Alten namentlich dazu diente, das Essen zu bereiten, erlegte Tiere abzuhäuten und Hütte und Pferd zu bewachen.

Diese Hütte selbst war nur insofern etwas feudaler als die meines ersten Carpinchero-Gefährten, als sie sogar drei Wände besaß, die aus trockenem Gras hergestellt waren. Dafür aber war das Dach um so schadhafter, und die einzige Ecke, die noch einigermaßen regensicher war, hatte der in Paraguay in keinem Rancho fehlende Schutzheilige in seinem Glaskasten inne, der unbedingt respektiert werden mußte.

Doch ich war ja nicht verwöhnt und deshalb auch nicht enttäuscht. Mehr als ein gänzliches Nichts, was Bequemlichkeit anbetraf, konnte es ja nicht geben, und dies gänzliche Nichts hatte ich schon an so vielen Orten angetroffen, daß ich mich schon lange nicht mehr weiter darüber aufregte.

Als „bessere" Jäger besaßen meine neuen Compañeros sogar eine Axt, und so hatte ich mir bald unter dem nächsten Baume aus vier eingerammten Pfählen, mit Zweigen darüber, eine Bettstelle gezimmert und mein Mosquitero an einem überragenden Ast befestigt. Der Sattel leistete als Kopfkissen ausgezeichnete Dienste, trockenes Gras ersetzte die Matratze, was wollte ich also noch weiter!

Ich merkte auch bald, daß diese Leute ein ganz beschauliches Dasein führten. Sie besaßen auch einen gewissen Anstand und eine Höflichkeit, wie sie den romanischen Rassen eigentümlich ist. Niemand störte sie hier, und zu essen hatten sie genug. War es auch nicht immer Hochwild, so gab es anderes, besser schmeckendes Niederwild in großen Massen, besonders ziemlich viel Waldhühner, so den Mytú und die Charata (Hokkovogel). Diese beiden Vogelarten haben ein dunkelbraunes Gefieder, bei Männchen und Weibchen ziemlich gleich. Sie sind, wie die meisten Hühnervögel, Erdnister. Die Charata entspricht etwa unserem Birkwild, der Mytú dem Auerhahn. Selbst die Eier sind denen des Birk- und Auerwildes ähnlich und haben auf schmutziggelbem Untergrunde zahlreiche kleinere und größere rotbraune Flecken. Ihren Namen haben sie nach ihrem Lockruf, den wir namentlich bei Sonnenauf- und -untergang weithin vernehmen konnten, was uns die Pirsche auf sie sehr erleichterte. Auch einen Ameisenbären sah ich hier zum ersten Male. Des öfteren war ich schon auf seine Fährte, besonders auf die vielen aufgewühlten Ameisenhaufen aufmerksam geworden. Da — ich kehrte gerade mit dem Alten von einem Jagdausfluge heim — machte der einzige Hund, den wir bei uns hatten, ein solches Tier hoch. Als der „Bär", der nicht viel größer als ein Dachs ist, langes schwarzes Haar und einen langen, buschigen Schwanz besitzt, sah, daß es dem Hunde nicht schnell genug entkommen konnte, legte er sich blitzschnell auf den Rücken und versetzte seinem Verfolger ein paar Maulschellen mit den langen scharfen Krallen, daß dieser heulend zurücksprang. Darauf verschwand er im dichten, dornigen Unterholz, bevor wir noch herbeieilen konnten. Leider waren auch diese, früher sehr verbreiteten und nützlichen Ameisentöter schon fast ausgerottet, da sie, schwerfällig wie sie sind, mehreren Hunden leicht zum Opfer fallen. Eines Tages stießen wir auch auf die Spuren des Tigre, des Jaguars. Der Alte hatte sie mit seinen geübten Augen zuerst entdeckt und machte mich darauf aufmerksam.

„Sehen Sie," sagte er plötzlich, als wir einen Estero entlang gingen, auf die große Fährte zeigend, „es ist wieder ein Tigre in der Nähe, er hat wohl hier auf Carpinchos gelauert."

Ich war natürlich ganz begeistert und aufgeregt. Durchaus wollte ich der

Fährte folgen, was natürlich ausgeschlossen war, da dieselbe kreuz und quer ging und sich bald ganz verlor.

Der Alte lächelte. „Nur nicht so haftig," eines Tages werden wir ihm schon begegnen, oder die Hunde stöbern ihn auf; dann soll er uns nicht mehr entkommen."

Ich aber merkte mir genau die Stelle, an der ich zum ersten Male die Fährte gesehen hatte, und pilgerte nun täglich hin, um neu abzuspüren oder dem Jaguar wirklich zu begegnen. Dieser aber schien verschwunden, denn tagelang sah ich weder seine frische Fährte, noch spürten ihn die Hunde auf.

Ich hatte die Hoffnung schon fast aufgegeben und bummelte eines Morgens allein mit zwei Hunden im Revier herum, denn der Alte blieb gern zu Haus, namentlich, wenn genug Wildbret vorhanden war. Er lebte eben gewissermaßen nur, um zu essen, und aß, um nicht zu verhungern. Da wurden plötzlich die Hunde vor mir laut, stimmten ein fürchterliches Geheul an, und ich stürzte, nichts Böses ahnend, auf sie zu, um das vermeintliche, von ihnen gestellte Schwein abzufangen. Ein frisch gerissener Überläufer lag auch wirklich auf dem Boden, aber die Hunde äugten schräg nach oben, und — Himmel, diese Feueraugen — wahr: und wahrhaftig — ein geschecktes Riesentier — ein Tigre — ein Jaguar — saß da in etwa fünf Meter Höhe dicht angeschmiegt, auf einem der gewaltigen Äste eines vom Sturm gefällten Baumriesen! Ein Bild zum Malen, ein urwüchsiges, herrliches Bild. Ich trank es förmlich in mich hinein, schaute und schaute und dachte nicht im geringsten daran, zu schießen.

Der Jaguar rührte sich nicht, nur kaum merklich blinzelte er mal zu mir, mal zu den wildkläffenden Hunden herab; zeitweise schloß er sogar die Augen, als ob ihn der ganze Skandal um ihn herum überhaupt gar nichts anginge. Nur an der sich leise und doch so energisch hin und her bewegenden Schwanzspitze konnte man sehen, daß sich Leben, daß sich urwüchsige Kraft in dem fast unbeweglichen Körper befand.

Nur einen einzigen Gedanken hatte ich in diesem Moment, nämlich, dies herrliche, seltene Bild auf die Platte zu bannen und so der Nachwelt zu erhalten, auf ewige Zeiten!

Den photographischen Apparat hatte ich natürlich nicht immer bei mir, also los, den Hunden noch einmal Mut zugesprochen, Rock und Gewehr abgelegt, und dann im Dauerlauf nach Hause. Fast eine Stunde war ich Trab gelaufen, als ich endlich atemlos anlangte, gerade noch so viel Kräfte besitzend, um dem erschrockenen Alten den ganzen Vorgang zu erzählen.

„Meine armen Hunde," sagte er nur, „warum haben Sie bloß nicht geschossen?" Dann war aber auch er aufgesprungen und hatte nach der Flinte gegriffen, um mich zu begleiten. — Der Rückweg ging langsam vonstatten. Der Alte war sogar beinahe noch fixer als ich, der ich gänzlich ausgepumpt war. Aber auf halbem Wege schon kam uns einer der Hunde winselnd entgegen, mit einer Bißwunde am Halse.

„Da haben Sie den Salat," jammerte nun mein Compañero, „der Tigre ist fort und hat den anderen, meinen besten Hund getötet! Das hätten Sie sich denken sollen! Wie konnten Sie aber auch nur das Raubtier laufen lassen?"

Ich war vollständig geknickt, noch viel geknickter, als wir am Ziel ankamen, an dem wir tatsächlich nichts weiter mehr vorfanden als den anderen schwer, wenn auch nicht tödlich verletzten Hund. Vom Jaguar keine Spur mehr. — Was ich da alles habe einstecken müssen und zu hören bekam! Was ich denn verstünde, wenn ich nicht einmal einen — — — — na, schweigen wir lieber darüber.

Das war nun allerdings kein Pech mehr, das war Dummheit oder, um mich als gewesener Kaufmann auszudrücken, es war falsche Spekulation gewesen. — Ich war denn auch sehr betrübt. Sollte mir denn hier alles schief gehen?

Aber es kam noch viel schlimmer. Mein Herz klopfte hörbar, bis in die Schläfen. — War ich denn so aufgeregt? — Unsinn — das war gewiß noch von dem langen Dauerlauf. Aber — es war mir auch so komisch im Kopfe — es drehte sich ja alles? — Quatsch — alles war komisch — die ganze Welt — ha—ha—ja — die ganze Welt. —

Am nächsten Morgen war mir wieder wohl. Ich half also mit, die Köter neu zu verbinden, und stiefelte dann allein los, eigentlich nur, um irgendetwas Eßbares zu erlegen, einen Carpincho oder ein paar Enten, das ging am schnellsten.

Leise pirschte ich einen Estero entlang, Schritt für Schritt das hohe Schilf beobachtend, ob es mir nicht durch seine Bewegungen ein Stück Wild verriete. — Da — was war denn das? — Wie komisch, ein Pferd — nein, ein Esel im hohen Rohr, wo kam der bloß her? Wie kam der hierher in diese Einsamkeit?! Ganz deutlich erkannte ich den grauen Rumpf und trat nun näher hinzu, ohne Vorsicht zu gebrauchen. Denn wo so ein alter Esel — in diesem Falle war ich allerdings das Langohr — sich befand, war ja kaum ein anderes Wild zu vermuten. Da hob er auch schon den Kopf, einen komischen Kopf, ohne die langen Ohren, dafür aber mit einem langen Rüssel versehen, — und schon setzte er an, um in hoher Fahrt durch Schilf, Sumpf und Bambus zu flüchten.

Ein Mborebí, ein Tapir! — Wie der Blitz kam mir plötzlich diese Einsicht, wie der Blitz flog auch der Drilling an die Backe, aber im Knall merkte ich, daß er auf Schrot für die Enten und nicht, wie gewöhnlich, auf Kugel eingestellt gewesen war. — Ich eilte dem seltenen Jagdtier noch eine Zeitlang durch Sumpf und Morast nach, vergebens — denn der Tapir, einmal auf der Flucht, hält nicht so schnell mit Laufen an, sondern folgt seiner geraden Richtung, alles, was sich in den Weg stellt, mißachtend, viele Kilometer weit.

Ich raste vor Wut, hätte mich selbst erwürgen können, gab aber nur einer Kaktee, die mich am Bein verletzt hatte, einen wütenden Fußtritt. Doch auch dabei kam ich schlecht an, denn mit hundert Stacheln hatte es sofort meinen Segeltuchschuh an meinem Fuße angenagelt, und ich hätte schreien mögen vor Schmerzen, als ich dann den Schuh aufschnitt, um — in langem Mühen — die Stacheln einzeln mit Zuhilfenahme des Messers herauszuziehen. Jetzt war es mir zum vollen Bewußtsein gekommen, hier verfolge mich das Pech. Zurück zu meiner Dicenta wollte ich also nun, sofort, schon morgen; mit ihr gemeinsam mein Rancho bauen, ha—ha—ha—.

Wie mir doch die Pulse flogen, mir der Kopf schmerzte! Natürlich, das war der Ärger, das würde nun aufhören — morgen schon — ja — der Teufel sollte sie holen, diese Kopfschmerzen! — War es denn nur so heiß? — Es war doch Winter, und ich im Schatten der Waldriesen — ja — dieser Urwald — Dicenta — o mein armer Kopf!

Im Rancho angekommen, hütete ich mich wohlweislich, mein letztes Erlebnis zu erzählen, hätte es in meinem Zustande auch gar nicht vermocht, sondern legte mich schleunigst auf mein Bett, denn mir war wirklich ganz jämmerlich zumute; es war gerade, als ob ich hochgradig seekrank wäre.

Am folgenden Morgen schien jedoch wieder alles gut zu sein, nur war ich so schwach, so furchtbar marode, und hatte auch nicht die geringste Eßlust. Ich beschloß daher, meine Absicht, wieder zu meinen Pflegeeltern zurückzukehren, noch etwas aufzuschieben, bis ich mich von der Aufregung der letzten Tage erst gründlich ausgeruht hätte.

Statt mich zu erholen, kamen sie wieder, diese gräßlichen Schwindelanfälle, diese Übelkeit, diese furchtbaren Kopfschmerzen. Am folgenden Tage fingen sie sogar schon mittags an, drei weitere Tage darauf schon etwa morgens um neun Uhr. Mein Gesicht war eingefallen, gelb und blutleer geworden, meine Hände zitterten, und am offenen Feuer sitzend fror ich wie ein Schneider und klapperte mit den Zähnen. Und dann dies Fieber, dies Herzklopfen! — Was war das bloß? Hatten mich die Überanstrengungen, die Aufregung herzkrank gemacht? Die Pulse flogen ja so!

„Sie müssen etwas genießen," meinte der Alte besorgt.

Ich war nicht mehr imstande, ihm zu antworten. — Pfui, schon der Gedanke, etwas zu essen, ekelte mich an. Was wollte überhaupt dieser alte Kerl von mir? — Er sollte sich doch fortscheren — ja — überhaupt — na — wenn doch bloß dieser Schüttelfrost nicht wäre — dies Herzklopfen — diese Kopfschmerzen — die Zähne mußten ja schon alle in Stücke sein, so klapperten sie zusammen — das alles hielte ich sicher nicht mehr lange aus.

Jeden Morgen dieselbe Hoffnung. Es ging mir dann stets etwas besser, und ich glaubte dann, nun würde alles vorüber sein. Gleich darauf kroch es aber auch schon wieder heran, das Fieber, und während die Pulse zum Zerspringen schlugen, klapperte ich vor Frost mit den Zähnen, und meine Füße waren kalt wie Eis. Ich kämpfte dagegen an wie ein Mann, es half alles nichts. Die Energie wich gleichzeitig mit der Körperkraft; fast vierzehn Tage hatte ich nun schon keine Nahrung mehr zu mir genommen und war daher nur noch Haut und Knochen.

Bald lag ich festgebannt auf meinem Lager, konnte nicht mehr hoch, phantasierte, wollte mich immer erbrechen und hatte doch nun schon so lange gar nichts mehr im Magen. Nur Durst hatte ich immer, unstillbaren Durst; ach, das schmeckte so schön, dies trübe, jauchig-warme Sumpfwasser! —

Zuletzt war ich ganz apathisch, ganz geistesabwesend. Hörte zwar, was in meiner Umgebung vor sich ging, konnte auch, wie aus weiter Ferne, alles verstehen, was gesprochen wurde, aber nichts beantworten. — Ach, wenn das Blut nur nicht so in den Ohren sauste — und die Kopfschmerzen — ja — und — und — —

Der Alte saß an meinem Lager, sein Sohn neben ihm. Er redete mich ein paarmal an, ich hörte das wohl, war aber wie in einer anderen Welt, konnte weder denken, noch gar antworten. — Jetzt fühlte er meinen Puls.

„Der stirbt," sagte er darauf besorgt zu seinem Sohne, „was machen wir dann bloß? Ob wir ihn zu Don Alberto bringen? Aber nein, dann stinkt er schon, auch haben wir nicht genug Felle hier, um ihn darin einzunähen, müssen ihn also hier begraben."

„Das geht auch nicht," antwortete sein blöder Nachwuchs, „wir haben ja keine Schaufel. — Aber das Pferd, sein Pferd und der Sattel, ob ich das alles behalten kann?"

Wie ein Alb lag es auf mir. Ja, wenn ich doch nur erst tot wäre, dann hätte doch das arme Herz endlich seine Ruhe, und der Kopf — o — der Kopf. — Aber — ich konnte ja nicht sterben — es ging ja nicht, — sie hatten ja keine Selle — Selle — — keine — Schaufel — ja — ja — und das Pferd — ha—ha—ha— — ja — und der Sattel — ja — und — — — — — —

Am nächsten Morgen, als ich mich wieder etwas wohler fühlte, und um Wasser bat, sagte mir der Alte ernst und ängstlich: „Sie sind sehr krank, Amigo, wenn es man nicht ‚el Chucho' ist."

El Chucho? Davon hatte ich doch gehört, davor hatte man mich doch auch gewarnt! Ja natürlich, was anderes war es auch nicht, Chucho war es, Malaria. Nur Chininpillen konnten mir da helfen!

Schnell rief ich den Sohn heran, reichte ihm mit schwacher, zitternder Hand zehn argentinische Pesos und bedeutete ihm, mit meinem Pferd nach dem Städtchen zu jagen; bringe er mir die Pillen, bevor ich stürbe, würde ich ihm das Pferd samt dem Sattel schenken.

Das half! Und während inzwischen der Chucho wieder zu mir kam, mich fast erwürgte, auf meinem Magen kniete und seine Fäuste auf meinem armen Kopf hämmerten, hörte ich noch, wie der Bote im Galopp lossauste, mir die Rettung zu bringen. —

Da ahnte ich in Fiebersgluten: man darf mit seiner Energie und Körperkraft nicht allzu frevelndes Spiel treiben.

Sechsundzwanzigstes Kapitel.
In der subtropisch-argentinischen Ackerbauzone.

Genesen, aber noch schwach. Ich habe genug vom Urwald. Abritt zum Hafen. Endlich wieder eine Zeitung und Nachricht vom Krieg. Schön scheint es um Deutschland nicht zu stehen. Bei Herrn Berg. Wie ein Ansiedler wohnen muß. Warum nicht in der Getreidezone, warum im heißen Chaco? Warum nicht künstliche Bewässerung? Warum Baumwolle? Wie gut hat's der deutsche Bauer! Geld wird immer nur mit Geld verdient. Der Einwanderer sollte zunächst als Peon Erfahrungen sammeln! Herrn Bergs Farm. Ich arbeite mit. Hacken, hacken! Vom Unkraut. Indianer als Arbeiter. Auch hier Wanderheuschrecken. Ich photographiere wieder. Durch Herrn Lösche Stellung in der Provinz San Luis. — Dazu die Bilder 10, 40, 41.

Nur langsam genas ich. Das Chinin, das mir der Sohn des alten Jägers nach drei Tagen wirklich brachte, und von dem ich sofort am ersten Tag drei Pillen genommen hatte, wirkte zwar Wunder, aber die Eßlust wollte und wollte nicht wiederkommen. Ich konnte zusehen, wie die anderen den besten Wildschweinbraten verzehrten, und hatte selbst nicht die geringste Lust, mit einzuhauen; es war gerade, als ob ich keinen Magen mehr besäße. Außerdem war von mir selbst nicht viel mehr übrig als Knochen und Haut, so daß ich mich noch nach einer Woche überall anhalten mußte, wollte ich mich fortbewegen.

Daß ich unter diesen Umständen nicht nur die Jagd, sondern auch mein ganzes Leben und Treiben verwünschte, ist wohl begreiflich; denn obwohl großer Naturschwärmer, war ich doch in der Zivilisation großgeworden und schon zu alt, um diese gänzlich zu entbehren. Außerdem war inzwischen Monat um Monat vergangen; Genaues über den Krieg wußte ich schon lange nicht mehr; meine Kleider waren so, daß sie mir vom Körper fielen. So festigte sich in mir der Entschluß, diesem sonst so idealen Jägerleben gänzlich zu entsagen. Ein Vorwärtskommen gab es ja dabei auch nicht, höchstens mal einen schnellen Tod; und man verendete dann vielleicht hilflos und konnte nicht mal beerdigt werden.

Zu Herrn Berg, der mir damals in der Hafenkneipe im Chaco zufällig begegnet war, wollte ich, zurück zur Landwirtschaft. Und wenn ich dort in diesen schlechten Zeiten auch nichts verdienen konnte, so hatte ich doch wenigstens rechte Arbeit und mein Essen, geregeltes Leben, meine freien Sonntage, an denen ich die Nachbarkolonisten besuchen konnte, kurz meine Befriedigung. Endlich konnte ich da auch wieder etwas ganz Neues sehen und lernen, nämlich den Baumwollbau, der dort seit etwa einem Jahrzehnt in größerem Maßstabe betrieben wurde, und das reizte mich.

Vielleicht war das doch das Richtige. Ich wurde langsam alt, und die großen Betriebe bevorzugten jüngere Angestellte. Außerdem konnte es ja einem immer mal so gehen, wie uns Deutschen jetzt im Kriege, und dann war man wieder brotlos. Das war bei der Landwirtschaft doch sicher nicht so der Fall. Hatte man erst einmal seine eigene Scholle, und wäre sie auch noch so klein, konnte einen keiner mehr so leicht von ihr vertreiben. Gab es hin und wieder auch mal eine schlechte Ernte, zu essen hatte man schließlich immer, vorausgesetzt, daß man arbeitete.

Kaum fühlte ich mich also einigermaßen wieder bei Kräften, als ich auch schon in den Alten drang, mich nach dem Städtchen und somit nach dem Hafen zu geleiten; denn in dem abgemagerten Zustande, in dem ich mich befand, und auch sonst schämte ich mich, Don Alberto und seine Familie noch einmal aufzusuchen.

So nahm ich Abschied von Paraguay und der Jagd, denn ich war von beiden gänzlich kuriert und hatte doch beide so sehr liebgehabt. Aber ich hätte freilich es anders anfangen, dem Rate väterlicher Freunde und solcher, die ihr ganzes Leben in diesem Klima zugebracht hatten, folgen sollen. Der Urwald ist gut genug für Hirsche oder Baumaffen, nicht aber für einen Kulturmenschen, der ein Dutzend seiner besten Lebensjahre in dumpfen Schulstuben zwangsweise zugebracht hatte — Gesundheit und körperliche Entwickelung hintansetzend. —

Im Hafen angelangt, überließ ich Sattel und Pferd dem Alten als versprochenes Geschenk für seinen Sohn; kaufte ihm auch noch einige weitere Kleinigkeiten im nächsten Almacen und erwarb mir schließlich für teures Geld einen neuen leichten Anzug, Unterwäsche, Hut und Schnürschuhe, um nicht wieder wie ein Lump in Argentinien anzukommen, auch sonst einigermaßen anständig vor Herrn Berg zu erscheinen.

Auf dem Dampfer gelang es mir, eine Zeitung zu erwischen, in die ich mich vertiefte, und deren Inhalt ich förmlich verschlang, da ich namentlich vom Kriege ja seit langem nichts mehr gehört hatte. Es mußte gar nicht gut stehen mit uns, angenommen selbst, daß dieses Wurstblatt alliiertenfreundlich war. Vorwärts war man während des letzten Jahres gewiß nicht gekommen, und Stillstand bedeutete Rückschritt, hier wie überall.

Noch in Gedanken darüber versunken, daß scheinbar an ein Ende des furchtbaren Krieges überhaupt nicht zu denken sei, vernahm ich neben mir die Unterhaltung einiger besser gekleideten Argentinier, die über den Krieg sprachen. Namentlich verurteilten sie eine Rede Bethmann Hollwegs, in der er gesagt haben solle, seinethalben könne die ganze Welt kommen und Deutschland den Krieg erklären. Deutschland würde seine Feinde der Reihe nach zu zerschmettern wissen. Die Herren waren empört, geradezu außer sich.

„Welch' eine Verwegenheit, welche Unverschämtheit," sagte der eine. „Da sehen Sie den wahren Charakter der Deutschen, Gott stehe uns bei, daß sie nicht das Übergewicht bekommen, sonst sind wir alle verloren."

„Ja," antwortete der andere, „alle Länder der Erde sollten sich erheben und gemeinsame Sache machen, um dieses größenwahnsinnige Volk zu vernichten, das, nachdem es schon so viele Nackenschläge erhielt, sich noch erfrecht, uns auf solche Weise herauszufordern."

Gemeint sein konnte nur die Rede des Reichskanzlers vom 28. September 1916, nach den Kriegserklärungen Italiens und Rumäniens. In dieser kommt nichts Derartiges vor, sondern im Gegenteil ein neuer Hinweis auf die deutsche Friedensbereitschaft. Auch in früheren Reden hat Bethmann Hollweg nichts Derartiges gesagt. Es waren also Lügen, durch die die Argentinier getäuscht wurden, wie alle Welt. Ich kannte damals die Wahrheit nicht und ging daher etwas abseits. Ich mochte nicht schimpfen hören auf mein armes, schwer bedrängtes Vaterland.

In Barranqueras, dem Hafen von Resistencia, hielt ich mich zwei Tage lang in der bereits früher erwähnten Sonda auf, um mich noch etwas zu erholen. Dann brach ich eines Morgens bei günstigem Wetter zu Fuß auf und erreichte nach etwa fünf Stunden glücklich die Besitzung des Herrn Berg.

Dieser befand sich gerade beim Mittagessen. Als ich der Landessitte entsprechend vor der Gartenpforte stehenblieb und in die Hände klatschte, kam er heraus und fragte auf spanisch nach meinem Begehr. Ich wollte deutsch antworten, denn ich merkte wohl, daß er mich nicht erkannt hatte; aber komisch, ich würgte und würgte und bekam im ersten Moment keine heimatlichen Laute von der Zunge. Doch nur einen Augenblick, dann war ich wieder Herr meiner Muttersprache, die ich etwa ein Jahr lang weder gehört, noch selbst gesprochen hatte. Sogar geträumt und in meiner Krankheit phantasiert hatte ich in spanischer Sprache.

Herr Berg schlug die Hände über dem Kopf zusammen: „Sie sind es?" sagte er, „ist wohl nicht möglich! Dann ist Ihnen aber das schöne Paraguay nicht gut bekommen. Sie sehen ja aus wie eine wandelnde Leiche!"

Ich mußte nun erzählen, und er riet mir, ständig alle Monate ein bis zwei Chininpillen einzunehmen, da das Chucho, einmal im Körper, so leicht nicht wieder wegzubekommen sei. Mit Chinin könne man aber einem neuen Ausbruch der Krankheit wohl vorbeugen. Namentlich bei Witterungsumschlägen und Klimawechsel sei ein neuer Rückfall immer in Betracht zu ziehen.

Nach dem reichlichen, aber einfachen Mittagessen — es gab Nudelsuppe und Kochfleisch — blieben wir noch eine Zeitlang am Tische sitzen, und Herr Berg erzählte mir auf mein Bitten von den Erfahrungen, die er als Algodon-, als Baumwollbauer, im ersten Wirtschaftsjahr gemacht hatte.

„Als ich vor etwa anderthalb Jahren von meinem Engländer entlassen wurde," hub er an, „besaß ich nicht viel mehr als 6000 Pesos, die ich mir mit den Jahren gespart hatte. Das war nicht viel, und so kaufte ich mir dieses Los, diese hundert Hektar, die gerade ausgeboten wurden. Ich erstand sie für 6500 Pesos, zusammen mit diesem zweizimmerigen Häuschen, mit fünfzig Apfelsinenbäumen und den Drahtzäunen, die immerhin einen hohen Wert haben, wenn man bedenkt, daß jeder Quebrachopfosten 2—3 Pesos kostet. Natürlich zahlte ich nicht gleich alles aus, sondern ließ 4500 Pesos als erste Hypothek zu 8 Prozent stehen, denn ich brauchte ja doch Geld zum Wirtschaften und für Neuanschaffungen von Ackergeräten und Zugtieren. Doch bekam ich so die Escritura, den Besitztitel, auf meinen Namen lautend, zugestellt, und das war mir die Hauptsache.

Nun saß ich glücklich auf meinem neuen Eigentum. Obwohl ich wie gesagt schon Haus und Zäune vorfand, war doch der nun beginnende Kampf um meine Selbständigkeit noch hart genug. Da benötigte ich zunächst einen verheirateten Peon, dessen Frau wenigstens einigermaßen kochen konnte, denn ich bin ja unverheiratet.

Ich fand auch ein kinderloses Ehepaar, dem ich sechzig Pesos monatlich gab und freie Kost. Sie wohnten zunächst mit bei mir im Hause, und ich kriegte den Peon sofort heran, für sich und seine Frau ein kleines Rancho nebenan zu bauen, dann eine kleine Küche. Nachher mußte er mein Häuschen decken, denn das alte Strohdach war schon fünf Jahre alt und daher so schadhaft, daß mir das Regenwasser die Innenwände abwusch, stellenweise nur noch die nackten Pfähle der Seitenwände übriglassend. Ja, das gab Arbeit! Ich war natürlich immer der Erste und der Letzte dabei, denn Sie wissen ja selbst, wie die hiesigen sind; sie können nicht selbständig arbeiten, und man muß nicht nur immer hinterher sein, sondern auch alles besser verstehen und vormachen können, sonst ist man bald verraten und verkauft."

„Ja, und kamen Sie wenigstens mit Ihren zurückbehaltenen 4000 Pesos bis zur Ernte zurecht?"

„Nein, durchaus nicht, obwohl ich mir einen ganz genauen Voranschlag gemacht hatte, in dem noch eine Milchkuh mit einbegriffen war, die ich aber nicht mehr kaufen konnte. So haben ich und meine Leute zum Ärger meiner Köchin den Kaffee bis vor kurzem schwarz getrunken; auch konnte ich mir bisher weder Butter, Käse noch Schweinefett leisten. Endlich kaufte ich in der kritischen Zeit kurz vor der Ernte nur noch deshalb etwas Fleisch, damit mir meine „Familie" nicht wegliefe. Ich selbst dagegen schoß mir mit dem Flobert Papageien, da es andere Jagdtiere nicht mehr gab, die ich für mich persönlich kochen ließ, nur um zu sparen, denn das Geld war längst alle!"

„Aber das ist ja kaum glaublich?!"

„Ja, Sie staunen, und ich habe auch gestaunt, aber es ist schon so. Was sind hierzulande 4000 Pesos! Überschlagen Sie selbst. Da ist zuerst der Peon mit Frau zu 60 Pesos monatlich, macht 720 Pesos im Jahr. Dann kaufte ich vier Ochsen, die zum An- und Abpflügen der Baumwolle, zum Saatfurchen-Ziehen, zum Holzschleppen aus dem Sumpfwald notwendig und Maultieren vorzuziehen sind. Sie kosteten 100 Pesos das Stück, also zusammen 400 Pesos. Ferner erstand ich acht Mulas, die ich für meinen großen vierspännigen Sitzpflug benötigte, je 100, zusammen also 800 Pesos. Ein Reit- und zugleich Sulkypferd, das ich zum Zusammentreiben der Zugtiere von der Weide benötigte, zum Fahren nach dem Pueblo, um Fleisch und die Post zu holen, kostete mich 80 Pesos. Ein großer Sitzpflug mit Zubehör 180 Pesos, ein kleiner Pflug zum Ab- und Anpflügen der Baumwolle 40 Pesos, ein Häufelpflug 50 Pesos, eine Egge 40 Pesos, eine Sämaschine für Mais und Baumwolle 70 Pesos, eine Maishand-Entkörnungsmaschine 30 Pesos, vier vollständige Geschirre für die Mulas 120 Pesos, ein gewöhnlicher Sattel 70 Pesos, ein einfacher Sulky 150 Pesos, und ein zweirädriger Mulakarren, um Geräte und Eßwaren von der Bahn abzuholen, Produkte hinzufahren, 320 Pesos. Ein kleiner Herd, Koch- und andere Geschirre, und zwar nur das Allernotwendigste, kostete mich 250 Pesos, ein paar Stühle, zwei Tische, Schrank, Bett, Matratze usw. ebenfalls so viel. Für das ganze Werkzeug, das ich besitze und fast täglich brauche, wollen wir nur 50 Pesos ansetzen. Wieviel macht das bis jetzt?"

„3620 Pesos," antwortete ich.

„Aha, sehen Sie! Dann kommt man in der Zeit vom Dezember bis Februar, wenn alle Kulturen mit der Handhacke bearbeitet werden müssen, bei weitem nicht mit einem Peon aus; man muß ihrer fünf und sechs haben, auch wenn man selbst wie ein Wahnsinniger mitarbeitet. Endlich die hunderttausend Kleinigkeiten, an die man nie denkt, und die doch immer da sind, immer erscheinen, wenn man gerade glaubt, nun ganz gewiß nichts mehr zu benötigen. Schließlich die Ausgaben für die Mantención, für das Essen. Ich habe mit der Familie zusammen etwa hundert Pesos monatlich verbraucht, Eier und Feldfrüchte nicht mit eingerechnet. Das ist wenig, trotzdem, wie hätte ich das alles bezahlen sollen? Glücklicherweise war man im Almacen des Nachbardorfes nicht schwierig, und da die Leute sahen oder gehört hatten, daß ich tüchtig arbeitete, und deshalb eine gute Ernte in Aussicht hatte, gaben sie mir die Waren, die ich benötigte, ohne langes Gerede auf Vorschuß bis zur Ernte. Anfangs hatte ich allerdings zwar nicht die Absicht gehabt, diese Kredite, die immerhin verpflichten, in Anspruch zu nehmen, aber nachher war ich doch froh, sie bekommen zu haben. Aller Anfang ist eben schwer, selbst wenn man, wie ich, schon zehn Jahre hier ist und Land und Leute auf das beste kennt."

„Caramba, aber ich habe doch immer gehört und gelesen, daß das alles viel billiger zu machen geht!"

„Gewiß, aber wo bleibt dann das Vorwärtskommen, wonach wir doch alle streben? Ich hätte statt der Maultiere vielleicht Stuten kaufen können, die vierzig Pesos das Stück gekostet hätten; aber Stuten halten bei der Hitze gewöhnlich nicht durch und leisten daher nur halbsoviel wie Mulas. Sich dann gleichzeitig nebenbei auf die Fohlenzucht zu legen, wäre auch nicht anzuraten, denn das Sumpfklima mit seinen tausend Widerwärtigkeiten ist nicht für Pferdezucht geeignet; die Tiere werden meistens aus der Provinz Entre Rios hierher eingeführt. Ich hätte vielleicht zum Beispiel auch nur vier Mulas und nur zwei Ochsen zu kaufen brauchen; dann hätten diese aber den ganzen Tag über arbeiten müssen und ich hätte viel Mais und Heu nötig gehabt, sie zu füttern und leistungsfähig zu erhalten. Dagegen lasse ich so jedes Tier nur einen halben Tag arbeiten und jage sie dann einfach in den eingezäunten Portrero, das heißt auf die Weide, ohne sie weiter zu füttern und zu pflegen. Das gleicht sich also aus, und die Tiere schonen sich mehr und reiben sich nicht so sehr das Fell an den Geschirren durch. — Doch das sind ja alles nur Kleinigkeiten. Trotzdem wollen wir einmal eine ganz andere Rechnung aufstellen, um so arbeiten zu können wie zum Beispiel ein hiesiger. Ich habe gerade einen solchen hier auf meinem eigenen Grundstück, der acht Hektar bearbeitet, bei seiner primitiven Lebensweise sein Auskommen hat, aber natürlich nie ein Vorwärtskommen. Dieser Mann bezahlt mir für jeden Hektar, den er beackert, jährlich fünfzehn Pesos Pacht. Weideland für seine vier Ochsen, sein Reitpferd und eine Milchkuh hat er frei. Seine Hütte baute er sich selbst, einen Peon benötigt er auch nicht, da seine Frau ihm bei der Hackerei und Ernte hilft, außerdem ein halbes Dutzend Kinder. Eine kinderreiche Familie ist also beim Algodonbau immer besser daran als einzelne Leute, die alles von Peonen machen lassen müssen. Namentlich in der Ernte kann ein halbwüchsiges Kind, ist es geschickt, fast so viel verdienen wie ein Erwachsener. — Mein Kolonist also hat weder Sitzpflug noch Mulas. Die Egge ersetzt er durch einen Haufen zusammengebundener Dornsträucher, die er über das gepflügte Land schleift, und sät dann alles mit der Hand aus. Endlich besitzt er weder Sulky noch Karren, und seine Möbel bestehen nur aus einigen Catres (Campbetten) und ein paar Petroleumkisten. Seine Frau kocht draußen am offenen Feuer, und wenn kein Geld mehr da ist, um Fleisch zu kaufen, werden Batatas in heißer Asche gebraten und wird Mate dazu getrunken. — Eine solche Wirtschaftsweise kommt natürlich bei weitem billiger. Wer von uns aber würde das auf die Dauer aushalten? Dann geht das auch wie gesagt nur in kleinem Maßstabe, weil die Arbeit mit einem kleinen Pflug und die Handsäerei zeitraubend sind. Übrig bleibt jedenfalls nie etwas dabei, und der Jahresgewinn ist nach Abzug der Pacht und der Transportkosten für die Ernte unweigerlich dem Almacenero verfallen, der das ganze Jahr hindurch borgt, natürlich mit dem nötigen Aufschlag. — Hätte ich so anfangen müssen, wäre ich wirklich auch schon lieber nach Paraguay gegangen, hätte mich dort für billiges Geld irgendwo angekauft, mein Vieh sich vermehren lassen und bis ans Lebensende auf bessere Zeiten und die Zivilisation gewartet, die mit ihren Hilfsquellen den Baumwollbau auch dort einmal lohnend gemacht hätte."

„Ja, aber warum mußte es denn gerade Baumwolle sein, warum bevorzugten Sie überhaupt die Subtropen?"

„Weil in der gemäßigten, der Getreidezone, alles nur einigermaßen brauchbare Land längst seine Herren gefunden hat, und der Hektar dort schon mit 200 bis 400 Pesos bezahlt wird. Wer hat als Anfänger so viel Geld? Wer kann sich das heute noch leisten? Gewiß, es gibt auch noch Gegenden im Süden, wo billigeres Land zu finden ist, aber dann fällt dort entweder gar kein Regen, oder der Boden ist steinig, so daß man zehn Hektar benötigt, um nur ein Schaf zu ernähren, und was der Nachteile sonst noch mehr sind."

„Das läßt sich doch aber durch künstliche Bewässerung regeln."

„Gehen Sie mir bloß weg mit dieser künstlichen Bewässerung. Gewiß, wo sie einmal angelegt ist, wo man Süßwasser haben kann und Land besitzt, das niedrig genug gelegen ist, um es überschwemmen zu können, ist alles gut; aber da sind Grund und Boden ebenfalls schon unbezahlbar teuer. Eine solche Bewässerungsanlage jedoch selbst herzustellen, das kostet ein Vermögen. Das meiste Land liegt nebenbei zu hoch, die Flüsse in den regenarmen Zonen haben salpeterhaltiges, den Pflanzen schädliches Wasser. Ja, wenn sie nur immer welches hätten! Aber im Hochsommer, wenn man es am nötigsten braucht, sind sie meist ausgetrocknet. Endlich führen solche Bewässerungsgräben, werden sie nicht peinlich sauber gehalten, viel Unkrautsämereien mit sich, die einem die Arbeit zur Hölle machen. Nein, nein, ich bin auch herumgekommen und habe viel gesehen im Lande, sogar sehr viel, wenn auch nicht viel Gutes. Ich schwöre auf meinen Chaco, allenfalls noch auf Paraguay. Gerade, weil so viele Angst haben, hierher zu kommen, wegen der paar Mostitos und Schlangen, wegen der Hitze und dem Fieber, gerade deswegen gibt es ja hier noch verhältnismäßig billiges Land, noch die Möglichkeit, sich mit einem kleinen Kapital selbständig zu machen und vorwärts zu kommen. Mit zwanzig Hektar Baumwolle kann man ebensoviel verdienen wie mit hundert Hektar Weizen, wenn jene auch viel mehr Arbeit machen als diese."

„Aber der Weinbau in der Provinz Mendoza, der vielgerühmte Obstbau in den Provinzen Cordoba und Rio Negro und der Yerba-Mate-Bau in Misiones, zu alledem gehört doch auch nicht viel Land, und trotzdem soll man sein gutes Auskommen dabei haben!?"

„Warum nicht, falls gute Verbindungen und Absatz vorhanden sind und man daher nicht gezwungen ist, die Ernte verkommen zu lassen; das will ich zugeben. Aber alle diese Kulturen, die Sie mir da nennen, brauchen wenigstens 4—5 Jahre, bevor sie überhaupt einen, wenn auch nur geringen Ertrag liefern. Ihre Anlage allein erfordert schon ein großes Kapital. Wie aber wollen Sie 4—5 Jahre leben, ohne auch nur die geringste Einnahme zu haben? Dabei heißt es ständig pflügen, hacken, verschneiden, nachpflanzen und gegen allerhand Ungeziefer ankämpfen. Das sieht alles ganz gut aus, wenn man von den Erträgen liest, die mal der oder jener auf einem Hektar gewonnen hat. Aber erst einmal so weit sein! Das alles ist nichts für arme Teufel, wie wir es sind, dazu gehören große Kapitalien."

„Und die Viehzucht?"

„Das ist genau dieselbe Sache. Hätte ich Kapital, sagen wir nur 50 000, vielleicht auch nur 30 000 Pesos, ich wüßte, was ich machte. Dann würde ich mich in der Sonnenglut nicht damit abquälen, höchstpersönlich meine Baumwolle zu hacken. Dann kaufte ich mir ein paar hundert Stück Vieh, pachtete oder kaufte mir hier oder in Paraguay einen großen Kamp und ließe das Vieh sich in aller Gemütsruhe vermehren. Aber so — na — keiner soll glauben, daß es hier so einfach ist, vorwärts zu kommen! — Wie gut hat es dagegen der deutsche Landmann! Der pflanzt gemächlich seine Kartoffeln, sät seinen Roggen, und wenn er damit fertig ist, nimmt er ein Blatt Papier zur Hand und kann sich dann schon ungefähr überschlagen, was er ernten, was er dabei verdienen wird, wenn das Jahr herum ist. Hier in Südamerika kommt es immer anders, als man denkt. Da sind zum Beispiel die verdammten Heuschrecken in Betracht zu ziehen, allerhand Ungeziefer, wie Raupen und Käfer, die manche Jahre so überhandnehmen, daß sie ganze Felder zerstören, ganz abgesehen von monatelanger Dürre, die alles vertrocknen läßt, oder großen Regengüssen, selbst Überschwemmungen, die alle Kulturen ersäufen und verfaulen lassen. Ein sehr zeitiger Frost kann ganze Ernten vernichten, ein später die gesamte Aussaat. Geht es ein Jahr mal gut, wird das andere um so schlechter. Dazu kommen noch obendrein die großen Preisschwankungen, die stets unberechenbar bleiben. Hier im Lande Optimist zu sein oder von Europa mit optimistischen Gedanken hierher zu kommen, hieße dem sicheren Ruin entgegengehen."

„Aber es werden doch so viele große Vermögen gemacht?!"

„Geld wird immer nur mit Geld verdient, mein Lieber, das ist überall so, wieviel mehr demnach hier. Durch ehrliche körperliche Arbeit ist noch kein Sterblicher Millionär geworden. Der Bauer, der im Schweiße seines Angesichts seine Ernte einbringt, ist gezwungen, sie an die Zwischenhändler, die Aufkäufer loszuschlagen, oder mit ihr seine Almacenrechnungen zu begleichen. Der Landmann kann und darf nicht spekulieren. Ist die Ware abgeliefert, wird sie von den Händlern festgehalten, bis ihr Wert steigt, steigen muß, weil die Welt nicht warten kann und stetig verbraucht. So verdienen diese Geldmänner oft das Doppelte von dem, was man dem Landwirt zahlte, ohne einen Handschlag getan zu haben, ja, größtenteils sogar, ohne daß sie die Ware, die sie handelten, überhaupt zu Gesicht bekamen."

„Dem Einwandererstrom, der nach dem Kriege doch todsicher wieder einsetzen wird, würden Sie persönlich also raten, hier nach dem Chaco oder nach Paraguay zu gehen, um Baumwolle zu bauen?"

„Das wäre zuviel gesagt. Jemandem zu raten, ist stets schwer, noch dazu, wenn es sich um Landsleute, um Deutsche handelt, die, je weniger sie von einer Sache verstehen, um so klüger sein wollen. Haben Sie schon einen Einwanderer hier kennen gelernt, der viel Geld von drüben mitbrachte, es sofort richtig hier anwandte und so gleich von vornherein den Grundstein zu einem großen Vermögen legte? Ich nicht. Am schnellsten kam doch wohl immer noch der vorwärts, der von Anfang an ohne jede Mittel, folglich auch ohne große Illusionen, sofort irgendeine Arbeit annehmen mußte und sich so, zugleich mit den sauer und langsam erworbenen Spargroschen, Erfahrungen sammelte! Erfahrungen, die hierzulande, wo nicht alles nach Schema F geht, wie drüben, Vermögen aufwiegen. Meiner Ansicht nach sollte jeder Einwanderer erst mal wenigstens ein Jahr lang als Peon, als Arbeiter sein Brot verdienen, und ich bin fest überzeugt, daß er inzwischen alle seine Ideen und Pläne geändert haben wird und ganz gewiß nicht zu seinem Nachteil. Er lernt so jedenfalls am besten Land und Leute kennen, lernt mit wenigem auskommen, sich selbst helfen und die Landessprache gebrauchen. Dieser oder jener hat vielleicht auch Glück und wird in eine Gegend verschlagen, wo er bald gute Anstellung findet oder die Gelegenheit hat, bei einem wohlwollenden Patron auf Halbteil zu arbeiten, in welchem Falle er dann seine Ersparnisse nicht aufs Spiel zu setzen braucht."

Herr Berg sah nach der Uhr und sprang nervös auf: „Herrgott," sagte er „wir haben ja über alles Reden fast die Arbeit vergessen. Ich bin nämlich gerade beim Algodonsäen, da muß einer das richtige Wetter abpassen, und die Zeit drängt! — Aber — na — heute wollen wir mal eine Ausnahme machen. Ich werde ja nun in Ihnen eine tüchtige Hilfe haben, da können wir es uns schon einmal leisten, einen Nachmittag zu bummeln. Kommen Sie, wir wollen zu Fuß meinen Besitz ablaufen, damit Sie von vornherein über alles orientiert sind."

Mit begreiflichem Stolz zeigte er mir nun das Werk seiner Hände. Da war gleich neben dem Hause ein Garten angelegt worden, mit Rosen darin, die er aus Stecklingen gezogen hatte. Daneben gediehen Kohl, Zwiebeln, Tomaten und andere Gemüsesorten, die man ja hier nur im Winter zieht, während im Hochsommer alles verbrennt. Weiter gab es schon Mais in Kniehöhe, der im August gesät worden war. Anderer keimte gerade und war — weil sehr dicht und voller Unkraut — tüchtig durchgeeggt worden. Am Rande dieses Maisfeldes sah ich junge Melonen- und Sandiapflanzen stehen, die dort angesät worden waren, damit sie später der Mais etwas beschattete, vor den Sonnenstrahlen und somit vor dem Versengen schützte. Auch war ein Stückchen Feld mit Mandiocas und Batatas bepflanzt worden, jedenfalls für den eigenen Bedarf. Fünf lange Reihen großer Apfelsinenbäume waren sauber gepflügt und in rauher Furche liegen gelassen worden, damit Luft und Regen in den Boden eindringen konnten. Alles übrige ackerbare Land war sauber gepflügt, teils mit gradlinigen Furchen versehen, teils sogar schon fertig mit Baumwolle bestellt. Große zusammenhängende Ackerstücke, wie im Süden des Landes, schien es aber hier nicht zu geben, denn überall durchschnitten längliche Esteros das Gelände, oder tonige, harte Stellen, auf denen nicht einmal Unkraut wucherte, begrenzten in unregelmäßiger Folge den Saatacker.

„Wie schade," meinte ich, „daß das ganze Gelände so zerklüftet, so scheckig ist.

Kein geradliniges Aderstück bekommt man zu sehen, sondern alle sind von Sümpfen und schlechter Erde durchschnitten. Das muß doch beim Pflügen sehr lästig sein!?"
„Ja," antwortete er mir, „so sieht es aber leider in den meisten Chacogegenden aus. Neben üppiger, schwarzer Humuserde mit üppigem Graswuchs befindet sich ein Stück toten Tonbodens oder ein zweckloser, sich lang hinziehender Estero. Im allgemeinen rechnet man auch, daß in dieser Gegend nur 25—30 Prozent der Gesamtfläche für den Ackerbau brauchbar sind. Alles andere taugt nur für Viehweide. So auch hier bei mir. Ich selbst habe etwa zwanzig Hektar unter dem Pflug, mein Pächter auf der anderen Hälfte nur acht; mehr gute Erde besitzt mein Lote nicht. Trotzdem macht das nichts, denn man muß ja doch einen Portrero, eine Viehweide haben, in der man die Arbeitstiere lassen kann. Die vielen Esteros wiederum sorgen dafür, daß das Vieh auch im Hochsommer nicht zu verdursten braucht. So stehen namentlich die Ochsen oft bis an den Hals im kühlen Wasser und lassen sich das frische Grün der Sumpfpflanzen wohlschmecken, während auf der Weide das Gras schon längst in der Hitze verdorrte. Das ist auch wieder ein Vorteil, und man braucht hier keine Molinos, keine Windmühlen, wie überall im Süden, die mit ihren Rohrleitungen und Selbsttränken ebenfalls große Geldsummen verschlingen."

„Dafür züchtet man hier aber auch nebenbei um so mehr Mostitos," scherzte ich. „Ließen sich überflüssige Esteros nicht trockenlegen, um so Ackerland zu gewinnen, oder doch wenigstens von einem Aderstück zum andern gerade durchpflügen zu können?"

„Trockenlegen gewiß, wenn das auch mit einigen Unkosten verbunden wäre, da Kanäle bis zum nächsten Flüßchen gezogen werden müßten. Es wäre damit aber nicht viel gewonnen, denn der Esteroboden ist ebenfalls fast durchweg tonig und daher für den Ackerbau untauglich."

Wir begrüßten nun noch den Colono des Herrn Berg, der ebenfalls mit Frau und Kindern Baumwolle säte, und wandten uns dann wieder der Häuslichkeit zu, wo wir von der Köchin mit Eierkuchen und einem Topf voll dampfenden Kaffees erwartet wurden. Nach dem Abendessen legte ich mich bald schlafen, denn der lange Weg am Morgen und die vielen neuen Eindrücke am Nachmittag hatten mich todmüde gemacht, und ich fühlte, daß ich immer noch nicht wieder recht auf dem Damm war. — —

Schnell hatte ich mich eingelebt und eingearbeitet. Der Betrieb fing zeitig an. Eine Stunde vor Sonnenaufgang wurde geweckt, und während gewöhnlich der Peon, der Knecht, die Maultiere und Ochsen auf der Weide zusammentrieb und nach dem Coral brachte, wo sie angeschirrt wurden, brachten Herr Berg und ich die Geschirre heraus, die immer in der Stube selbst, schön eingefettet, aufbewahrt wurden, begossen die Pflanzen im Garten und fütterten die Hühner. Die Frau bereitete den Morgenkaffee. Dann wurde schnell die Kuh gemolken, was wiederum gar nicht so einfach war, denn diese Milchkühe, die Tag und Nacht auf der Weide zubrachten, gaben ihre Milch nur her, wenn man erst das Kalb ansaugen ließ, das, um es durstig zu machen, am Abend vorher von der Weide geholt, damit es aber nicht alle Milch vor dem Melken wegtrank, allein für sich eingesperrt werden mußte.

Schnell wurde darauf Kaffee getrunken, in den man sich etwas Hartbrot einbrockte, denn etwas anderes gab es nicht dazu; und schon ging es los, jeder an seine

Arbeit. So lernte ich die halbwilden Mulas fest in der Hand halten, wenn sie des Morgens bei frischen Kräften — den rasselnden Pflug hinter sich — durchgehen wollten, lernte den Sitzpflug mit seinen vielen Handhaben regieren, die kleine einspännige Säemaschine lenken und den von Ochsen gezogenen Häufelpflug festhalten. Ich lernte Algodon säen und Batatas pflanzen, Mais ernten und Unkraut hacken.

Ja, dieses Unkraut! Kaum ist die Saat im Boden, wuchert es auch schon, und ist man nicht sofort mit dem kleinen Pflug und der Handhacke dahinter her, hat es bald die Kulturpflanzen überholt und erstickt. O, es war oft zum Verzweifeln! Hat man glücklich eine der unzähligen Linien gehackt, keimt dies Teufelszeug schon wieder neu hinter einem. Kam tags darauf ein Regen, war überhaupt alle Arbeit umsonst gewesen, denn dann wuchs alles sofort wieder an.

Jede, auch die stumpfsinnigste Arbeit kann man sich interessant machen, davon bin ich überzeugt. Man kann über ihre einzelnen Stadien nachdenken, Vergleiche ziehen, verbessern, neue Versuche anstellen und dergleichen mehr. Ausgenommen ist nur die Hackerei, diese Krone allen Stumpfsinnes! Dies ewige Auf und Nieder des Hackenstieles von Sonnenaufgang bis Sonnenuntergang in glühender Hochsommersonnenhitze. Bald schwitzt man wahnsinnig und hätte am liebsten den Oberkörper ganz entblößen mögen, aber das geht auch nicht, denn die brennenden Sonnenstrahlen erzeugen große, schmerzhafte Blasen auf der Nackenhaut und dem Rücken, die einen des Nachts nicht schlafen lassen. Und diese von allen so verwünschte Hackerei, diese Körper wie Geist gleich schwächende Arbeit, nimmt die Hauptzeit der ganzen Wirtschaft in Anspruch. Gehackt müssen nämlich die meisten Früchte werden, auch der Tartago (Rizinus), die Mandioca und Batata, die Luzerne und die jungen Fruchtbäume. Und je mehr man hackt, um so mehr wuchert auch das Unkraut, von dem es eine Riesenauswahl gibt.

Da ist das Tutiá, dessen Stacheln durch Schuhe und Hosen in die Haut eindringen, daselbst Geschwüre erzeugend. Dann das sogenannte Rote Unkraut, das ein bis eineinhalb Meter hoch wird, wenn man ihm nur etwas Zeit läßt; und unter den Gräsern ist es namentlich der Escardillo mit seinen erbsengroßen runden Früchten, die — mit tausend kleinen scharfen Widerhäkchen versehen — sich überall anheften, sowohl am Haar der Zugtiere als auch am nackten menschlichen Körper, an den Kleidern wie an Ledersachen. Nur mit einem stumpfen Messer vermag man sie sich abzustreifen, will man nicht, daß sie auch in die Fingerspitzen eindringen und diese entzünden, wenn man nur mit diesen die fast mikroskopisch kleinen Stacheln herauszuziehen versucht. Besonders möchte ich auch noch drei Queckensorten erwähnen, das heißt Gräser, die sich durch lange Bindfadenwurzeln unter der Erde verbreiten. Wo diese sich einmal eingenistet haben, ist es schon besser, das Land einfach liegen zu lassen; durch die Egge verschleppt man sie nur noch weiter. Weg bekommt man sie jedenfalls nicht mehr so leicht, weil sie Winter wie Sommer wuchern. Die Samenunkräuter zeitigen drei bis vier Generationen in ein und demselben Jahr, ersticken nicht nur die Kulturen oder bringen sie bestenfalls im Wachstum zurück, sondern — überwältigt man sie nicht beizeiten — ziehen auch noch die Orugas an, die Raupen kleiner Schmetterlingsarten, die dann später auf die Baumwolle übergehen.

Um diese Zeit, namentlich in den heißesten Monaten Dezember bis Februar, heißt es sich seiner Haut wehren, heißt es keinen Tag, keine Stunde verlieren, heißt es hacken und immer wieder hacken. Glücklich, wer da Frau und viele Kinder hat, denn hierbei, wie nachher in der Ernte, können sie sich nützlich machen, ersetzen die teueren Tagelöhner und die Wanderarbeiter, die von Chacra zu Chacra ziehen und um den Akkordsatz feilschen. Auch Indianer stellten sich zu dieser Zeit bei uns immer ein; sie kamen aus dem Urwald, arbeiteten mit der Hacke und später in der Ernte, worauf sie wieder verschwanden, ihre Toldos hinter sich abbrennend. Diese Leute, von denen auch zu uns etwa zwanzig gekommen waren, mußten sehr eigen behandelt werden, aber man brauchte sie und schickte sich daher in ihre Eigentümlichkeiten. So arbeiteten sie zum Beispiel nur, wenn es ihnen gerade einfiel, das heißt, wenn sie Hunger hatten. Arbeitsstunden festzusetzen, durfte man nicht wagen; sie kamen und gingen, wann und wie sie wollten. Ja, sie fingen gar nicht erstmal an, gab man ihnen nicht einen gewissen Vorschuß, sei es auch nur Hartbrot und Zucker, denn das aßen sie zusammen in großen Mengen, und damit gaben sie sich zufrieden. Aber auf Vorschuß mußte es genommen werden, und abends, wenn sie von der Arbeit kamen, verlangten sie jedesmal ihre Abrechnung. Das war jedesmal ein Problem, zumal das Kleingeld überall knapp und die Indianer sehr mißtrauisch waren. Es waren dies übrigens keine Guaranis, sondern sie waren vom Stamme der Tobas, die wiederum ihre eigene, dem Guarani vollständig unähnliche Sprache besaßen.

Diese Indianer — natürlich geborene Jäger — vertrieben ihre Mußestunden mit dem Fischfang, und da es an vierfüßigem Wild mangelte, ja nicht einmal Wildenten gab, fingen sie die kleinen dunkelgrauen wilden Meerschweinchen, von denen das hohe Gras an den Esteros wimmelte, rupften ihnen die Wolle aus, die sehr lose saß, und brieten sie am offenen Feuer. Die Tierchen schmeckten auch wirklich ganz gut, und auch ich schoß öfters einige des Sonntags mit dem Flobert, die uns die Köchin dann braten mußte.

Die Wanderheuschrecken hatten übrigens ebenfalls Anfang September hier gehaust, waren also etwas später gekommen als damals bei uns in Paraguay, auch in geringerer Anzahl, hatten aber doch in Gestalt ihrer Eier ein Andenken hinterlassen. Die Jungen waren inzwischen ausgeschlüpft; haufenweise sah man sie im hohen Grase sitzen. Nach weiteren vierzig Tagen hatten sie sich gehäutet, waren bunter und größer geworden, fingen an zu wandern und brachten die Pflanzungen in Gefahr. Da wurden lange, ein halb Meter hohe Bleche hochkant in offener Dreieckform auf den Boden gestellt und die Schwärme mit Tücherschwenken in diesen Winkel hineingetrieben, an dessen anderem Ende, wo die Bleche sich fast berührten, sich ein tiefes Loch befand, in das diese gefräßigen Tiere nun zu Hunderttausenden hineinpurzelten, totgeschlagen oder verbrannt und dann mit Erde bedeckt wurden. Auch diese Arbeit nahm Tage in Anspruch, machte aber Spaß, zumal, wenn alles gut klappte und die Heuschrecken nicht schon zu gewitzt, zu starrköpfig waren und — wie es vorkam — ständig die Treiberkette zu durchbrechen suchten.

Wochentags wurde fest gearbeitet. Selbst an Regentagen gab es dies und jenes zu zimmern, Reparaturen auszuführen, Geschirre zu flicken und einzufetten. Sonntags dagegen ruhte alle Arbeit. Dann setzten wir uns zusammen auf den Sulky und besuchten den einen oder anderen Nachbar, um uns nach allerlei zu erkundigen,

Rat einzuholen, oder auch mal von allerhand und nichts zu plaudern. Auch einige Deutsche gab es unter diesen, die es sogar schon zu einem gewissen Wohlstande gebracht hatten, und mit denen wir manche frohe Stunde verlebten. Das war stets sehr nett, und ich hatte dann immer nur den einen Wunsch, doch auch so ein Stückchen Erde besitzen und bearbeiten zu können. Aber dies Glück hatte ich mir nun bis auf weiteres verscherzt. Wer konnte dafür!

Viel photographierte ich auch in meinen Mußestunden. Ich hatte ja nun wieder überallhin Verbindung, und konnte mir aus Buenos Aires alles schicken lassen, was ich dazu benötigte. Außerdem gab es weit und breit keinen Photographen, und so kam manch einer der Landleute zu mir, der noch nie sein eigenes Bild gesehen hatte, es aber doch gern haben wollte. In der Regel wickelte sich das Geschäft dann folgendermaßen ab:

„Was kostet das Dutzend?" — „Sechs Pesos." — „Und das halbe Dutzend?" — „Drei Pesos." — Gut, dann machen Sie mir ein Bild für 50 Centavos!"

Daß das natürlich nicht anging, wollten sie gar nicht begreifen, griffen aber dann doch schweren Herzens tiefer in die Tasche und zahlten ihre drei Pesos.

Im Hochsommer gingen mir aber leider viel Platten verloren, weil sich die Gelatine bei großer Hitze auflöste, sogar oft dann noch, wenn ich sie in Alaun badete. Auch sonst bekam man im Sommer nicht so gute und scharfe Bilder heraus wie in der kühleren Jahreszeit.

Des Abends saßen Herr Berg und ich meist noch eine Weile über der Zeitung, irgendeinem Buch, oder sprachen von dem Krieg ohne Ende. Damit uns dabei die Moskitos, die, das Dunkel bevorzugend, meist unter dem Tisch ihre Konzerte gaben, unsere Beine oder durch den Rohrstuhl hindurch deren Fortsetzung bearbeitend, nichts anhaben konnten, stiegen wir jedesmal in einen großen Mehlsack hinein, der bis an die Hüften reichte. Man muß sich eben nur zu helfen wissen!

Von meinen Verwandten in Deutschland hatte ich schon lange nichts mehr gehört, dachte auch nicht daran, zu schreiben, um den Engländern, die jedes Schiff durchspähten, nicht die Freude zu bereiten, meine Zeilen ins Wasser werfen zu können. Dagegen war ich, so gut das anging, mit Herrn Lösche in Verbindung geblieben. Dieser hatte, als er auch bald nach mir entlassen worden war, das zweifelhafte Glück gehabt, in der Nähe, in einem kleinen Almacen, für geringen Lohn Arbeit zu finden, und hatte sich dann zuletzt in Buenos Aires, der Hauptstadt, selbst kümmerlich durchgeschlagen. Von dort teilte er mir — nachdem ich ihn fast drei Jahre lang nicht mehr gesehen hatte — eines Tages hocherfreut mit, daß er gute Stellung in einem deutsch-argentinischen Minenunternehmen in der Provinz San Luis gefunden habe, und einen Monat später erhielt ich von eben dieser Mine selbst ein Telegramm, dahin lautend, daß dort eine für mich passende Stellung freigeworden wäre, und ob ich geneigt sei, anzunehmen.

„Gehen Sie," drängte mich da Herr Berg, „lassen Sie diese gute Gelegenheit nicht vorübergehen, und sehen Sie zu, daß Sie sich etwas Geld sparen können, damit Sie dann auch endlich einmal auf Ihre eigenen Füße zu stehen kommen. Alt genug dazu — meine ich — sind Sie doch nun endlich!"

Siebenundzwanzigstes Kapitel.
Die Baumwolle und andere subtropische Kulturpflanzen in Südamerika

Das Geheimnis des Erfolges ist rastlose Arbeit. Die Baumwolle. Die Rizinuspflanze. Der Mais. Die Batate. Die Mandiola. Die Erdnuß. Die Kartoffel. Der Reis. Das Zuckerrohr. Die Tabakpflanze. Die Faserpflanze. Der Apfelsinenbaum. Der Mandarinenbaum. Der Pfirsichbaum. Der Paraisobaum. — Dazu das Bild 42.

Auch hier schreibe ich in kurzen Umrissen nur das, was ich wirklich sah und hörte. Daß die folgenden Anbaumethoden für andere Länder nicht maßgebend sind, ist selbstverständlich. Wir bauten unsere Kulturen so, wie die Praxis und der gesunde Menschenverstand es uns gelehrt hatten, sahen vor allen Dingen erst mal auf die anderen, die Nachbarn, und machten es ihnen nach, denn das ist im Anfang stets das Richtige. Auf neue Versuche darf sich der Anfänger oder Neuling mit wenig Kapital auf keinen Fall einlassen; sie werden immer fehlschlagen.

Jeder hat natürlich seine eigene Idee, sein Prinzip, auf das er schwört, viele Wege führen nach Rom, und am Schluß ist jede Methode richtig und bringt Erfolg, wenn nur die nötige unentwegte, rastlose Arbeit dahintersteckt. Das ist das ganze Geheimnis dabei, und die besten Ratschläge fallen ins Wasser, wenn Wille und Energie nachher versagen.

Die Baumwolle (Algodon).

Die Baumwolle wurde hier erst seit etwa zehn Jahren in größerem Stile angebaut. Eine eigentliche Chacosorte gab es daher noch kaum, sie mußte sich erst mit der Zeit aus den vielen Versuchssorten herausbilden, die — namentlich aus Nordamerika eingeführt — sich jährlich mehr und mehr mischten, kreuzten und akklimatisierten.

Die buschförmigen Pflanzen erreichen eine Höhe von ein bis zu anderthalb Metern, sind mehrjährig in dem Sinne, daß sie bei einem frostfreien Winter von unten wieder ausschlagen. Jedoch ist der Ertrag solcher Pflanzen im zweiten Jahre nur gering, die Bearbeitung ist auch nicht billiger, weil die Hackerei sehr frühzeitig beginnen muß. Man läßt daher die Pflanzen allgemein nur ein Jahr alt werden und sät jedes Frühjahr wieder neu aus. Ihre Blätter sind drei- bis fünflappig und etwa handgroß. Ihre großen, schönen Blüten sind gelbweiß oder rot, mit gelben Staubgefäßen. Ein und dieselbe Staude hat fast stets solche verschiedenfarbige Blüten zu gleicher Zeit. Ihre Fruchtkapseln sind grün und erreichen die Größe grüner, noch am Baume hängender Walnüsse. Später werden sie braun und platzen auf, so daß die weiße, die Samenkörner umgebende Wolle hervorquillt.

Die Wurzel ist eine Pfahlwurzel von 70—80 cm Länge. — Gegen lange Trockenheit ist die Baumwollpflanze widerstandsfähiger als jede andere Kulturpflanze; nur stößt sie zu solchen Zeiten alle Blütenknospen und kleine Fruchtkapseln ab, so daß der Boden von diesen oft ganz besät ist.

Da hier noch niemand daran dachte, irgendeine Feldfrucht zu düngen, brachte Neuland, da es im ersten Jahre noch fast frei von Unkraut blieb, stets die besten Erträge und verlangte die wenigste Arbeit. Aber auch Flächen, die schon zehn und selbst fünfzehn Jahre hintereinander Baumwolle getragen hatten, bringen ohne jeden Dung ebenfalls noch ganz gute Erträge. Eine regelrechte Fruchtfolge gibt es meist nicht, ist auch insofern nicht angebracht, als die ständig behackten und bearbeiteten Baumwollfelder reiner sind als die Mais- und Tartagoäcker und allein deshalb schon vom Bauer immer wieder zu neuer Aussaat bevorzugt werden.

Nach Beendigung der Ernte werden im Juli die erfrorenen oder bis an die Wurzeln vertrockneten Pflanzen mit dem Buschmesser abgehauen, auf Haufen geworfen und verbrannt. Größere Chacrabesitzer haben auch wohl eine Walze, bestehend aus einer schweren Holzrolle, an der längsgehend lange scharfe Eisen (Messer) befestigt sind, die die alten Algodonstrünke niederwalzen und zugleich zerschneiden, damit sie beim Pflügen nicht lästig fallen. Solche Walze kostete aber etwa 150 Pesos und kann nur ganz kurze Zeit im Frühjahr benutzt werden. — Ende August oder Anfang September wird das Land leicht geschält, um den Unkrautsamen zum Ankeimen zu bringen. Ist das erreicht, wird möglichst mehrmals mit der Egge darübergezogen, um das keimende Unkraut zu zerstören und gleichzeitig das Land einzuebnen, da der Algodon ja immer hoch angehäufelt wird und die Hügel vom Jahre vorher noch bemerkbar sind.— Anfang Oktober wird zum zweiten Male, etwa 20 cm tief, zur Saat gepflügt, die rauhe Furche gut durchgeeggt. Dann zieht man mit zwei Ochsen und einem kleinen Pflug in 1,10—1,30 m Abstand leichte Furchen und bettet in diese den Samen ein. Nach Ziehen der Saatfurche muß man sich mit der Saat beeilen, damit das inzwischen wieder keimende Unkraut nicht von vornherein dem Algodon gegenüber im Vorteil ist. Kann man das jedoch nicht sofort bewerkstelligen, weil es etwa regnet, oder man sonstwie abgehalten ist, muß man bei warmem sonnigen Wetter nochmals tüchtig auseggen, damit der wieder keimende Unkrautsame zerstört wird. — Die Aussaat erfolgt am besten bald nach einem Regen, weil dann im feuchten Boden die Samen bald keimen und vorerst gutes Wetter zu erwarten ist. Regnet es jedoch kurz nach dem Säen, so verkrustet zumeist die Bodenoberfläche schnell, die zarten Pflänzchen können diese Kruste nicht durchbrechen und verfaulen im Boden. In dieser Beziehung ist der Handsäer dem Maschinensäer über. Der Handsäer sät nämlich in Abständen von etwa 8—100 cm immer 15—25 Samenkörner zugleich, erstens, weil der Algodonsamen an sich keine große Keimfähigkeit hat, dann aber auch, weil diese Samen — keimen mehrere — mit vereinten Kräften die etwa verkrustete Bodenoberfläche leichter durchbrechen. Kommt ab und zu an einer Stelle gar nichts, muß natürlich nachgesät werden, und das kommt immer vor, schon der Ameisen wegen. Der Maschinensäer dagegen, mit einer Mula oder Stute vor der kleinen Maschine, sät die Furchen entlang, die vorher mit Pflug und Ochsen gezogen worden sind, wodurch sich die Samenkörner mehr verteilen. Er muß lieber zu dick (20—30 kg auf den Hektar) als zu schwach (10—20 kg) säen, denn wo viel hinein kommt, kommt viel heraus; er ist dann wenigstens sicher, die langweilige Arbeit des Nachsähens zu ersparen, und hackt später lieber ein paar überflüssige Pflanzen mehr mit weg, als daß er große Lücken in den Feldern gähnen läßt. — Die Saat selbst wird nur leicht mit Erde bedeckt, etwa 2 cm hoch. Der Handsäer besorgt das mit dem Fuß, bei dem anderen tut es die Maschine. Das Saatgut war damals billig, für einen Peso die 10 Kilo zu haben. Es keimt — je nach den Witterungsverhältnissen — nach etwa acht Tagen.

Man sät in der Zeit von Mitte Oktober bis Ende November. Vor dem 15. Oktober zu säen, ist keinesfalls ratsam, weil dann die Heuschreckengefahr (August bis Mitte Oktober) noch besteht, da vom Norden her noch oft kleinere oder größere Schwärme kommen, um ihre Eier abzulegen. Diese Schwärme würden die junge Saat unweigerlich vernichten. — Außerdem ist vor dem 15. Oktober der Boden noch nicht genügend durchwärmt, die Baumwolle keimt und wächst daher nur sehr langsam und wird vom Unkraut bald überholt und überwuchert.

Kaum ist der Algodon aufgegangen, so beginnt der Kampf gegen Ungeziefer und Unkraut. Namentlich eine große schwarze Wanderameise („Blattschneider") richtet oft große Verheerungen unter den Pflänzchen an und vernichtet in einer einzigen Nacht oft ganze Reihen, Blatteile, Knospen, ja selbst Stengel und kleine Wollkapseln nach ihrem Bau schleppend. Diesen Ameisen, die an den Esteros und Feldrändern ihre Nester unter der Erde haben, so daß man von oben gar nichts sieht, muß nachgespürt, ihre Bauten müssen ausgehoben werden. Wir fanden einen halben Meter unter der Erdoberfläche oft Nester von einem Meter im Durchmesser, voll von gärendem Grünfutter, Eiern und Larven. Diese werden zerstört, indem man alles mit Erde und Wasser durcheinanderrührt. Das können sie nicht vertragen und ziehen ab, natürlich, um an einer anderen Stelle von neuem mit ihren Taten zu beginnen. Auf diese Wanderameisen ist unbedingt ein scharfes Augenmerk zu richten, denn, wie schon ihr Name sagt, wandern sie, wechseln den Ort, an dem sie einmal gestört worden sind und tauchen bald darauf ganz woanders wieder auf.

Zu den Heuschrecken und Ameisen, die dem Bauer so viel Ärger und Arbeit bereiten, gesellen sich noch manchmal, in ihnen günstigen Sommern, die Orguas, die Raupen kleiner brauner und gelbbrauner Schmetterlinge, die sich zuweilen in mehreren Generationen in demselben Jahre zu Millionen vermehren und ganze Felder kahlfressen. Diese Tiere, einmal zahlreich vorhanden, vernichten nicht nur den Algodon, sondern auch sämtliches Unkraut in den Reihen; ich machte sogar die Beobachtung, daß gerade die Algodonale, die sehr verunkrautet waren, am meisten von ihnen bevorzugt wurden, während peinlich saubere Baumwollfelder oft ganz verschont blieben. So hat es den Anschein, als ob die Raupen von dem Unkraut auf den Algodon, nicht aber von dem Algodon auf das Unkraut übergehen. — Man bekämpft die Raupen mit Erfolg, indem man im Tau die Blätter mit Schweinfurter Grün bestäubt; auch gibt es besondere Spritzen dafür, mit denen man den ganzen Tag über arbeiten kann. Die ältere Methode, Lampen mit großen Wasserbecken darunter des Nachts auf den Feldern aufzustellen, um so die Schmetterlinge anzuziehen und zu ersäufen, hatte sich wohl nicht besonders bewährt, war jedenfalls auch ziemlich kostspielig gewesen.

Bald nach dem Aufgehen der Saat geht es ans Bearbeiten der Saatreihen. Reinhaltung von Unkraut, ständige Bodenlockerung, damit Regen und Luft eindringen können, das sind die Grundbedingungen für eine leidliche Ernte! Da wird zunächst mit einem kleinen Pflug und zwei Ochsen die Erde von den Pflänzchen abgepflügt, so daß für den Handhacker nur ein schmaler Streifen zu bearbeiten bleibt, der trotzdem noch genug Arbeit macht, weil um die kleinen Pflanzen herum das Unkraut natürlich mit der Hand ausgezogen werden muß. — Ist dann alles rein, so wird die abgepflückte Erde vorsichtig wieder an die Pflänzchen angepflügt, was sich im Laufe der Monate Dezember bis Februar etwa dreimal wiederholt. Bei der letzten Hacke wird dann gleichzeitig verzogen, das heißt, man läßt auf etwa ein Meter Entfernung nur ein bis zwei Pflanzen stehen, damit sie sich kräftiger entwickeln und damit Luft und Sonne bis an die untersten Kapseln dringen können, da diese sonst verfaulen. — Im Februar wird der Algodon mit einem großen Häufelpflug so hoch wie möglich angehäufelt, und dann fängt allmählich die Ernte an.

Die Ochsen, die im Algodon arbeiten, müssen Maulkörbe umhaben, da sie nicht nur die Blätter, sondern auch die grünen Fruchtkapseln, ja selbst die lang herabhängende weiße Wolle, der ölhaltigen Kerne wegen, mit Vorliebe fressen. Aus demselben Grunde müssen die Drahtzäune immer gut in Ordnung gehalten werden, da sonst auch anderes Vieh von der Weide durchbricht und manchmal in einer Nacht ein ganzes Feld zerstört, es nicht nur abfressend, sondern den Rest auch noch zertrampelnd.

Die Hackerei wird auf größeren Chacras von Indianern besorgt, die zu diesem Zwecke aus dem Urwald kommen und bis nach der Ernte bleiben. Gern hat man sie nicht, denn sie stehlen Apfelsinen, Mais und Batatas, wo sie nur können, arbeiten nur mit Vorschuß und nur wenn sie Lust haben; kurz sie haben viele Nachteile. Aber man braucht sie. Ausländer sind für diese Arbeit meist nicht zu haben, sie halten nicht durch, und die argentinischen Wanderarbeiter, die von Chacra zu Chacra gehen, verlangen hohe Bezahlung; zudem war gewiß keiner da, wenn man sie brauchte, und hatte man sie, waren sie am nächsten Tage gewiß schon wieder verschwunden, weil ein Nachbar ihnen mehr geboten hatte.

Die eigentliche Ernte beginnt mit dem ersten März, dann und wann auch etwas früher. Da die häufigen Niederschläge die Wolle beschweren, beschmutzen und schnell ausfallen lassen, so müssen die aufgegangenen Capullos, die Kapseln, so bald wie möglich geerntet werden, was vielleicht auch etwas dazu beiträgt, daß die Samen oft so geringe Keimfähigkeit besitzen. Namentlich die Indios, die Indianer, ernten mit Vorliebe halbreife Kapseln, weil deren Wolle noch feucht und darum schwerer wiegt.

Der Kleinbauer erntet selbst mit Frau und Kindern, im Großbetriebe benötigt man Indianer oder Wanderarbeiter, denen man jeden Morgen einen großen leeren Mehlsack aushändigt, den sie des Abends mehr oder weniger gefüllt zurückbringen. Diese Mehlsäcke haben etwa denselben Rauminhalt wie unsere deutschen Weizensäcke, und man kann gut gepreßt 40 kg Baumwolle hineinbekommen. In der Regel schafft ein Pflücker auch nicht mehr am Tag. Die Höchstleistung betrug bei uns 50 kg, der Durchschnittspflücker brachte 30—35 kg heim. Für 10 kg geerntete Baumwolle zahlten wir 0,70 bis 1,10 Pesos je nach der Zeit und Menge. — Außer dem großen Mehlsack besitzt jeder Pflücker auch noch einen kleinen Sack, den er wie eine Schürze vor sich hängen hat, und den er, von Pflanze zu Pflanze gehend, langsam füllt.

Alle diese Leute lieben es, sehr zeitig in die Algodonales ernten zu gehen, weil dann die Wolle noch taubeschwert und naß ist und somit schwerer wiegt. Im allgemeinen wird ihnen daher nicht gestattet, vor sieben oder acht Uhr morgens mit der Ernte zu beginnen. Auch am Tage nach einem Regen wird aus demselben Grunde nicht geerntet.

Die abends eingebrachte Wolle wird dem einzelnen Pflücker abgewogen und am nächsten Tage — dünn ausgebreitet — in der Sonne getrocknet, worauf man sie in einem Schuppen aufbewahrt. Nicht gut in der Sonne getrocknete Wolle erhitzt sich nämlich, wie etwa feuchtes Heu. Die Keimfähigkeit der Samen geht dann gänzlich verloren, sie schrumpfen zusammen, und das Produkt wird sehr leicht. Selbst bei gut behandelter Baumwolle ist beim späteren Verkauf immer noch mit einem Gewichtsverlust von 10—20 Prozent zu rechnen.

Diese Ernte findet im Juli ihr Ende, trat nicht schon frühzeitig Frost ein, der die Pflanze abtötet, so daß nur noch die größeren Kapseln nachreifen. Bis zu drei Wochen nach dem ersten Frost hat man also immer noch zu pflücken. Solche Nachernte ist natürlich für den Pflücker nicht mehr sehr lohnend, weil dieser letzte Algodon leicht, die Samen hohl sind. Man muß deshalb den Leuten um diese Zeit immer mehr zahlen, auch schon weil sie an den nun trockenen Reisern ihre Kleider sehr zerreißen.

Der Durchschnittschacarero baut seine 6—8 Hektar Baumwolle, die er mit seiner Familie bewältigen kann, rastlose Arbeit vorausgesetzt. Aber auch der größere Besitzer wagt in der Regel nicht mehr als 20 ha anzubauen, da es unbedingt lohnender ist, lieber weniger zu haben, dies Wenige aber gut zu bearbeiten, als viel, das nachher im Unkraut erstickt. Endlich gehört zum Baumwollbau auch ein ganz erhebliches Kapital, denn von der ständigen Bodenbearbeitung mit Pflug, Häufelpflug und Egge ganz abgesehen, kostet das dreimalige Hacken wenigstens 50 Pesos je Hektar, die Ernte nochmals 100 Pesos!

Die ganze Hackerei geschieht natürlich stets im Akkord; man zahlt je etwa 15 Centavos für laufende 100 Meter. Fleißige Arbeiter können dabei 2½—4 Pesos in zehn Stunden verdienen.

Im Durchschnitt bringt der Hektar 1000—1200 kg Rohbaumwolle. Erreicht man dies, so kann man zufrieden sein. Daß kleine, günstig gelegene Stücke auch mal 1500—2000 kg Wolle liefern, mag vorkommen, gehört aber zu den Ausnahmen. Zu Beginn der Ernte sind die Preise für die Rohbaumwolle meist sehr niedrig, weil die meisten Leute gleich Geld brauchen und wohl oder übel verkaufen müssen. Wer durchhält, kann dagegen im Juni und Juli fast stets auf bessere Preise rechnen. — Vor dem Kriege bezahlte man etwa 180 bis 220 Pesos für 1000 kg. Im Kriege selbst stieg der Preis bis zu 450 Pesos Papier. Der Durchschnitt wird wohl für künftige Zeit bei 250 Pesos zu suchen sein. Wenn man die Unkosten je Hektar mit 200 Pesos veranschlagt, bleiben immer noch 50 Pesos übrig, das heißt mehr als bei irgendeiner anderen Feldfrucht.

Die Rizinuspflanze (Tartago).

Der Tartago ist eine hohe, strauchförmige Pflanze, mit großen, gefingerten, an den Rändern gezähnten Blättern. Er ist — wie der Algodon — insofern mehrjährig, als Pflanzen, die an geschützten, frostfreien Orten wachsen, verschiedene Jahre aushalten und dann 6—7 Meter hoch werden. Für den Kolonisten hat jedoch nur die einjährige Kultur Zweck, weil die Pflanze im ersten Jahre mehr Ertrag bringt und dann, nur 3—3½ Meter hoch, sich bequemer abernten läßt. Außerdem müßte bei mehrjähriger Kultur das Abhauen der Stämme mit der Axt geschehen, und die Stubben müßten mit dem Spaten ausgerodet werden, während bei den nur einjährigen Pflanzen das Abhauen mit dem Buschmesser noch angeht und die Strunke einem handfesten Pflug nicht widerstehen, zumal die Wurzeln mehr oberflächlich sitzen.

Für den Anbau kommen nur der sogenannte rote Tartago in Frage, dessen Stamm und Blattstiele rötlich sind. Alle anderen Varietäten liebt man nicht sehr des geringen Ölgehaltes ihrer Samen wegen.

Seine Fruchttrauben sehen einer riesigen, mit der Spitze nach oben stehenden Weintraube nicht unähnlich. Die Früchte selbst sind haselnußgroß, rauhschalig, dreiteilig und in der Reife braun. Sie enthalten drei bunte, bohnenförmige und bohnengroße Samenkörner.

Der Anbau des Tartagos geschieht in der Weise, daß man das Land im August möglichst tief pflügt, dann abeggt und in Abständen von 2—3 Metern Furchen zieht, in die man in einer Entfernung von etwa 1½—2 Metern 2—4 Samenkörner legt, mit dem Fuß etwas Erde daraufscharrt und diese dann antritt. — Viele pflanzen die Samenkörner auch zwischen den Mais in der Weise, daß sie drei Reihen Mais und eine Reihe Tartago säen. Das soll nämlich die Heuschrecken, die den Tartago wenig lieben, von dem frühgesäten Mais abhalten. Das ist aber wohl falsch, wenigstens sah man auf solchen Feldern meist eine Mißernte, indem — je nach Witterung — entweder der Mais den Tartago, oder der Tartago den Mais überwuchert und unterdrückte.

Andere wieder haben die Methode, den Tartago ganz eng zu säen, etwa wie den Algodon. Sie brauchen dann, und das ist wirklich ein Vorteil, nur einmal zu ernten, da dieser engstehende Tartago keine Seitenzweige treiben kann. Diese einmalige Ernte gibt aber immerhin einen gewissen Ertrag, auch verunkrautet das Land nicht so sehr unter dem dichten Blätterdach der engstehenden Pflanzen. Endlich lassen sich diese nur dünnstämmigen Sträucher später leicht abhauen, oder man kann die Ochsen hineinjagen, die dann alles niedertreten und, einmal hinter den Geschmack gekommen, die Tartagoblätter gern fressen.

An Samen benötigt man höchstens 10 kg für den Hektar. Die Körner werden vierundzwanzig Stunden in Wasser eingequellt, da sie so schneller keimen. Die jungen Pflänzchen durchbrechen den Boden schon nach 4—8 Tagen.

Die Bearbeitung beschränkt sich meist auf einmaliges Hacken der Reihen und mehrmaliges Gegen-die-Reihen-Pflügen der Erde, wodurch das Unkraut zerstört wird. Später helfen sich die Pflanzen einigermaßen selbst durch ihr schnelles Wachstum.

Die Ernte beginnt im März und dauert bis zum ersten Frost. Die reifen und halbreifen Fruchttrauben werden abgebrochen und in Säcken auf den Hof gefahren. Dort läßt man sie sich auf Haufen 2—3 Tage etwas erhitzen und gären, weil man die Kerne so leichter von den Stengeln abstreifen kann, ohne sich die Hände an den nun weichen, vorher harten und stacheligen Schalen zu verletzen. Darauf werden die Früchte 2—3 Tage in der Sonne getrocknet und dann auf Haufen oder in Mehlsäcken aufbewahrt bis zum Verkauf. Ein Mehlsack faßt etwa 35—40 kg, natürlich noch in den Kapseln; die Frucht ist also ziemlich leicht.

Man kann 1—2 Tonnen je Hektar ernten. Erntet man nur eine Tonne, kann man aber schon zufrieden sein, denn manchmal gibt es auch noch weniger. Der Preis schwankte damals zwischen 40 und 100 Pesos Papier die Tonne. Vor Kriegsschluß, als das Maschinenöl im Lande knapp geworden war, bezahlte man dem Colono sogar einmal 150 Pesos für die Tonne; als aber im kommenden Jahre all und jeder Tartago baute, kostete er plötzlich nur noch 40 Pesos. Der Durchschnitt wird wohl heute bei 70—90 Pesos zu suchen sein. —

Feinde hat der Tartago so gut wie gar nicht. Das ist aber auch sein einziger Vorteil, daß man seiner Ernte so gut wie sicher ist. Sonst ist er wenig beliebt, und ich für meine Person würde ebenfalls keinen bauen, wüßte ich nicht im voraus bestimmt, daß ich 100 Pesos pro Tonne erhalten würde. Der Tartago läßt nicht nur das Land sehr verunkrauten, sondern die Bearbeitung und namentlich die Ernte, endlich wieder das Abhauen und Verbrennen der trockenen Sträucher, das Trocknen der Samen, alles das nimmt sehr viel Zeit in Anspruch. Zuletzt verletzen sich noch oft genug Ochsen und Maultiere beim späteren Pflügen die Hufe an den scharfkantigen Strünken. — Dagegen liebt man es, den Rizinus als schnellwüchsige Schattenspenderin um die Ranchos herum anzupflanzen.

Das aus ihm gewonnene Öl ist als Abführmittel bekannt, wird auch für bessere Maschinen als Schmieröl verwandt und ist ein gutes Heilmittel für Verletzungen und Scheuerstellen beim Zugvieh, besonders schon deshalb, weil dann die Fliegen nicht an die Wunden gehen, die sonst mit Vorliebe ihre Eier in diese hineinlegen. Auch die Geschirre, mit diesem Öl eingeschmiert, bleiben geschmeidig und dauerhaft.

Der Mais (Maiz).

Die Haupt-Maiszone ist im Süden die Provinz Santa Fé. Der Chaco liegt schon zu nördlich. Der Mais leidet bei Trockenheit schon zu viel unter der Hitze, ganz besonders aber unter dem Ungeziefer. Namentlich ist es ein kleiner Rüsselkäfer, der die geernteten, der Schale beraubten Maiskolben zu Tausenden überfällt, die Körner anbohrt und so verkaufs- und keimunfähig macht. Aus diesem Grunde allein baut jeder Colono meist nur einige Hektar, denn einmal geerntet, muß er ihn so bald wie möglich losschlagen, ohne bessere Preise abwarten zu können. Den Saatmais für das kommende Frühjahr muß er dagegen der Käfer wegen mit der ganzen Schale ernten, die Kolben außerdem hängend aufbewahren, um sie vor Mäusefraß und den Hühnern zu schützen. So ist alle Jahre in der Erntezeit von Februar bis Juni der Mais sehr billig, nur 40—70 Pesos die Tonne, während in den übrigen Monaten dies Produkt aus der Provinz Santa Fé eingeführt und dann oft bis zu 150 Pesos die Tonne bezahlt werden muß.

Es gibt mehrere Sorten, von denen die weiße für Mehl und den Hausgebrauch bevorzugt wird. Außer diesem weißen gibt es noch den späten gelben Mais und den Maiz Cnarenton, eine frühe Sorte, die auch gute Erträge liefert, und — zeitig gesät und geerntet — manchmal einen guten Preis erzielt.

Je zeitiger der Mais gesät wird, um so besseres Resultat gibt er, wenn auch immer damit gerechnet werden muß, daß die Heuschrecken ihn abfressen, und man dann den Acker nochmals zu pflügen und zu bestellen hat. — Die Versuche, zwei Ernten in einem Jahre auf ein und demselben Stück Land zu machen, waren nicht von Erfolg gekrönt, denn der spät gesäte Mais lohnte nicht mehr, oder ein zeitiger Frost zerstörte ihn schon vor der Reife.

Die Bestellung geschieht in der Weise, daß das Land einmal gepflügt und gut durchgeeggt wird. Dann werden mit zwei Ochsen und dem kleinen Pflug leichte gerade Furchen im Abstand von 50—60 cm gezogen, in die mit der einspännigen Sämaschine der Samen gesät, gleichzeitig mit Erde bedeckt und angedrückt wird. Man benutzt dazu dieselbe Sämaschine, mit der man auch den Algodon sät, nur hat man die Discos, die Scheiben, zu wechseln. Größere Drillmaschinen für Mais anzuschaffen, wagte im Chaco niemand, weil wie gesagt jeder nur wenige Hektar anbaut.

Der kleine Mann, der keine Sämaschine besitzt, sät gleich hinter dem Pflug, indem er etwa nur 10 cm tief den Boden ritzt und ein Kind hinter sich hat, das in jede zweite Pflugfurche vereinzelt Maiskörner streut, die dann der Pflug wieder bedeckt. Man benötigt etwa 50 kg Saat je Hektar. Der Mais keimt schon nach 4—8 Tagen, nur muß man namentlich auf die Tordos, kleine blauschwarze Singvögel, aufpassen, die in Schwärmen kommen, mit Vorliebe die zarten Pflänzchen herausziehen, um das daranhängende Saatkorn zu verzehren.

Sind die Pflänzchen 2—3 Wochen alt, geht man mit der Egge darüber. Diese zerstört das keimende Unkraut, während die Maispflänzchen widerstehen. Später, wenn der Mais über Kniehöhe ist, wird er mit dem Häufelpflug angehäufelt und hat dann seine Ruhe bis zur Ernte.

Sind die Körner in der Milchreife, das heißt, schon ausgebildet, aber noch weich, werden täglich einige Choclos, Kolben, für den Hausbedarf gepflückt. Sie schmecken in Ermangelung von Gemüse, das ja stets im Sommer fehlt, gekocht sehr angenehm; geröstet sind diese Choclos für viele sogar geradezu eine Delikatesse. Auch die Indios und andere Arbeiter kaufen sie gern, zu etwa einem Centavo das Stück.

Die Ernte kann — und das ist der Vorteil anderen Kulturen gegenüber — jederzeit vorgenommen werden. Der Mais widersteht nämlich, einmal reif, wochen-, ja monatelang jeder Witterung. Nur wo es viel Loros (Papageien) und Palomas, (Wildtauben) gibt, wie namentlich in Paraguay, muß immer ein Kind den ganzen Tag über auf Posten stehen, bis man Zeit oder Lust zum Ernten hat. Man baut dort sogar Hochsitze mitten ins Feld und setzt irgendeinen Bengel da hinauf, der ankommende Flüge mit Geschrei und Gewinsel zu empfangen und am Niedergehen zu verhindern hat.

Bei der Ernte entschält man den Mais, bricht die Kolben ab und wirft sie auf Haufen, wo sie in der Sonne noch nachtrocknen. Dann fährt man sie nach dem Schuppen und entkörnt sie gelegentlich, meist bei Regenwetter, mit einer kleinen Handmaschine. — Der Marlo, das Mittelstück, an dem die Körner sitzen, ist ein beliebtes Mittel zum Feueranmachen. In manchen südlicher gelegenen Gegenden, wo es keine Waldungen gibt, ist er sogar der einzige Heizstoff.

Die Durchschnittsernte je Hektar beläuft sich auf 1000—1500 kg. Erntet man eine Tonne, kann man aber schon zufrieden sein, denn schlechte, tonige oder nasse Bodenstellen, die es überall gibt, nimmt der Mais sehr übel, und so fehlen nie kahle Stellen auf den Stücken, die sich trotz bester Bearbeitung nicht vermeiden lassen.

Die Süßkartoffel oder Batate (Batata).

Dies ist ein Rankengewächs, das, ähnlich der Kartoffel, unter der Erde meist längliche Knollen bildet, die je nach Sorte weißes, gelbes oder rotes Fleisch besitzen und bis zu 5 kg schwer werden. Diese Knollen ersetzen hier dem armen Mann die Kartoffel fast ganz, da diese nur selten angepflanzt und meist vom Süden her eingeführt wird, also teuer ist. So kosteten 10 kg Kartoffeln 2—3 Pesos, ebenso viele Batatas nur 0,60 bis zu 1 Peso. Man genießt Batatas gekocht, gebraten oder geröstet. Der etwas süßliche Geschmack erinnert den noch von Europa her verwöhnten Neuling anfangs etwas an erfrorene Kartoffeln und wirkt daher für viele abstoßend. Aber wenn der Hunger erst kommt und es nichts anderes gibt, schmecken die Batatas ganz ausgezeichnet, und viele arme Kolonisten leben zuzeiten sogar fast ausschließlich von ihnen.

Da nach der Ernte immer noch kleine Knollen im Boden bleiben, die im Frühjahr wieder keimen und Ranken treiben, fehlt es an Saatgut nie. Es werden nämlich nur die Ranken gepflanzt, nicht die Frucht, da die Ranken mehr und auch größere Knollen ansetzen, jedenfalls auch billiger sind. Der Boden muß des Unkrauts wegen gut vorbereitet werden, etwa wie der Baumwollacker. Dann werden mit zwei Ochsen und dem kleinen Pflug in etwa 80—100 cm Entfernung Furchen gezogen und die 20—30 cm langen Ranken, am besten immer zwei und zwei zusammen, in 30—40 cm Entfernung voneinander, oben auf die vom Pflug aufgeworfenen Hügel in Reihen gepflanzt. Diese Pflanzerei geschieht meist kurz nach einem Regen, wenn der Himmel noch bedeckt und der Boden feucht ist, da die Ranken mit ihren kleinen Würzelchen an den ersten Tagen nach dem Auspflanzen gegen die Sonnenhitze sehr empfindlich sind und leicht vertrocknen. Später werden sie mehrmals mit der Hand gehackt; die Erde wird an- und abgepflügt und endlich hoch angehäufelt.

Die Ernte beginnt im Februar und dauert den ganzen Winter über an, denn man erntet stets nur den Bedarf für einige Tage, da sich die Frucht im Boden besser hält. Die langen grünen Ranken sind ein gutes Schweinefutter, solange es noch keinen Frost gegeben hat, denn bei einem solchen, ist er auch nur leicht, erfriert das Kraut ohne weiteres.

Die Batate wird meist nur in kleinen Partien für den Hausbedarf und als Schweinefutter angepflanzt, für den Transport ist sie wenig geeignet. —

Die Mandioka (Mandioca).

Die Mandioka ist ein Wurzelgewächs, das ein oder mehrere $1^1/_2$ bis $2^1/_2$ Meter hohe knotige Stengel treibt, welche mit meist fünflappigen Blättern bedeckt sind. Die Pflanze kommt aber in unserem Klima fast niemals zur Blüte.

Ihre Wurzeln, deren sie an ein und demselben Stengel oft 5—10 besitzt, gleichen großen langen Mohrrüben, sind aber außen braunrot oder braunschwarz gefärbt und haben weißes Fleisch.

Der Boden muß für die Bestellung ebenfalls gut vorbereitet sein, da die Saat manchmal erst keimt, wenn sie fast schon einen Monat in der Erde gelegen hat. Die Furchen werden in etwa einem Meter Abstand gezogen und die Stecklinge in etwa 50 cm Entfernung voneinander hineingeworfen, mit etwas Erde bedeckt und angetreten. Diese Stecklinge sind Teile der vorjährigen Stengel, die etwa im Mai, jedenfalls vor dem ersten Frost abgehauen und frost- und sonnensicher aufbewahrt werden. Man erhält sie, indem man die alten, noch grünen Stengel mit dem Buschmesser in etwa 20—25 cm lange Stücke haut, die wenigstens 2 bis 3 Knoten haben müssen, aus denen nachher die Triebe kommen. Die einmal bereiteten Stecklinge muß man immer noch selbigen Tages aussäen, widrigenfalls sie vertrocknen.

Die Aufbewahrung der alten Stengel geschieht meist in der Weise, daß man sie vorerst 2—3 Tage auf dem Felde liegen läßt, bis die Blätter abgefallen sind. Dann hebt man die Erde unter einem schattigen Baume oder Busche in der Nähe des Gehöftes spatentief aus und stellt die Stengel, aufrecht gegen den Baum gelehnt, in diese Vertiefung. Endlich bedeckt man die untere Hälfte mit Erde, die obere mit trockenem Gras, damit die Luft durchziehen kann, und läßt sie so überwintern. Die Stengel bleiben auf diese Weise grün, nur muß im Frühjahr aufgepaßt werden, daß sie sich nicht erhitzen, lange Schößlinge treiben und so zur Saat unbrauchbar werden. —

Die Bearbeitung der Mandioka geschieht wie bei der Batata. Schließlich wird die Frucht auch hoch angehäufelt und dann sich selbst überlassen. — Die Ernte beginnt im März, es kann jedoch immer nur der Bedarf höchstens zweier Tage geerntet werden, da die Mandiokawurzel sich nicht lange außerhalb der Erde hält. — Benötigt man nicht alle Wurzeln, so kann man diese in der Erde lassen, sie schlagen im folgenden Jahre wieder aus. Empfehlenswert ist das jedoch nicht, da solche Wurzeln im zweiten Jahre zumeist an Geschmack verlieren und holzig werden. Man genießt sie zusammen mit Fleisch gekocht warm oder auch kalt als Ersatz für Brot. Viele lieben sie auf Kohlen oder in heißer Asche geröstet.

Ein Anbau im großen, um etwa das bekannte Mehl (Fariña) aus ihnen fabrikmäßig zu gewinnen und in den Handel zu bringen, ist nicht ratsam, da wenig Nachfrage vorhanden ist.

Die Erdnuß (Manis).

Diese Pflanze ist krautartig, wächst in Büscheln und erinnert von weitem an eine Kartoffelstaude, ein ganzes Feld an ein Kartoffelfeld. Ihre Blätter sind gefiedert, ihre Blüten gelb und sitzen dicht am Stengel. Nach der Blüte verlängert sich der Blütenstengel nach unten und dringt in die Erde ein, wo sich dann die in geröstetem Zustande allgemein bekannte ein- bis viersamige Hülsenfrucht entwickelt.

Sie wird in Reihen von 70—80 cm Abstand gesät; man legt 2—3 Samenkörner in der Entfernung von 50—60 cm in die Furchen, deckt mit dem Fuß etwas Erde darauf und tritt diese leicht an. Auch diese Frucht muß zweimal mit der Hand gehackt werden und wird — wie alle anderen — schließlich angehäufelt.

Da es in unserer Gegend keine Dreschmaschinen gab, legte sich niemand darauf, die Erdnuß im großen zu bauen, um die Samenkörner an Ölfabriken zu verkaufen. Auch liebt die Erdnuß wohl mehr sandigen Boden. Sie wurde bei uns nur in kleineren Partien angepflanzt, und ihre Früchte dienten roh oder geröstet als Nachtisch oder als Brotersatz. Das Kilo konnte man für 20—30 Centavos kaufen. — Die Ernte fällt auf die Monate April und Mai. Das trockene Kraut ist ein gutes Viehfutter.

Die Kartoffel (Papa).

Sie wird hier nur von wenigen in kleinen Mengen angebaut, da sie viel Mißernten bringt und das Saatgut teuer ist. Auf Erfolg ist nur zu rechnen, wenn man sie sehr zeitig, etwa Mitte August sät, und dann mit dem Wetter Glück hat, d. h., wenn der Sommer mit seiner Hitze nicht zu zeitig einsetzt und die Pflanze vor der Zeit notreif werden läßt.

Der Reis (Arroz).

Diese zu den Getreidegräsern gehörende Pflanze sah ich nur versuchsweise anbauen. Das Resultat war ausgezeichnet. Da es in der Gegend jedoch weder Dreschmaschinen noch Schälmühlen gab, war der Anbau von vornherein zwecklos.

Das Zuckerrohr (Caña).

Zuckerrohr sah ich hier und da in kleinen Partien als Viehfutter und zur Gewinnung des Miel de Caña, des Zuckerrohrhonigs, angebaut. Der Anbau im großen setzt eine in der Nähe befindliche Zuckerfabrik voraus, und die war nicht vorhanden. Die erzielten Erträge waren glänzend.

Die Tabakpflanze (Tabaco).

Ich sah diese Pflanze hier nur sehr selten, vielleicht weil der Boden nicht für sie geeignet ist, vielleicht hat der Tabak hier auch zu viele kleine Feinde, die die Blätter durchlöchern. Für Rauchzwecke wurde paraguayscher Tabak im großen Maßstabe eingeführt und bevorzugt.

Die Faserpflanzen.

Diese Kultur hat vielleicht noch einmal eine Zukunft. Man müßte dazu ein kapitalkräftiges Unternehmen gründen und Versuchsfelder anlegen. Der einzelne Kolonist kann sich auf so etwas selbstredend nicht einlassen, denkt auch nicht daran, solange der Algodon ihm seinen Unterhalt gewährt.

Der Apfelsinenbaum (Narauja).

Wohl, weil die Apfelsinen zu Millionen billig aus Paraguay eingeführt werden, lohnt sich im Chaco der Anbau im großen wenig. Man sät auch stets nur kleine Quintas, kleine Plantagen, in denen die Bäume in Reihen von 8—10 Meter Abstand und ebenso großem unter sich stehen. In den letzten Jahren hatte sich noch dazu eine Krankheit unter diesen Pflanzen bemerkbar gemacht, für deren Verhütung es noch kein Mittel gab; die verhältnismäßig noch jungen Anlagen waren in kurzer

Zeit gänzlich vertrocknet. Man säte daher nicht mehr, wie früher allgemein, einfach die Kerne der gewöhnlichen Apfelsinenpflanze und zog daraus seinen Nachwuchs, sondern bevorzugte den Samen einer bitteren ungenießbaren Fruchtsorte, der Naranja agria. Die so gezogenen Stämmchen werden 2—3 Jahre alt, veredelt und sollen widerstandsfähiger sein. Ob sich diese Methode bewähren wird, muß erst die Zukunft lehren.

Die feineren Apfelsinensorten, wie Blutapfelsine, kernlose Apfelsine usw., begann man gerade erst einzuführen.

Der Mandarinenbaum (Mandarina).

Der Mandarinenbaum ist dem Apfelsinenbaum ähnlich, kommt jedoch mehr in Buschform vor und trägt schon nach 3—4 Jahren Früchte, die sehr aromatisch, wohlschmeckend und erfrischend sind. Der Mandarinenbaum hat den Vorteil, daß er von Heuschrecken nicht angerührt wird. Um so wunderbarer schien es mir, daß er verhältnismäßig wenig angepflanzt wurde. Allerdings, für den Versand ist seine Frucht wenig geeignet, da sie sich leicht drückt und auch nur kurze Zeit hält.

Man pflanzt die Mandarine in Abständen von 5—6 Meter, manchmal auch zwischen die Reihen frisch angelegter Apfelsinenquintas, da die Mandarine kurzlebiger ist, nur etwa 15 bis 20 Jahre alt wird und deshalb schon ihre Schuldigkeit getan hat, wenn die Apfelsinenbäume eben anfangen, sich mit den Kronen zu berühren und reiche Ernten zu geben.

Der Pfirsichbaum (Durazno).

Jeder Kolonist hat auch seine paar Pfirsichbäume, die sogar wild wachsen. Da sie meist schon im Juli blühen und so die jungen Früchte oft noch einem Spätfroste zum Opfer fallen, ist der Ertrag unsicher. Zudem sind die Früchte häufig schon vor der Reife am Baume angegangen, angefault oder von Vögeln angefressen, auch befinden sich oft Maden darin. Der Ertrag ist also recht unsicher. Transportfähig sind die Pfirsiche auch nicht, im Gegenteil muß man sich beeilen, sie schnell zu essen und die angefaulten den Schweinen zu füttern, denn sie verderben in diesem Klima und in der Januarhitze, genau wie das Fleisch, oft schon binnen vierundzwanzig Stunden.

Der Paraisobaum (Paraiso).

Diese unserem Vogelbeerbaum sehr ähnliche Pflanze, mit kleinen, in der Reife braunen, ungenießbaren Früchten erwähne ich nur aus Dankbarkeit. Es ist in den Subtropen der beliebteste Alleebaum, nicht nur, weil er schnellwüchsig ist und reichen Schatten spendet, sondern auch, weil ihn die Heuschrecken nicht anrühren. Man zieht ihn leicht aus Samen, und das Verpflanzen nimmt er weniger übel als jedweder andere Baum. Wird er zu groß, so kann man ihn köpfen wie eine Weide. Die beseitigten Äste liefern ein gutes Brennholz.

Achtundzwanzigstes Kapitel.
Auf der Wolfram-Mine

Flußreise. Buenos Aires. Wieder leere Taschen. Durch die Provinz San Luis. Steinöde. Freund Lösche am Bahnhof. Ich soll Guts- und Waldinspektor werden. Mein Vorgänger. Die Mine. Viel Ärger und Arbeit. Wieder Malaria. Der Minenarzt. Wir Deutschen unter uns. Die Minenarbeiter und ihr Leid. Argentinische Unfallversicherung. Vierzehntägige Hungersnot. Reste des Tierlebens. Ungeziefer. Wohin geht der Wolfram? Der deutsche Gesandte. Deutsch-argentinische Zeitungen. — Dazu die Bilder 61, 62, 63.

Um der langweiligen Bahnfahrt durch den Chaco und die Provinz Santa Fé aus dem Wege zu gehen, wählte ich die angenehmere Reise auf dem Parana mit einem Flußdampfer. Das war zwar nicht billiger und dauerte auch länger, war aber des Gepäckes wegen weniger umständlich; auch brauchte ich weder umzusteigen noch für meine Beköstigung Sorge zu tragen. Nach drei Tagen etwa traf ich in Buenos Aires ein, von wo ich mich telegraphisch für einen bestimmten Tag auf der Mine anmeldete, denn ich wollte natürlich die Landeshauptstadt, die ich so selten zu betreten Gelegenheit hatte, nicht nur durcheilen, sondern mich auch mal etwas amüsieren und allerhand Einkäufe besorgen. Vor allen Dingen kleidete ich mich wieder neu ein, und das war gar nicht mehr so billig, denn alles war gewaltig im Preise gestiegen. Der große Krieg hatte auch hier seine Wirkung ausgeübt. Gut, daß ich noch ein paar hundert Pesos gespart hatte, sie gingen hier glatt drauf, und als ich nach mehreren Tagen den Zug bestieg, der mich nach der Provinz San Luis bringen sollte, hatte ich wieder leere Taschen, die in mir Erinnerungen an die ersten Jahre im Lande wachriefen. Ja, das war nun mal der Welt Lauf! Man sparte, rechnete, kämpfte, rang, um nach vielen Jahren dann wieder von vorn anzufangen.

Die Fahrt ging erst durch blühendes, üppiges Gelände, solange wir in der Provinz Buenos Aires waren. Später, in der Provinz San Luis, kam's bald anders. Die Gegend war und blieb trostlos. In den Tälern sah man zwar etwas Grün, und in der Nähe kleiner Flüsse gab es sogar Alfalfa-(Luzernen)felder, mit etwas Vieh darauf; sonst aber nur nacktes Gestein und Geröll, zwischen dem allerhand Dornenbüsche wuchsen, kaum imstande, einige Ziegen zu ernähren. Es waren dies zwar die ersten Felsen, fast konnte ich sagen, die ersten Steine überhaupt, die ich hier im Lande zu sehen bekam, die Vorläufer der riesigen Andenkette; aber ich hatte mir das alles doch etwas anders vorgestellt! Wenn ein Neueingewanderter auf eine solche Gegend hereinfällt, ein scheinbar billiges Stück Land unbesehen in Buenos Aires kauft, so muß er hier glatt verhungern, denn nicht einmal Arbeit würde er in der Umgegend finden können. Der Boden bringt nichts heraus, und die Bevölkerung ist deshalb blutarm.

Dieser Bevölkerung hatte sich denn auch der Volkswitz bemächtigt. Jede Familie hier — hieß es — hätte nur vier Ziegen, da sich mehr nicht auf einer Besitzung ernähren könnten. Diesen Tieren ließen sie darum ab und zu zur Ader, um aus dem so gewonnenen Blut ihr Essen zu bereiten. Um Fleisch zu kaufen, sei nämlich Geld nötig, und das habe hier niemand. Dies war natürlich nur ein Cuento, ein Witz; aber er war nicht übel und sehr bezeichnend.

Dicker Staub drang durch die offenen Wagenfenster zu uns herein, Sitze und Sachen beschmutzend und sich schwer auf unsere Lungen legend. Schloß man aus Verzweiflung ein Fenster, so machten es andere Fahrgäste bald wieder auf, und sie hatten recht, denn es war drückend schwül, fast nicht zum Aushalten. Auch diese Qual hatte nach anderthalb Tagen ihr Ende erreicht, und als der Zug auf der mir bezeichneten Station einfuhr, winkte mir mein alter lieber Herr Lösche schon von weitem mit dem Taschentuche.

Ja, das war doch endlich wieder einmal eine Freude, dies Wiedersehen nach zwei Jahren! Das Erzählen wollte deshalb auch kein Ende nehmen, und selbst, als der Bahnsteig schon wieder ganz leer, der Zug wer weiß wo war, standen wir noch immer auf demselben Flecke und plauschten.

„Aber um Gottes willen," sagte ich, nachdem jeder von uns in kurzer Hast seine Erlebnisse aufgetischt hatte, „in was für eine verlorene Gegend haben Sie mich nur da verschleppt?!"

„Ja," antwortete er lachend, „der Chaco oder unser liebes Paraguay ist es nicht, und ich möchte hier auch nicht begraben sein; aber was wollen Sie? Schließlich muß man heutzutage zufrieden sein, wenn man überhaupt noch irgendwo geduldet wird. Wird man außerdem noch für seine Arbeit leidlich bezahlt, wie hier, so wird man den Teufel tun und sich noch um die Gegend scheren, mit der man ja nicht verheiratet ist! Übrigens werden Sie bald sehen, so trostlos auch die Umgebung ist, die Mine selbst ist ein kleines Eden; wenn auch kein Pflanzen-, so doch ein Steinparadies. Die Gesellschaft scheint gerade jetzt gut zu verdienen und hat schon begonnen, leidliche Wohnungen zu bauen, so daß wir zufrieden sein können."

Wir bestiegen nun die Postkutsche, die täglich nach der zehn Kilometer entfernten Mine fuhr und scheinbar nie Mangel an Passagieren hatte, denn auf der Mine arbeiteten ständig sechshundert Arbeiter und Angestellte. Diese Kutsche, immer in eine Staubwolke gehüllt, kreuzte außerhalb des Städtchens bald ein breites, aber seichtes Flüßchen mit weißen, salpetrigen Uferrändern, das, wie Herr Lösche mir erzählte, nach Gewittern oft so anschwillt, daß tagelang weder Menschen noch Tiere hindurch können. Allmählich ging es bergauf. Trostlos, trostlos sah es hier aus, und am liebsten wäre ich, der ich gerade aus den üppigen Subtropen kam, ausgestiegen und wieder davongelaufen! Da sah man nichts als Felsen, Geröll und stellenweise etwas schlechte Erde, auf der kümmerlich einige Dornsträucher wuchsen. Zahlreiche Kakteenhorste erinnerten mich an die vielen Stacheln, die ich mir bei meiner letzten Jagdreise in den Fuß getreten hatte. Heißer Glimmersand verletzte uns das Gesicht und entzündete die Augen, und jeden Augenblick glaubte man aus dem Wagen zu fliegen, wenn es über einen Stein oder ein Loch hinwegging. Alles das machte mich nervös, die Enttäuschung und die lange Reise taten das übrige, und so nahm ich denn auch weiter kein Blatt vor den Mund und machte meinem Herzen Luft.

Herr Lösche wollte sich wieder totlachen. „Nanu," sagte er, „Sie müßten doch allmählich auch schon dahintergekommen sein, daß es auf Erden kein Paradies gibt; man muß es eben nehmen, wie es kommt. Hier brauchen Sie jedenfalls nicht umsonst zu arbeiten und können, ebenso wie ich, Ihren zerrütteten Vermögensverhältnissen wieder aufhelfen; denn schließlich will man doch nicht sein ganzes Leben für andere hinopfern und endlich mal selbständig werden!"

Das sah ich nun zwar ein, hatte ich schon längst eingesehen, obwohl ich inzwischen ja auch etwas Wind davon bekommen hatte, wie es mit dem Selbständigsein ohne das nötige Kapital aussah, und daß man, wenn selbständig, erst recht und doppelt arbeiten mußte.

„Und was werde ich hier zu tun bekommen?" fragte ich.

„Ach," meinte er, „etwas, was Ihnen vielleicht lieber ist als das stumpfsinnige Sitzen im Escritorio. Sie werden den Mayordomoposten erhalten, werden Guts- und Waldinspektor werden. Fünfzehn Kilometer hinter der Bahnstation hat unsere Gesellschaft einige große Waldungen angekauft, die allmählich abgeholzt werden. Nähere an der Mine gelegene gibt es nicht. Wir feuern unsere Maschinen, des Kohlenmangels wegen, nämlich nur mit Holz; außerdem gebrauchen die zahlreichen Familien täglich viele Meterstöße, die wir ihnen liefern müssen, da es oben in der Nähe des Bergwerks nichts weiter gibt als nur Steine. So kommt es, daß wir täglich 100 bis 150 Meter Holz verfeuern.

Dies Holz legt den 25 km langen Weg zur Mine auf Mulakarren zurück, die mit den dazugehörigen Mulas unter dem Kommando eines Capataz, eines berittenen Aufsehers stehen. Alle sind auf einer sogenannten Estancia, einem eingezäunten Besitz der Gesellschaft untergebracht, wo die Tiere gefüttert werden und sich wenigstens auslaufen können, denn Weide gibt es ja hier nicht, höchstens hin und wieder ein paar Disteln.

Die Estancia selbst besitzt außer den Nebengebäuden ein sehr schönes Wohnhaus, viel zu schade für diese Gegend; da werden Sie wohnen. Wir sind übrigens gleich da."

Wirklich, nun sah ich auch schon das Haus liegen. Ein prächtiges Gebäude, an dessen Seite sich ein kleiner Schuppen befand und dahinter ein Molino, eine Windmühle zum Wasserpumpen. Das ganze übrige Terrain stand, was Trostlosigkeit anbelangte, seiner Umgebung nicht nach; nur war es mit festen Drähten eingezäunt, und um das Haus herum wuchsen kümmerlich einige Akazien, die ständig bewässert werden mußten, um sie nur grün zu erhalten. Auch ein kleiner Garten war angelegt worden, ein paar Obstbäume gepflanzt, aber nichts schien vorwärts kommen zu können, alles sah gelb und krank aus, trotzdem es ständig von einem Peon begossen, ja überschwemmt wurde.

Dieser Peon, dessen Frau mir in der ganzen Zeit meines Hierseins das Essen bereitete und die Stuben in Ordnung hielt, empfing uns nun und nahm meinen kleinen Handkoffer und den Mantel in Empfang. Herr Lösche führte mich flüchtig durch die spärlich möblierten Räume und wies stolz auf einen großen Koffer, denselben, den ich vor zwei Jahren seiner Obhut anvertraut und den er mir so getreulich aufbewahrt und mit sich herumgeschleppt hatte. An diesem selben Morgen hatte er ihn mir wieder von der Mine hierher bringen lassen, damit ich bei meiner Ankunft gleich alles vorfinden und zur Hand haben sollte.

Ich war natürlich sehr gerührt und reichte ihm schweigend die Hand. Unter wahren Freunden ist es nicht nötig, viel Worte zu machen, und er verstand mich schon. Das Leben ist kurz, doch nicht kurz genug, als daß es nicht jedem von uns noch einmal recht schlecht gehen könnte. Wir waren noch alle nicht am Ziel, und da war ein guter Freund immer viel wert; das wußte auch Herr Lösche.

„So," sagte er, „kommen Sie, jetzt wollen wir Sie erst mal auf der Mine vorstellen, wo sie mit dem Contador, dem Bürovorsteher, das Weitere zu bereden haben, denn einen Gerenten besitzen wir hier nicht."

„Und geht es denn auch ohne den?"

„Warum nicht? Viel besser sogar, und in vielen Betrieben hat man dies System schon seit langem eingeführt. Da ist einerseits der Contador, der den geschäftlichen Teil unter sich hat, und andererseits der Fabrikleiter, der für den guten Gang der Fabrik und des Bergwerks verantwortlich ist, sagen wir für die Aufrechterhaltung des Betriebes überhaupt. Alle wichtigeren Schriftstücke, auch die nach Buenos Aires gehende Post, werden von beiden Herren unterschrieben; so überwacht einer den anderen, und die Besitzer hüten ihr Unternehmen vor Zuständen, wie sie hier im Camp unter einem allmächtigen Administrator nur zu häufig immer wieder vorkommen. Sie wissen ja, wie es ist. Solche Leute — sind es nicht gerade Engländer — herrschen hier draußen wie kleine Könige, machen bald ganz was sie wollen, denn die Herren in Buenos Aires sind weit. Wir kleinen Angestellten haben dabei nur unsere Pflicht zu tun und zu gehorchen; denn beschwert sich wirklich mal so ein armseliger Beamter, der noch rechtlich denkt, oder besser gesagt, überhaupt noch etwas denken kann, so muß er aus Dank dafür den Dienst verlassen. Natürlich, jeder Krug geht so lange zu Wasser, bis er bricht. So reißt auch eines Tages den Aktionären in Buenos Aires meist an dem Tage der Geduldsfaden, an dem sie merken, daß der Herr Direktor sich allmählich einbildet, selbst der Herr des Betriebes zu sein, und hintenherum mehr für seine Rechnung als für die der Gesellschaft arbeitet. Sie machen dann eines Tages kurzen Prozeß."

„Ja, ja," erwiderte ich, „es ist schon so, wie Sie sagen. Schließlich kamen wir ja alle mehr oder weniger arm hier ins Land. Die meisten von uns kehrten bald darauf um, andere quälen sich so durch. Uns — meine ich — geht es im Verhältnis noch ganz ausgezeichnet, aber ihrer gibt es nur wenige. Unter Tausenden aber können es immer nur Vereinzelte sein, die es zu hohen Stellungen bringen, denn solche sind hier selten. Glück haben sie übrigens auch noch kaum einem gebracht, wenigstens keinem Deutschen; denn kaum ist einer zu einer gewissen Macht gelangt, fängt bei ihm auch schon der Größenwahn an zu wuchern, den man ihm in der Schule einst eintrichterte, und der dann eine Zeitlang nur von der Not unterdrückt war. So dauert die Herrlichkeit meist nur so lange, bis er eines Tages ein ordentliches aufs Haupt bekommt und herausfliegt. Glücklich dann, wer sich schon genug beiseite gebracht, der schon ‚Amerika gemacht' und es nun nicht mehr nötig hat, zu arbeiten. Daß an dem auf solche Weise erworbenen Gelde, wenn nicht Blut, so doch der blutige

Schweiß Tausender klebt, was macht ihnen das?! Der Weg zum Millionär geht nun mal über Leichen.
Aber mein Vorgänger, weshalb ging der eigentlich?"
„Ach, das war ein Hiesiger, und Sie wissen ja, unter diesen gibt es nur sehr wenig zuverlässige Leute hierzulande. So waren fast alle Holzhauer, die er im Walde beschäftigte, Leute aus seiner Verwandtschaft und Bekanntschaft, mit denen er trank, spielte, und denen er stets mehr anschrieb, als sie wirklich verdient hatten. Damit nicht genug, hatte es sich herausgestellt, daß andere Leute, die mit ihm ebenfalls unter einer Decke steckten, das Holz karrenweise stahlen und in der Umgegend verkauften. Deshalb werden Sie anfangs sicher einen schweren Stand haben, werden frisches Blut unter diese Holzhauer bringen und überhaupt in jeder Weise Ordnung schaffen müssen; denn was die Waldwirtschaft anbetrifft, ist der Karren hier ganz mächtig verfahren. — Hier sind wir übrigens an Ort und Stelle."
Gerade hatte unser Fuhrwerk den Gipfel eines Berges erreicht, und nun konnte man in ein Tal sehen, ein enges Tal ohne jedes Grün, an dessen tiefster Stelle sich ein Fluß hinschlängelte, ein Fluß ohne Wasser. Trotzdem standen in diesem traurigen Steinmeer, in dieser toten Wüste ein häuserreiches Dorf und eine gewaltige Fabrik. Es war wie eine Fata Morgana, wie etwas ganz Unmögliches, was da vor uns lag. Und zumal meine Landwirtssinne fragten sich sofort, wie es wohl möglich sein könne, daß so viel Menschen in dieser Steinwüste ohne jedes Grün lebten.
Im Büro angelangt, stellte ich mich dem Chef vor, der dann auch im Laufe der nächsten Stunden gleich den geschäftlichen Teil mit mir erledigte, mir die Sachlage und meine Rechte und Pflichten erläuterte, mir Ratschläge erteilte und was sonst dazu gehört, um in eine neue, ziemlich selbständige Stellung eingeführt zu werden.
Als abends um sechs Uhr die Fabrik zum Schichtwechsel pfiff — denn sowohl draußen wie drinnen im Bergwerk wurde Tag und Nacht gearbeitet —, stellte man mich den anderen Herren vor, und dann ging es nach einem eigens den Angestellten vorbehaltenen kleinen Zimmer neben dem Almacen. Hier konnte man es sich an mehreren kleinen Tischen nach Belieben bequem machen und in Ruhe sein Glas Bier trinken. Es fanden sich auch bald noch einige Steiger und Fabrikangestellte ein, lauter nette Herren, meist Deutsche, zum Teil aber auch Österreicher und Ungarn. So verlebte ich einen angenehmen Abend, denn die Beamten, die ich da sah, waren größtenteils ebenfalls Angestellte in Quebrachofabriken gewesen und von den Engländern so wie ich entlassen worden. Einige kannte ich sogar schon von früher her. Es waren alles tüchtige Leute, die Besten der Besten, denn unsere Gesellschaft hatte reiche Auswahl gehabt und auch gehalten. Die Not unter den Deutschen hier war groß gewesen, war es noch, und jeder hier war froh und dankbar, wenigstens für die Kriegsdauer ein gutes Unterkommen gefunden zu haben und gab sein Bestes her, um nicht aus irgendeinem Grunde seinen Posten zu verlieren.
Die kommende Nacht verbrachte ich auf der Mine selbst in einem wirklichen Bett; am anderen Morgen aber stand schon zeitig ein gesatteltes Pferd für mich bereit, das mir nebst noch zwei anderen zugeteilt worden war und mich nach der Estancia bringen sollte.
Eifrig widmete ich mich nun meiner neuen Tätigkeit, die darin bestand, dem Aufseher der unzähligen sechsspännigen Mulakarren allabendlich die Befehle für

den folgenden Tag zu erteilen, weil diese Karren nicht nur allein Brennholz nach der Mine fahren, sondern auch das gewonnene Mineral zur Bahn, Materialien und Dynamit dagegen von der Bahn zur Mine befördern mußten. Da gab es nebenbei noch Mais aus den Eisenbahnwagen zu laden und nach der Estancia zu bringen, oder es fehlten Grubenhölzer, die ebenfalls in den eigenen Waldungen geschlagen und bearbeitet wurden.

Diese armen Holzknechte und ihre Mulas hatten täglich einen Weg von 50 km zurückzulegen, nämlich — die Estancia lag zwischen der Mine und dem Städtchen — 5 km bis zum Städtchen, von dort bis zum Walde weitere 15 km, von da beladen zurück bis zur Mine 25 km; und von der Mine endlich wieder zurück zur Estancia auch noch 5 km!

Wie das die Tiere, auch wenn sie Maulesel waren, täglich bei den steinigen schlechten Wegen aushalten konnten, ohne viel Rast noch Ruhe, ist mir heute noch rätselhaft. Trotzdem kam es eigentlich nur sehr selten vor, daß sich ein Tier verletzte oder schlapp wurde. Es waren eben Mulas.

Den größten Ärger hatte ich stets im Walde, nach dem ich täglich ritt, um die etwa dreißig Holzschläger zu kontrollieren, ihre Arbeit aufzumessen, sie zu entlassen, wenn es nötig war, oder neue Leute anzulernen und anzustellen, wenn die Arbeit drängte. Dabei steckte diese Bande noch immer mit allerhand Holzdieben zusammen, die mich beobachteten, immer genau wußten, ob ich schon gekommen oder schon wieder fortgeritten war, und das Holz, oft am hellichten Tage, meterweise stahlen. Kurz, es gab zu tun, daß einem die Haare zu Berge stehen konnten, gab nicht nur viel Ärger, nein, man setzte sogar auch noch täglich sein Leben aufs Spiel. Jedoch, was half's, auch hier war es, wie überall, man mußte eben!

Kaum war ich vierzehn Tage da und hatte mich eben etwas eingearbeitet, als ich mich plötzlich krank fühlte. Es rumorte in meinem Kopfe, Eßlust fehlte, und das Reiten wurde mir zur Qual. Was war das bloß wieder!? Beinahe war es mir zumute wie damals, als das Chucho anfing. Aber Unsinn, das mußte doch hier in diesem veränderten Klima, in diesen Bergen ohne jeden Sumpf und ohne Moskitos unmöglich sein. Es war also sicher nur ein vorübergehendes Unwohlsein, und ich war um so mehr davon überzeugt, als es mir den ganzen folgenden Tag ausgezeichnet ging, ich sogar wieder etwas Eßlust hatte. Am dritten Tage jedoch wieder dieselbe Geschichte, nur viel schlimmer, ja so schlimm, daß ich im Bett bleiben und einen Peon zum Minenarzt schicken mußte.

Der Arzt, eine typische Germanengestalt, von hoher Statur, mit großem wallenden Vollbart, geradem Blick, kam denn auch bald, setzte sich an mein Bett und fühlte mir den Puls. Darauf ließ er sich von mir den Hergang meiner Krankheit erzählen und nickte mehrmals lächelnd.

„Sagen Sie mal," meinte er da plötzlich, „Sie waren doch da oben irgendwo im Chaco oder in Paraguay, wenn ich recht gehört habe; hatten Sie denn da niemals Malaria?"

„Natürlich," antwortete ich, „und wie! Beinahe draufgegangen wäre ich!"
„Na also, jetzt haben Sie sie eben wieder!"

Ich war natürlich ganz betroffen, und nachdem der Doktor nun ein Rezept geschrieben und den Knecht damit nach dem Städtchen geschickt hatte, mußte er mir über diese Krankheit erzählen, was er selbst davon wußte.

„El Chucho, die Malaria," hub er an, „ist eine Fieberart, die Indianer, Eingeborene und Ausländer in gleichem Maße befällt. Dies Fieber ist nicht ansteckend und tritt besonders im Winter auf, das heißt in der Regenzeit. Übertragen wird es durch eine Moskitoart, die leicht zu erkennen ist, weil sie — irgendwo sitzend — ihr letztes paar Beine und auch ihr Hinterteil weit nach rückwärts, gewissermaßen von sich ab hält. Man muß es in solchen fieberschwangeren Gegenden vermeiden, sich, um auszuruhen, in die Sonne zu legen oder zu setzen. Außerdem ist es vorteilhaft, dort immer eine Schachtel Chininpillen im Hause zu haben, da der einmal von diesem Fieber Befallene es nicht so leicht wieder los wird und es sich leicht bei plötzlich abkühlender Witterung oder wie hier bei Klimawechsel wiederholt. Der von der Krankheit Befallene muß streng vermeiden, mit Wasser oder überhaupt mit feuchten Sachen in Berührung zu kommen; er darf sich also auch nicht waschen, nur wenig trinken und keine Früchte essen. Damit Sie es wenigstens hier so leicht nicht wiederbekommen, werden Sie zehn Tage hintereinander je zwei Chininpillen einnehmen und einen Monat später nochmals zehn Tage hintereinander je eine Pille."

Aufrichtige Freundschaft verband mich übrigens bald mit diesem Mediziner, den ich später oft besuchte und in dessen Familie ich manchen netten Abend zu verbringen Gelegenheit hatte. Es war ein Menschenfreund, wie ich keinen jemals wieder kennen lernte, einer von den Wenigen, die ihren Beruf noch ideal auffaßten, einer, der später nach fünfjähriger Tätigkeit die Mine tatsächlich ebenso arm verließ, als wie er gekommen war. Nicht nur, daß er ein gastliches Haus führte, nein, er behandelte auch Hunderte von Kranken, die von auswärts kamen, unentgeltlich, und gab ihnen noch die Medizin obendrein. Denn diese arme Bergbevölkerung besaß größtenteils nichts, höchstens, daß sie ihm mal dann und wann ein Zicklein, ein paar Hühner oder ein Pumafell aus Dankbarkeit mitbrachten.

Das schöne, geräumige Hospital, das abseits allen Lärmes und Geräusches in einem Seitentälchen lag, war übrigens stets gefüllt. Nicht allein waren es die Verletzten und Verunglückten, auch andere Krankheiten gab es auf der Mine in Hülle und Fülle. Namentlich der Typhus war dauernd hier zu Hause, und wie mir der Arzt erzählte, hatte er stets Kranke dieser Art im Hospital, öfters fünfzehn oder zwanzig, manchmal allerdings auch nur einen oder zwei. Dann gab es noch viel Lungenentzündungen, was begreiflich war, da der Bergmann — von der Arbeit erhitzt — im frischen Winde sich natürlich leicht etwas holte. Endlich existierte noch eine ansteckende entsetzliche Augenkrankheit, die die Augen vollständig vereitern ließ und die durch eine kleine Fliegenart übertragen wurde, gar nicht zu reden von den mannigfaltigsten furchtbaren Geschlechtskrankheiten, wie sie bekanntlich da besonders auftreten, wo es Hunderte von Männern, aber nur wenige, dafür um so verseuchtere Weiber gibt.

Gern weilte ich auch sonst auf der Mine, wohin mich alle Wochen zwei bis dreimal mein Weg führte, um Bericht zu erstatten, neue Anweisungen zu empfangen oder irgendetwas abzurechnen. Ich fand mich dort immer gegen Abend ein, indem ich — vom Walde kommend — mein Pferd auf der Estancia wechselte. Dann saß ich nach Erledigung des dienstlichen Teiles stets noch mit den übrigen Angestellten eine Zeitlang gemütlich zusammen bei einer Flasche Bier, und es wurden Gedanken ausgetauscht, Gedanken, die sich fast ausschließlich mit dem Krieg beschäftigten. Man stritt sich jedesmal darum, wann und ob überhaupt dies Ringen ein Ende nehmen würde, ob es wohl besser wäre, nach Friedensschluß wieder nach Deutschland zurückzukehren, oder ob unsere siegreichen Landsleute dort uns, die wir nicht mitgekämpft hatten, überhaupt nicht mehr für voll ansehen würden.

Es war ein richtiges kleines Stück Deutschland hier. Da war der feine Bureauangestellte, hier der derbe Steiger, und da wieder der Österreicher, der neben seinen uns verdreht erscheinenden Ansichten zugleich auch ein verdrehtes Deutsch sprach. Dann und wann sah man auch mal ein paar deutsche Weiber sich in den Haaren liegen und sich herzhaft beschimpfen, genau wie in der Heimat! —

Die deutschen Mechaniker und ihre Peone, darunter viele brachliegende Seeleute, hielten für sich große Trinkgelage ab mit dem unvermeidlichen Gesang, ihre Gesundheit hintenansetzend. Freilich, das Klima hier wirkt durstmachend auf eine deutsche Kehle; wer sich aber dem Alkoholgenuß energielos ergibt, ist bald verloren. Ein Herz- oder Gehirnschlag — unverhofft, irgendwo, aber todsicher — eines Tages bei einer Überanstrengung, oder auch bei großer Hitze, und — acht Tage später erinnert sich niemand mehr an den Mann, der da fern der Heimat „zufällig" gestorben ist. In der fernen Heimat aber vergießt noch nach Jahren ein altes Mütterchen seine Tränen, Tränen über den verlorenen Sohn, der einst in die weite Welt hinauszog und nun schon so lange kein Lebenszeichen mehr von sich gab, sich nicht, aber auch gar nicht mehr seiner alten Eltern erinnernd, die ihn doch mit so viel Liebe großgezogen hatten.

Bezeichnend war, daß diese Leute sich — genau wie in Deutschland — auch hier nie mit dem Vatersnamen kannten. Kam man zum Beispiel in die Werkstatt und fragte nach einem gewissen Schulze, wußte niemand, wer das sein konnte. Fragte man aber nach dem Dreher-Hermann, dem Aufzug-Franz, dem Achtfinger-Fritz, dem langen Otto, dem Nasen-Karl, dem Sauf-Ede oder dem Brillen-August, dann wußten alle sofort, wer gemeint war. — Auch die braunen Weiber, die den deutschen Handwerkern für teueres Geld die Wäsche wuschen, hatten ihre Spitznamen. So hieß eine „die Himmelsziege," eine andere „die Ginsterkatze," wieder andere hatten sogar noch häßlichere Namen, die ich lieber nicht wiedergebe. O ja, wir hatten ganz bestimmt hier ein kleines Deutschland.

Die Löhne waren nicht besonders. So verdiente kein Handwerker mehr als höchstens vier Pesos in 10½ Stunden. Die Minenarbeiter, die ja ihren Akkord hatten, dagegen nur 2½ bis 3½ Pesos Papier je nach Leistung. Zu jener Zeit konnte man ja auch Leute haufenweise bekommen, und deshalb waren solche Löhne immer noch gut zu nennen. Jeder war denn auch leidlich zufrieden, mußte es auch sein, denn woanders gab es einfach keine Arbeit. Auch wir waren eben nur Kriegsgefangene, und wie gesagt noch dazu solche, die sich ihr Essen selbst in harter Arbeit verdienen mußten, immer vorausgesetzt, daß man überhaupt Arbeit fand!

Übrigens erhielten auch hier alle Angestellten am Jahresabschluß einen Monatsgehalt extra und hatten die Sonntage ganz zu ihrer Verfügung. Wir alle erkannten das hoch an, gerade weil die Besitzer der Mine Deutsche waren, also Landsleute, die sonst vielfach glauben, ihre Angestellten nicht als Menschen behandeln zu müssen.

Die Minenarbeiter setzten sich namentlich aus Russen und Spaniern zusammen. Es gab auch Rumänen, Serben und Montenegriner darunter. Leider konnte man da nicht Gleiches mit Gleichem vergelten und unsere „Feinde" alle an die Luft setzen, denn ein deutscher Arbeiter hielt es nicht lange in dem Bergwerk aus, der Hiesige erst recht nicht, und Spanier wurden überhaupt nicht mehr eingestellt, weil sie — eine hier überall bekannte Tatsache — sehr zu Aufruhr neigten und stets streitlustig waren.

Oft focht dieses Tunnelvolk förmliche Schlachten unter sich aus, bei denen es Schwerverwundete und manchmal auch Tote gab. Betrunken waren sie ja stets in ihrer Freizeit, ganz besonders natürlich die Russen. Manche Bierflasche wurde da auf einem Russenschädel zertrümmert.

Gräßlich waren oft die Unglücksfälle, die im Bergwerk selbst vorkamen. Alle Monate, ja jede Woche fast gab es einen Toten oder mehrere. Namentlich nach Regengüssen, die in die offenen Schächte eindringen konnten, lösten sich oft ganze Felspartien ab und stürzten in die Tiefe, die Grubenhölzer, selbst ein ganzes Stockwerk mit sich reißend, alles unter sich begrabend, was nicht noch rechtzeitig zu flüchten vermochte. — Nach solchen Unfällen verließen oft dreißig bis vierzig Bergleute zugleich die Mine, von Angst und begreiflichem Entsetzen erfaßt. Es währte jedoch niemals lange, und die gelichteten Reihen waren wieder ergänzt. Es gab eben zu dieser Zeit besonders viel Hungrige und Arbeitslose im Lande.

Als es einmal wieder vier Tote zugleich gegeben hatte, war der Fluß, den man zu durchqueren hatte, um nach dem Städtchen zu gelangen, so hoch angeschwollen, daß die Leichen erst einstweilig beigesetzt werden mußten. Später holte man sie wieder heraus und brachte sie nach dem Kirchhof. Übrigens wußte meist niemand, woher diese Leute stammten, ob sie hier oder in Europa irgendwo Verwandte hatten oder gar Frau und Kinder. Papiere hatte fast niemand bei sich, Briefe noch weniger, weil sie meist nicht lesen konnten, und zu erben gab es nichts, höchstens ihre Almacenschulden. Den Sarg bezahlte die Gesellschaft, und namenlos fuhren sie zur Grube.

Auch bei den Bohrmaschinen kamen oft gräßliche Unglücksfälle vor, meist dadurch, daß die Bohrmaschinisten, die das Bohrloch nach Zentimetern bezahlt bekamen, alte Sprenglöcher, in denen sich noch Dynamit befand, wieder benutzten und gegen jedes Verbot neu anbohrten. Dann explodierten natürlich diese Dynamitpatronen und rissen meist alle in der Nähe befindlichen Arbeiter in Stücke.

Wenn sie nur immer gleich tot gewesen wären! Ich entsinne mich jedoch eines Falles, in dem einem Bergmann, einem Russen, beide Arme gänzlich abgerissen wurden, und sein Compañero verlor das Augenlicht und den Unterkiefer.

Solche Verletzte wurden immer möglichst schnell nach Buenos Aires geschickt, wo man mit dem deutschen Hospital Kontrakt hatte, und wo sie dann, so gut es eben ging, wieder zusammengeflickt wurden. Die Leute waren übrigens von der Gesellschaft gegen Unfall versichert, aber bezeichnend ist, daß zum Beispiel diese beiden bis zur Unkenntlichkeit Entstellten und noch durch unzählige Steinsplitter verstümmelten Unglücklichen, die zu keiner Arbeit mehr fähig waren, später von eben dieser Versicherung mit etwa zweitausend Pesos abgefunden wurden. Darauf schickte man sie nach ihrer Heimat, nach Rußland, das diese seine Kinder aber auch nicht mehr ins Land hereinließ, sich damit ausredend, daß das Land, in dem sie sich so schwer verletzt hätten, nun auch nur für sie sorgen solle. Rußland selbst habe schon genug Arbeit und Lasten mit seinen Kriegsverletzten. Was später aus jenen beiden Leuten geworden ist, entzieht sich meiner Kenntnis.

So sieht es überall aus in Argentinien. Solange einer jung und gesund ist und arbeiten kann, ist alles gut. Wehe aber, wenn das Alter kommt, eine Krankheit, oder ein Unglücksfall! Niemand will dann mehr etwas von einem wissen, niemand ist verpflichtet, seine alten Arbeiter zu unterstützen oder gar bis ans Lebensende durchzufüttern, wie man das in Deutschland so schön hat. Hier heißt es, beizeiten selbst für sich und sein Alter sorgen, oder eines Tages in irgendeinem Straßengraben elendiglich enden!

Gegen Kriegsende stiegen die Lebensmittelpreise entsetzlich und erreichten, wie auch Metalle und andere Materialien, fast das Vierfache ihres früheren Wertes. Da schwoll auch noch eines Tages der Fluß, durch den der Weg zum Städtchen führte, wieder an, weil es in seinem Quellgebiet wahrscheinlich sehr starke Niederschläge gegeben hatte. Kurz, wir sahen uns vierzehn Tage lang vollkommen abgeschlossen. Ein Peon, der zu Pferd die Post holen sollte, wurde von der Strömung fortgerissen und ertrank samt seinem Reittier; nicht einmal seine Leiche wurde gefunden. In dieser Zeit des Abgeschnittenseins waren uns tatsächlich alle Nahrungsmittel ausgegangen. Es war nur ein Almacen vorhanden, weil die großen Gesellschaften allgemein auf ihrem Gebiete keine Konkurrenz dulden. Die Arbeiter müssen ihre Einkäufe in diesem Almacen besorgen, wodurch die Löhne immer wieder in die Hände der Besitzer zurückfließen. Dieses eine Almacen hatte also, Frauen und Kinder eingerechnet, über tausend Personen zu versorgen. Fast wäre es zu einer Hungersnot gekommen. In diesen zwei Wochen hat das Minenvolk fast sämtliche Schweine, Ziegen und Hühner geschlachtet und aufgegessen. Auch ich hatte meine Sorgen, denn gierige Blicke richteten sich schon auf meine geliebten Maulesel, verschwunden ist mir aber doch keiner, weil in der höchsten Not das Wasser plötzlich wieder so schnell fiel, als wie es gestiegen war.

Auch eine deutsche Hochzeit machte ich mit. Da es im Städtchen, wie überhaupt im allgemeinen, keine evangelische Kirche gab, ließ sich das Brautpaar nur standesamtlich trauen. Die Braut jedoch verstand — wie meist die deutschen Frauen, die immer nur zu Hause sitzen — nur wenig von der spanischen Sprache, und so wurde sie denn von ihrem Bräutigam herzhaft in die Rippen gestoßen, als sie auf die hochwichtige Frage des Standesbeamten mit einem lauten „Si" (Ja) zu antworten hatte. Sonst klappte alles, und der Vorfall wurde nachher viel belacht.

Die Jagd war leider ebenso trostlos wie die Gegend. Im allgemeinen besaß unsere Provinz zwar etwa dieselbe Fauna wie die Pampa (siehe Kapitel 16). Da hier auf der Mine aber natürlich fast jeder Arbeiter eine Flinte oder einen Revolver hatte, womit er in seiner Freizeit die Gegend unsicher machte, traf man Pumas und Strauße in der Nähe überhaupt nicht mehr, höchst selten mal einen großen Pampahasen oder einen gemeinen Hasen, um so häufiger dagegen die zu nichts nützen Discachas, welche die Wege und Kämpe unterhöhlten, so daß ich beim Galoppieren stets gut aufpassen mußte, wollte ich mir nicht eines Tages das Genick brechen. — Enten zogen des Wassermangels wegen nur selten durch. Perdice, Martinettas und ein Waldrebhuhn, ein Mittelding zwischen den beiden erstgenannten Hühnervögeln, schossen wir hier und da einmal. Die Kondore endlich, von denen alte Leute noch zu erzählen wußten, waren inzwischen längst dem Strychnin erlegen, mit dem mordlustige Eingeborene die Kadaver gefallenen Viehes vergiftet hatten, um sich der kostbaren Schwungfedern dieses sonderbaren Riesenvogels zu bemächtigen. Ab und zu sah man sie nur noch, von den Anden kommend, hoch in den Lüften ihre Kreise ziehen; zu uns herunter kamen sie niemals mehr. — Moskitos gab es zwar nicht einen einzigen, und gegen die gewöhnlichen Wanzen, die namentlich in den Russenhäusern Orgien feierten, konnte man sich zur Not durch peinlichste Reinlichkeit schützen; nicht so gegen die furchtbaren Stiche einer hiesigen geflügelten schwarzen Riesenwanze, die, was ihre Körperform anbelangt, einer deutschen Blattwanze nicht unähnlich ist. Sie hat aber einen langen Rüssel und wenigstens die Größe eines großen schwarzen Mistkäfers. Dies Tier kann bis zu einem Kubikzentimeter Blut in sich aufnehmen, und seine flügellosen Jungen, die sich während ihrer Entwickelung mehrmals häuten, sitzen in den dunkelsten Ecken der Matratzen, der Koffer und Schränke und kommen nur nachts zum Vorschein. Zum Glück treten sie nie in großen Massen auf.

Oft, wenn wir des Abends auf der Mine um mehrere kleine Tische herum in Gruppen zusammensaßen, wurde die besorgte Frage gestellt, was denn wohl mit dem Mineral, das wir hier gewannen, geschehe, und ob es nicht vielleicht dazu dienen würde, unseren Feinden Waffen in die Hand zu liefern. Nie konnten wir jedoch erfahren, an wen es verkauft wurde, wenn es auch allgemein hieß, es ginge nach Spanien. So führte diese Frage oft zu erregten Debatten. Es bildeten sich zwei Parteien, von denen die kleinere, der auch ich angehörte, meinte, daß es gut deutsch und recht wäre, beim Konsul anzufragen, ob es angängig und gestattet sei, hier zu arbeiten, um nicht etwa später nach dem Kriege in Deutschland dafür verantwortlich gemacht zu werden.

Wir wurden jedoch immer ausgelacht, und man fragte uns jedesmal mit einem gewissen Recht, was wir denn sonst arbeiten wollten, ohne unseren Feinden in die Hände zu spielen, da ja auch alle Baumwolle, alles Getreide und Vieh ausnahmslos an die Alliierten verkauft würde. So blieb es denn immer beim alten, bis eines Tages ein neutraler Aufkäufer ankam, die Mine selbst und die Fabrik besichtigte, die Erzeugnisse prüfte und uns dann abends beim Glase Bier unverfroren nicht nur erzählte, was für ein riesiges Geschäft mit diesem Wolfram augenblicklich zu machen sei, sondern auch, daß das meiste Mineral von hier durch einen Zwischenhändler nach Frankreich geliefert würde!

Einige von uns schienen das nun für ganz selbstverständlich zu halten; keiner wagte jedenfalls, zu protestieren, wollte er nicht Stellung und überhaupt seine ganze Existenz aufs Spiel setzen. Als ich mich aber langsam nach Herrn Lösche umwandte, trafen sich unsere Blicke, und das genügte, wir hatten uns verstanden.

Gleich darauf erhoben wir uns, denn die Unterhaltung wollte plötzlich nicht mehr recht in Gang kommen, und so folgte ich Herrn Lösche auf sein Zimmer. Er war sehr aufgeregt.

„Das ist ein Skandal," sagte er, „das ist ja geradezu ganz unerhört! Morgen schon schmeiße ich den ganzen Kram hin und gehe meiner Wege, mag da werden, was da will!"

Ich schwieg und ließ ihn sich erst noch eine Weile austoben; dann meinte ich, daß man ja nicht gleich alles zu glauben brauche, was so ein Fremder uns auftische, und daß es vielleicht viel besser sei, sich die Sache vierundzwanzig Stunden durchzudenken und dann erst zu handeln.

Gesagt, getan. Am folgenden Abend, am 7. September 1917, stellte ich mich wieder ein, und wir verfaßten zu dritt — es war von Herrn Lösche noch ein anderer Herr mit ins Vertrauen gezogen worden — einen Brief an das Kaiserlich Deutsche Generalkonsulat in Buenos Aires, der nach der üblichen Einleitung wörtlich folgendermaßen lautete:

„In letzter Zeit tauchten des öfteren Gerüchte auf, daß das hier gewonnene Wolfram in alliierte, d. h. feindliche Hände übergeht, weshalb wir — unabhängig von der Administration, und obwohl ohne große Geldmittel — uns die Frage erlauben, ob es angebracht ist, hier weiter unserer Arbeit nachzugehen, ohne später in Deutschland dafür zur Verantwortung gezogen zu werden. Wir bemerken noch, daß jeder von uns in unserem Vaterlande gedient und sich hier bei Kriegsbeginn vorschriftsmäßig gemeldet hat."

Dies Schreiben trug unsere Unterschriften und wurde von mir persönlich zur Post gebracht. Das Konsulat antwortete fast postwendend, bestätigte den Empfang des Briefes und teilte uns mit, daß es ihn an die Gesandtschaft weitergegeben habe. Darauf dauerte es eine ganze Weile, bis wir endlich abermals vom Generalkonsulat ein Schreiben erhielten, in dem es uns im Namen der Gesandtschaft kurz mitteilte, daß wir ruhig auf unserem Posten bleiben könnten, denn der Verkauf des Minerales in Buenos Aires sei auf das beste geregelt und unter steter Kontrolle.

So blieben wir mit dem Bewußtsein, wenigstens unsere Schuldigkeit getan zu haben. Die Gesandtschaft, unsere Reichsmutter hier im Auslande, mußte ja wissen, was sie zu tun hatte.

Kaum hatte damit eine leidige, quälende Frage ihren Abschluß gefunden, als auch schon wieder eine andere, noch leidigere aufs Tapet kam und viel Staub aufwirbelte. Der deutsche Gesandte in Buenos Aires, ein Graf Luxburg, hatte in drei durch Vermittlung des schwedischen Gesandten abgeschickten Zifferdepeschen den argentinischen Außenminister einen Esel genannt, außerdem geraten, einige nach Europa unterwegs befindliche argentinische Schiffe entweder ganz in Ruhe oder durch die U-Boote spurlos verschwinden zu lassen. Die Depeschen wurden in den Vereinigten Staaten von Nordamerika entziffert, veröffentlicht und erregten selbstverständlich in Argentinien eine ungeheure, von den Feinden Deutschlands kräftigst geschürte Entrüstung. Was sonst man sich von dem außeramtlichen Tun des deutschen Gesandten erzählte, mag hier übergangen werden. Wir Deutschen da draußen hatten die Folgen zu tragen.

Hiobsbotschaft über Hiobsbotschaft kam in diesen furchtbaren Tagen seelischer Aufregung damals zu uns aus Buenos Aires und anderen großen Städten des Landes. Der aufgebrachte Pöbel, der des Gesandten selbst nicht habhaft werden konnte, stürmte nicht nur zahllose deutsche, sondern auch deutschfreundliche Zeitungen, Geschäfte und Gasthöfe, und es war wirklich zu verwundern, daß es nicht noch zu Mord und Totschlag kam. Täglich erwarteten wir Argentiniens Kriegserklärung an Deutschland, was für uns gleichbedeutend mit Gefangenenlager und Stacheldrahtzäunen gewesen wäre! Doch muß man es Argentinien und seinem Präsidenten an rechnen, daß sie nur das wenigste taten, was sie konnten, daß sie nämlich nur den Gesandten an die Luft setzten, ohne seine Tat Unschuldigen zu vergelten.

Viel wurde zu jener Zeit auch auf die stramm deutsch geleitete La-Plata-Zeitung geschimpft, von der man behauptete, daß sie nur Telegramme bringe, die ihr zusagten, daß sie also die Wahrheit gewissermaßen unterdrücke. Aber man darf nicht vergessen, daß unsere La-Plata-Zeitung einen schweren Stand hatte und daß sie gar nicht anders handeln konnte, als sie gehandelt hat. Sie durfte auf keinen Fall durch irgendeine Notiz die Alliierten aufmuntern und uns Deutsche noch mehr entmutigen! Sie hatte unbedingt die Aufgabe, die Mutlosen und Zweifler aufzurichten, denn — nun ja — die meisten Menschen können nun mal nur durch ihre Zeitung denken. Gewiß, das Argentinische Tageblatt, eine Deutsch-Schweizerische Zeitung, die sehr beliebt war, und im allgemeinen auch brav bis ans Ende zu uns hielt, brachte mehr „Wahrheit" und wurde deshalb der La-Plata-Zeitung vielfach vorgezogen.

Neunundzwanzigstes Kapitel.
Der Wolfram-Minenbetrieb

Der glückliche Finder. Wolfram und Scheelit. Der Minenbetrieb. Die Kraftanlage. Die Aufbereitung. Verwendung und Preis.

---

1. Allgemeines.

Das Wolfram (Tungstein) kommt in der Provinz San Luis als Wolframsäure und als Scheelit vor. Jenes ist ein tiefschwarzes, glänzendes Mineral von hohem spezifischen Gewichte, dem Ansehen nach der Steinkohle sehr ähnlich. Es kommt in Quarzgängen (Quarzadern) vor. Der Scheelit ist dagegen hell, weiß, gelb oder gelbrot, seltener hellrot. Die hauptsächlichsten Lagerstätten in Argentinien befinden sich in den Sierras, den Gebirgszügen der Provinz San Luis und Cordoba.

2. Der Minenbetrieb.

Das Wolfram befindet sich in Quarzadern, die senkrecht in das Gebirgsgestein einfallen, und zwar stets in der Richtung von Osten nach Westen. Unsere Riesenader hatte man auf die Weise entdeckt, daß ein Peon einen schwarzen spezifisch sehr schweren Stein fand, dessen Untersuchung Wolfram ergab, eine Entdeckung, die dem glücklichen Finder fünf Pesos einbrachte, den Besitzern der damaligen Mine aber Hunderttausende!

In den ersten Jahren, etwa um das Jahr 1898 herum, wurde das Mineral hier nur im Tagebau gewonnen, das heißt durch Schürfgräben, in denen es oft tonnenweise zutage trat. Einmal wurde sogar ein Nest gefunden, das dreizehn Tonnen reines Mineral ergab. Später wurde tiefer abgebaut. Man trieb einen Stollen in den Berg, der sich 86 Meter unter dem Gipfel befand und zu meiner Zeit, der Ader folgend, etwa zwei Kilometer lang war. Außerdem gab es noch eine Unzahl kleiner Seitenstollen.

Dieser Hauptstollen wurde gleichzeitig nach oben und auch nach unten abgebaut, so daß die ganze Tiefe des Bergwerkes zuletzt etwa zweihundert Meter betrug. Die Quarzader selbst, die das Wolfram enthielt, hatte sich aus dem Granit gebildet und hätte sich erschöpft, wenn die Mine eines Tages auf Granit gestoßen wäre. Niemand weiß jedoch bis heute, in welcher Tiefe, da man jetzt nicht mehr abbaut, und der Wolfram-Bergbau überhaupt noch zu neu ist.

Es gab Quarzadern bis zu zwei Meter Breite. In eben diese wurden nun in einer Tiefe von zwei Metern Löcher von zwei Zoll, auf ein Zoll sich verjüngend gebohrt, und zwar mit Bohrmaschinen, die mit Preßluft getrieben wurden. Gewöhnlich wurden 10—12 solcher Löcher auf einer Fläche von 2 m Höhe und 1½ m Breite gebohrt, mit Dynamit gefüllt und die Ladungen mit der Zündschnur oder dem elektrischen Funken, entweder hintereinander oder zugleich, entzündet.

Die auf solche Weise losgesprengten Gesteinsmassen wurden in „Hunde", Kipploren, geschaufelt, die man mittels elektrischen Aufzugs nach oben beförderte und auf Schienengleisen bis in die Fabrik fuhr.

Gegen Steinbruch und verwittertes Gestein schützte man sich, indem man Gesteinsbänke stehen ließ, oder man baute Algorobostämme vor, die den ganzen Bergversatz trugen.

3. Die Kraftanlage.

Der zum Betreiben der Bohrmaschinen nötige Luftdruck wurde in Luftkompressoren erzeugt. Von diesen waren vier Stück vorhanden, von insgesamt 350 Pferdekräften. Die Preßluft wurde in Stahlrohren nach einem im Tunnel befindlichen, sehr verzweigten Rohrnetz geleitet, an das mit Anschlußhähnen und kräftigen, mit Stahldraht armierten Gummischläuchen die Bohrmaschinen angeschlossen waren. Der Luftdruck betrug bis zu sechs Atmosphären.

Zum Betriebe des sich im Tunnel befindlichen Aufzuges für Personen- und Gesteinswagen befand sich hier ferner ein Drehstromdynamo von 125 Pferdestärken. Sein 750 Volt betragender Strom wurde mittelst eisenarmierten Kabels nach der mit einem Drehstrommotor gekuppelten Aufzughaspel geleitet.

Um das in die Mine einbrechende Wasser herauszuschaffen, hatte der Förderkorb unten einen 1 Kubikmeter fassenden eisernen Tank, der an der tiefsten Stelle des Schachtes bei jedesmaligem Heruntergehen in einen Senkschacht eintauchte und das eintretende Wasser beim Hochgehen an seiner höchsten Stelle in einen Ableitungsgraben entleerte.

Als zweites Wasserförderungsmittel diente eine elektrisch betriebene Wasserpumpe mit den dazu nötigen Rohrleitungen. Das Wasser war kühl, sehr hart und enthielt natürlich viele Mineralbeimischungen.

Zum Betriebe der Kompressoren und Drehstromanlage dienten drei Wolffsche Heißdampf-Lokomobilen von 350, 180 und 150 Pferdestärken, die mit Brennholz gefeuert wurden.

4. Der Fabrikbetrieb (die Aufbereitung).

Das aus der Mine geförderte Gestein wurde in eine Torba, einen Behälter, entleert, der ungefähr sechzig Tonnen Gestein faßte. Von hier aus gelangte das Gestein vermittelst eines hin- und hergehenden Aufgabeschuhes portionsweise in eine sich drehende Wasch- und Sortiertrommel, in der es auf zwei Korngrößen sortiert wurde, von denen die eine über- und die andere unter 40 mm stark war.

Die kleinere Korngröße kam gleich in eine Grobkorn-Walzenmühle, die größere vorerst auf einen sich ständig langsam drehenden Lesetisch, wo alles taube Gestein von Arbeitern ausgelesen und als wertlos nach der Gesteinshalde gefahren wurde. Das wolframhaltige Gestein dagegen fiel in einen Steinbrecher, der es zermalmte, und dann erst kam es in die Walzenmühle.

T₁U

Verschiedenmaschige Sortiertrommeln beförderten sodann das Gestein nach den Setzmaschinen, großen, länglichen Holzkästen, die in ihrem oberen Teile der Länge nach senkrecht geteilt waren. In dem einen Teile bewegte sich ein Holzkolben auf und ab, um einen daselbst durchlaufenden Wasserstrom ständig in schwingende Bewegung zu versetzen. In der anderen Hälfte des Kastens dagegen befanden sich Siebe, die der Korngröße der betreffenden Sortiertrommeln angepaßt waren, und über diese wurde das Gestein mit Wasserdruck gespült. Bei der durch die Kolben verursachten Bewegung des Wassers fiel das gewichtige Wolfram nach unten, während das bedeutend leichtere, gehaltlose Gestein mit dem Wasser fortgespült wurde.

Das so gewonnene Wolfram wurde getrocknet, in Doppelsäckchen zu je sechzig Kilogramm eingenäht und war nun versandfertig.

Die Tagesproduktion, je nach Güte des Gesteins sehr verschieden, betrug von 10 bis zu 50 Sack.

5. Verwendung und Preis.

Das Wolfram wird zur Verfeinerung gewisser Stahlsorten (Wolframstahl), für Metallfadenglühlampen usw. verwendet. Sein Preis ist sehr schwankend; er betrug in Hamburg früher nur 980 Mark die Tonne, stieg jedoch während des Krieges bis auf etwa 20 000 Mark alter Währung.

Dreißigstes Kapitel.
Schluß.

Übel zumute. Nochmals Malaria? Pferd gesattelt! Es geht nicht ohne mich! Die Kraft verläßt mich. Sturz. Im Hospital. Typhus, viele Wochen lang. Endlich darf Herr Lösche zu mir. Der Krieg verloren, Revolution in Deutschland, die Mine steht. Lösche und ich fangen frischen Mutes zusammen ein neues Leben an.

Es war Anfang November 1918. Ich hatte einen heißen Ritt hinter mir, denn die Frühjahrsonne brannte gerade ganz besonders. So stieg ich am Flusse ab, tränkte mein Pferd und kühlte mir Arme und Lippen in dem kalten Wasser.

Ich hatte das schon oft getan, obgleich wegen der Typhusgefahr immer davor gewarnt wurde, Flußwasser zu trinken. Aber Unsinn! Diese Warnung konnte für andere gut sein, mich, den abgehärteten, ausgetrockneten Tropenmenschen, mit der Haut und den Organen von Leder, ging das gewiß nichts an. Hatte ich doch im Chaco und in Paraguay aus jauchig-warmen Esteros getrunken, und es hatte mir nie etwas geschadet!

Aber heute war es mir so komisch zumute; schon tagelang hatte ich Schmerzen im Leibe, gerade, als ob mir jemand mit dem Messer darin herumschnitte, und noch dazu beim Reiten! — Und — es kam ja stets alles zusammen — gerade jetzt immer dieser Ärger mit den Leuten, gerade in der letzten Woche immer diese Hitze des Nachmittags, oder — war es vielleicht doch eine Krankheit, die an mir zehrte?

Auf der Estancia angekommen, nahm ich eine Chininpille und legte mich ins Bett. Gegessen hatte ich ja außer etwas Brotsuppe schon seit Tagen nichts mehr. Jeder Happen hatte mir wie Blei im Magen gelegen, zerriß mir scheinbar die Gedärme! Was war das bloß wieder? — Natürlich der Chucho! Was sollte es anderes sein? Andere Krankheiten hatte ich nie gehabt. Also noch eine Pille!

Doch es wurde mir nur noch schlimmer. Das Herz klopfte rasend, der Kopf glühte mir wie ein Backofen, und meine Eingeweide schnitt — jetzt merkte ich es ganz bestimmt — schnitt wirklich einer mit dem Messer in Stücke! — — —

Also entfliehen! — Arraus — aus dem Bett! —

Am anderen Morgen ging es mir etwas besser, wenigstens hatte ich scheinbar nur wenig oder gar kein Fieber. Gerade wollte ich aufstehen, als mein Peon klopfte und eintrat.

Er erzählte mir, ich wäre nachts im Hemde im Garten herumgelaufen, und er habe mich wieder ins Bett zurückbringen müssen. Ob er vielleicht den Arzt rufen solle? — — —

Das fehlte gerade noch — Arzt — ich brauchte keinen Arzt, — und im Hemde — Garten — ich — war wohl verrückt geworden — dieser Peon — der — dieser — der — ha, ha, ha — — —

Aber, — na — vielleicht — ja, er sollte das Pferd mir satteln. Ich wollte doch lieber mal zum Arzt reiten, aber selbst — natürlich — — selbst — — — !

Der frische Luftzug draußen wirkte entlastend auf meinen Körper, und ich bestieg das Roß, die schneidenden Schmerzen im Leibe verbeißend, und ritt los in der Richtung zur Mine — zum Hospital.

Als ich an der Carreria, den Häusern der Karrenführer vorbeikam, sah ich, daß schon alle abgefahren waren. Nur einer war noch da und quälte sich gemeinsam mit dem Aufseher, ein neugekauftes, halbwildes Pferd einzuspannen, das ich mir einzureiten gedachte, und das deshalb erst ein paar Tage im Geschirr gehen sollte, um ruhiger zu werden.

Ich sah mir diese Balgerei eine Weile mit an, dann — es ging eben wieder mal nicht ohne mich, — stieg ich ab, um zu helfen. Der Gaul sprang hin und her, schlug um sich, — biß mich sogar in den linken Oberarm, daß das Blut hervorquoll! —

Einen Augenblick wurde es mir schwarz vor den Augen, dann war ich wieder Herr meines Willens!

„Verfluchter Schinder!" schrie ich, „kommt mal her, Kerls! Wir wollen ihm meinen Sattel auflegen! — Noch schöner! — Wäre nicht der erste, den ich kirre gekriegt hätte!! — —

Der Capataz zögerte.

„Vorwärts," schrie ich, „wenn ihr Halunken nicht mal so ein Fohlen bändigen könnt, will ich es euch zeigen, wie's gemacht wird. Oder soll ich euch alle zum Teufel jagen!?"

Ich griff selbst mit zu. Eine wahnsinnige Wut hatte mich erfaßt, die ich irgendwie auslassen mußte. — So ein Schinder aber auch! — Na, warte! — Noch zu allem Ärger — widerspenstig — wollte doch mal sehen — ha — ha — ha! — — —

„Festgehalten!" — Ein Sprung! — „Los."

Hoch stieg das Roß, drehte sich mehrmals im Kreise herum, machte einen viele Meter langen Satz — stürzte — sprang wieder auf — und jagte dann in rasendem Galopp davon! — Ich klebte fest. — O, ich wußte, ich konnte reiten! — —

Das Tier schien nicht erlahmen zu wollen, und ich lenkte es daher in großem Bogen rund herum, um in der Nähe zu bleiben. Als ich wieder an meinen Leuten vorbeikam, zog ich nun auch die Reitpeitsche und schlug auf den schweißgebadeten Wildling ein, damit er sich völlig austobe. Aber sonderbar — ich konnte gar nicht schlagen, — war ja — ganz schwach — mir drehte sich alles im Kopfe!

Mit letzter Kraft wollte ich nun das Pferd zum Stehen bringen. Es wollte aber nicht, auch reichten meine Kräfte nicht mehr. Ich lenkte also gegen einen Drahtzaun; davor würde es ganz bestimmt stehen bleiben. Aber das Tier, blind vor Raserei, rannte dagegen, brach mit dem ganzen Zaun zusammen und schleuderte mich in weitem Bogen in einen morastigen Bewässerungsgraben, der am Zaune entlang ging, und mir so zum Lebensretter wurde. Wäre ich auf den harten, steinigen Boden gefallen, wäre von mir sicher nicht mehr viel übriggeblieben.

Als ich aus tiefer stundenlanger Ohnmacht erwachte, lag ich im Hospital. Der Arzt und sein Gehilfe bemühten sich um mich. Rasende Schmerzen verspürte ich überall, vom Kopf bis zu den Füßen.

„Was habe ich, Doktor?" stieß ich aus heiserer Kehle hervor.

„Scht, still, nur ja ganz still liegen, nicht rühren — ist weiter nichts Bedenkliches — einige Fleischwunden — Blutverlust — Sehnenzerrung an beiden Füßen — Knochen und Schädel ja scheinbar heil — aber Ihren Typhus wollen wir mal vor allen Dingen heilen!"

„Typhus? — Ty — phu—u—us?" Und schon schwanden mir die Sinne von neuem.

Viele Wochen waren seitdem verstrichen. — Langsam, langsam nur ging ich meiner Genesung entgegen. Jeder Verkehr mit mir war den übrigen Angestellten untersagt gewesen, um mich nicht unnötig aufzuregen. Jetzt durfte ich endlich wieder einige Zeilen an meine Bekannten schreiben, denn ich war seit einigen Tagen fieberfrei! —

Da, eines Morgens gab es eine Überraschung für mich, denn zugleich mit dem Arzte trat zum ersten Male auch Herr Lösche in mein Zimmer. —

Ein warmer Händedruck. — „Wie geht's?"

„Mir?" antwortete Herr Lösche, „gut natürlich, aber Sie sehen ja besser aus, als ich dachte."

„Das sagt man jedem Kranken!"

„Aber bestimmt — — — —"

„Schon gut, dann weiß ich, daß das Gegenteil der Fall ist."

Der Arzt lachte und machte einen Witz. Auch wir lachten mit.

Dann trat wieder eine Pause ein.

Ich fühlte, daß der Doktor mich beobachtete, und nahm mich daher zusammen, so gut ich konnte. — Jetzt suchten seine Augen die des Herrn Lösche.

„Darf ich Doktor?" fragte dieser.

Jener nickte. „Nur los, runter mit dem, was Sie auf dem Herzen haben, einmal muß er es ja doch erfahren."

„Also eine Nachricht, und sicher keine gute," suchte ich zu scherzen.

„Nun ja, — allerdings — keine gute."

„Das habe ich auch nicht erwartet, was gibt's denn?"

„Wir haben den Krieg verloren!" — —

„Verlo—o—o—ren?!?" Tausend Fragen hatte ich sofort auf den Lippen, aber schon stand der Arzt dicht neben mir.

„Morgen, morgen," sagte er ernst, „nur nicht sich aufregen, sonst müssen wir gehen."

„Ja," sagte Herr Lösche da auch schon, „das ist nämlich noch nicht alles."

„Ein Unglück kommt niemals allein," antwortete ich, mich so gut es ging beherrschend, „was gibt's denn sonst noch?"

„Die Mine steht!"

„Ste—e—e—ht?!?"

„Ja, und sie wird auch nie wieder arbeiten. Man hat inzwischen in China große

Wolframlager entdeckt, die offen zutage liegen und deren Besitzer für einen Preis verkaufen können, der jeder Konkurrenz spottet. Wir müssen alle gehen!"

„Alle — gehen — und — was dann?"

„Ja, ja, was dann, das ist es ja gerade. Nach Deutschland können wir auf keinen Fall, da geht alles drunter und drüber, da herrscht Revolution!"

„Re—vo—lu—ti—o—o—on?!?"

Da konnte ich mich plötzlich nicht mehr beherrschen. Meine schwachen Nerven ließen mich im Stich, ich sank in die Kissen zurück, bedeckte mein Gesicht und weinte, weinte — weinte —.

———————————————————————

Herr Lösche wich nicht von meinem Lager, steckte sich eine Zigarette an und ging im Zimmer auf und ab. Endlich faßte er sich ein Herz, trat an mich heran und klopfte mir auf die Schultern.

„Schmidt," sagte er, „seien Sie doch ein Mann! Wir werden uns schon durchschlagen, — wir — ja —! Auch ich habe hier den Kram satt. Wir haben jeder etwas gespart. Es wird reichen, um gemeinsam ein Stück Land zu kaufen. Was meinen Sie dazu?"

„Und wo werden wir hingehen?"

„Aber natürlich doch nach dem Chaco, oder, wenn es uns da schon zu teuer ist, vielleicht auch nach Paraguay, werden ja sehen."

„Es ist gut," antwortete ich, und neuer Lebensmut und Unternehmungsgeist leuchtete schon wieder aus meinen Augen. „Es ist gut, aber wenn mal ein paar gute Jahre kommen, die Heuschrecken nicht erscheinen; wenn die Ernten und die Preise gut ausfallen, und wenn die Leute in Deutschland erst wieder ein bißchen vernünftiger geworden sind, dann besuchen wir sie doch noch mal, unsere liebe alte Heimat, nicht wahr?"

„Ja, ja," meinte er da schon wieder lächelnd, „gewiß, — wenn — wenn — wenn — — — —"

Namen- und Sachregister

(Die auf den Bildteil bezüglichen Seitenzahlen sind in liegender Schrift gesetzt.)

Aalfang 117.
Adler 94.
Aguará-popé, Waschbär 114.
Ajaja, Löffelschnäbler 116.
Albanil, der Maurer 37.
Alberto, Freund des Verfassers 140ff.
Alfalfa, Luzerne 185.
Algodon, s. Baumwolle.
Alkoholgenuß 192.
Almacen 29. 39. 128.
Altersrenten 105.
Ameisen 37. 68.
Ameisenbär 63. 156.
Angestellte, deutsche, entlassen 122.
Apfelsinenanbau 143. 146. 151. 183.
Arbeitsnachweis 20. 51. 75.
Ärzte 103. 190.
Aussatz-Krankheit 113.
Avestruzes, s. Strauße.
Azarafuchs, Zorra 35. 88. *6*. *12*.

Barfußgehen 149.
Batatenanbau 181.
Baumwollbau 163. 173.
Belassinen 131.
Berg, Freund des Verfassers 125. 163.
Bergbau 198.
Bethmann Hollweg, deutscher Reichskanzler 163.
Beutelratte, Comadreja 35. *7*.
Biber, Sumpfbiber, Nutria 32. 116. *6*.
Biber, Discacha 90. 194.
Bichos colorados, Zecken 69.
Bienen, wilde 112. 139.
Bisamschwein 137.
Boliadora, Wurfwaffe 62. 115.
Borstengürteltier 91.
Brüllaffe 138. *21*.
Buenos Aires 19. 48. 95. 185. 196.

Caña, Zuckerrohrschnaps 44.
Cangrejo, Taschenkrebs 21.
Carancho, Geierfalk 65.
Carayá, Brüllaffe 138. *21*.

Carpinchéro, Wasserschweinjäger 127.
Carpincho, Wasserschwein 131ff. *12*.
Cascabel, Cascavella, Klapperschlange 66.
Chaco von Santa Fé 61. 63. 62ff. 113.
Chaja, Truthahn 64. 115. 116.
Chancho, Wildschwein 137.
Charata 63, 156.
Chauna, Sumpftruthahn 116.
Chauna cristata Swains 64.
Chiningebrauch 161. 191.
Chipás, Kuchenbrot 146.
Chucho, s. Malaria.
Chuña, Schlangenstorch 20.
Cisnes, Schwäne 115. 116. *20*.
Coati, Nasenbär 114.
Comadreja, Beutelratte 35. *7*.
Conejo, s. Kaninchen.
Cordoba, Provinz 166.
Cucharón, Löffelschnäbler 116. *20*.
Cuervo, Geier 65. *20*.
Curiyú, Wasserschlange 66. 117.

Deutschenhetze 122. 196.
Deutschfeindlichkeit in Argentinien 121.
Diplomaten 97. 120.
Dreschmaschinen 42.

Ehen, wilde 107. 142.
Ehescheidung in Paraguay 144.
Eisvogel *21*.
Emigrantenhotel 19.
Enten 64. 94. 115.
Entlassung deutscher Angestellten 122.
Entre Rios, Provinz 165.
Erdnuß 182.
Escardillo, Unkraut 170.
Escritorio, Kontorgebäude 99.
Eulen, Lechujas 36.
Eyra, Katze 114.

Falken 94.
Fischregen 117.
Fischreiher 63. *9*. *20*.
Flamingos 94. 116.

Fuchs 63. 88. 138. *6*. *12*.
Fußballspiel 105.

Gänse 115.
Garau, Sumpfvogel 64.
Garza blanca, Silberreiher 63.
Garza mora, Fischreiher 63. *9*. *20*.
Gato moro, Katze 114.
Gauchos 78.
Gazuncho, Spießhirsch 63.
Geierfalke, Carancho 65.
Geldwährung 128.
Geschlechtskrankheiten 104. 191.
Giftkröte 67.
Golz, v. d., Feldmarschall 45.
Gottesanbeterin 69.
Grasbrände 26.
Guanaco 88.
Guarani-Indianer 171.
Guaranisprache 134. 141. 145. 147.
Guazuncho, Spießhirsch *2*.
Gürteltier 63. 90. 91. *21*.
Gymnasien, deutsche 97.

Hacheros, Holzfäller 113.
Hahnenkämpfe 106.
Hase 35. 89.
Helmsteißhuhn 36. 63. 76. 79.
Heuschrecken 70. 171. 175.
Hirsch 63. 88. 89. 138. 154.
Hokkovögel 63. 156.
Honig, wilder 139. 146.
Hühnergeier *20*.
Hundeschlange 117.
Hungersnot 194.

Juball, Wildschwein 137.
Jabiru, Storch 139.
Jagd mit Feuer 62.
Jagd mit dem Speer 136. 137.
Jagdausrüstung 124.
Jaguar, Tigre 63. 151. 156.
Iguana, Rieseneidechse 67.
Indianer 25. 55. 62. 171. 176. *15*.
José, Freund des Verfassers 133ff.
Juden, polnische 14.
Jumper, blinder Passagier 71.

Kakteen 131.
Kaninchen 138. *12*.
Karibenfische 134.
Kartoffelbau 183.
Katze 114.
Katzenfleischesser 87.
Klebitz, Tero-tero 36. 64. 131.
Klapperschlange 57.

Kohl 168.
Kolibri 65. *2*.
Kondor 94. 195.
Korallenschlange 57. 66.
Krankenkassen 105.
Krebs *21*.
Kriegsanleihe, deutsche 117. 123.
Kriegserklärung 119.
Krokodil 126. 131. 137. *13*.
Krokodileier 129.
Kröte 57.
Kröte, giftige 67.
Kyryryo, Springschlange 66.

Landlauf, Dorsicht 116. 163. 168.
Langosta, s. Heuschrecken.
Lanzenschlange 66.
La-Plata-Strom 18.
La-Plata-Zeitung 197.
Largato, s. Krokodil.
Lechusas, Eulen 36.
Leguan 67.
Lehrer in Paraguay 145.
Leichenbestattung auf Bäumen 115.
Leon, s. Puma.
Leprakrankheit 113.
Libre, Hase 35.
Linchero, Landstreicher 71.
Lissabon 12.
Lochotter 66.
Löffelschnäbler 116. *20*.
Lopez, Präsident von Paraguay 142.
Loros, s. Papageien.
Lösche, Freund des Verfassers 107. 119. 123.
124. 172. 186. 203.
Lügenfeldzug gegen Deutschland 120.
Luxburg, Graf, deutscher Gesandter 196.
Luzernefelder 185.

Mädchenhändler 14.
Maguari, Storch 64. 125. 139.
Maisanbau 179.
Malaria 158. 190.
Mandarinen, Apfelsine 184.
Mandioka 146. 181.
Manis, Erdnuß 182.
Martin Pescador, Eisvogel *21*.
Martinetta, Helmsteißhuhn 36. 63. 76. 79.
Maté 24. 166.
Maurer, Albañil 37.
Mbói yaguá, Schlange 117.
Meerschweinchen 171.
Mendoza, Provinz 166.
Minenbetrieb 198.
Mirasol, Reiher 64. *9*.
Mond, Einfluß auf Pflanzenwuchs 56.

Mosfiteros, Mückennetze 114. 128. 135.
Mosfitos 37. 68. 113. 130.
Möwen 37.
Mulita, Gürteltier 91. *21.*
Mytú 63. 156.

Nandu, s. Strauß.
Naranja, s. Apfelsine.
Nasenbär 114.
Nashornkäfer 46.
Nutria, s. Biber.

Ochsenfrosch, Zappo 67. 117.
Orguas, Raupen 175.
Ottern (Schlangen) 66.

Palomas, Wildtauben 36. 180.
Palomettas, Raubfischchen 134.
Palomitas, Wildtauben 36.
Pampa, Steppe 76.
Pampa, Tierleben u. Jagd 84.
Pampahase 89.
Pampahirsch 88. 89.
Papageien 64. 151. 180.
Paraguay 123ff.
Paraguay, Fluß 126.
Paraisobaum 184.
Paraná, Fluß 126. 185.
Patos, Wildenten 36.
Pekari, Wildschwein 137.
Peludo, s. Gürteltier.
Perdice, Steißhuhn 36. 63. 76. 79.
Pfefferfresser 139. 151. *21.*
Pferderennen 106. 147.
Pferdezucht 165.
Pfirsichbaum 184.
Photographieren des Verfassers 106. 172.
Picaflor, Kolibri 65. *2.*
Pich, Zwerggürteltier 91.
Piques, Sandflöhe 69.
Plegadis guarauna 64.
Polizei 73. 74. 109.
Puma, Silberlöwe, Leon 63. 85. *7. 8.*

Quebracho-Gerbe-Extrakt, Fabrikation 110.
Quebrachoholz 55. 98.
Queden 170.

Rabengeier 65.
Rana, Wasserfrosch 67.
Raupenplage 170. 175.
Rebhuhn 76.
Reiher 63. 64. 115. 125. *9. 20.*
Reisanbau 183.
Resistencia, Stadt 124. 163.
Revolution in Deutschland 204.

Revolution in Paraguay 150.
Rieseneidechse, Leguan 67.
Riesengürteltier s. Gürteltier.
Rio de Janeiro 18.
Rio Negro, Provinz 26. 166.
Rio Paraguay 126.
Rizinusanbau 178.
Rosario, Stadt 33. 74.
Rüsselkäfer 179.
Rüttelfischer *21.*

Sägesalmler, Raubfisch 134.
San Luis, Provinz 185.
Sandflöhe 69.
Santa Fé, 54. 73. 113. 179.
Sattelstorch 139.
Schararaka, Giftschlange 66.
Scheelit 198.
Schiebetänze 107. 144.
Schießereien 109.
Schildkröte *7.*
Schlangen 37. 57. 66. 112. 117.
Schlangengift 67.
Schlangenstorch *20.*
Schmuckreiher, Mirasol 64.
Schulen in Paraguay 145.
Schutzleute 73.
Schwäne 115. 116. *20.*
Silberfuchs 88.
Silberlöwe, s. Puma.
Storpion 57.
Speerjagd 136.
Sperling 37.
Spießbraten 23.
Springschlange 66.
Steißhuhn, Perdice 36. 63. 76. 79.
Stinktier, Zorrino 33.
Storch, Maguari 64. 125. 139.
Strandläufer 64.
Strauße 76. *91. 6. 9.*
Stuten als Reittiere 106.
Sumpfbiber, s. Biber.
Sümpfe, Trockenlegen 169.
Sumpfhirsch (Gama) 89.
Sumpftruthahn, Tschaja 64. 116.
Süßkartoffel, s. Bataten.

Tabakbau 106. 183.
Tangotanz 144.
Tanzvergnügen 107. 144.
Tapire 63. 158.
Tartago, s. Rizinus.
Taschenkrebs *21.*
Tatú, s. Gürteltier.
Tauchervogel 115.
Tausendfüßler 57.

Termiten 68.
Tero-tero, Kiebitz 36.
Tiger (Tigre), s. Jaguar.
Titelsucht, deutsche 106.
Toba-Indianer 171.
Tomaten 168.
Tonböden 169.
Töpfervogel 37.
Totenfeier 108.
Truthahn, Chaja 64. 115. 116.
Tucan, s. Pfefferfresser.
Tungstein s. Wolfram.
Tutiá, Unkraut 170.
Typhus 203.

Unfallversicherung 105. 193.
Unkrautbekämpfung 170. 174.
Urwald 56ff. 131ff. 153ff.
Urwald-Bewohner 107.

Velorios, Totenfeiern 108.
Venado, der „Giftige" 89.
Versicherung gegen Unfall 105.
Dicenta 145.
Victoria Regia 131. 136. 12.
Diebzucht 167.
Vielweiberei 142. 144.
Viscacha, Biber 90. 194.
Vogelspinne 69.

Währung in Argentinien und Paraguay 128.
Wanderameise, s. Ameise.

Wanderarbeiter 171.
Wanderheuschrecke, s. Heuschrecken.
Wanzen 195.
Waschbär 114.
Wasserfrosch 67.
Wasserhuhn 64. 115. 131.
Wasserschlangen 117.
Wasserschwein 131ff. 12.
Weinbau 166.
Wettrennen 106. 147.
Wildente 36. 116. 125.
Wildkatze 63. 87. 114.
Wildschwein 137.
Wildtauben 36. 160.
Windmühlen zur Wasserbeschaffung 169.
Wolfram-Bergbau 185.

Yacaré, s. Krokodil.
Yaguarundi, Katze 114.
Yerba 24. 166.

Zahnärzte 103.
Zappos, Ochsenfrösche 117.
Zeden 69.
Zeitungen 197.
Zorra, der Azarafuchs 35. 88. 6.
Zorrino, Stinktier 33.
Zuckerrohrbau 183.
Zuckerrohrhonig 146.
Zuckerrohrschnaps, Caña 44.
Zwerggürteltier 91.
Zwiebeln 168.

Bilder
nach Photographien des Verfassers

(Die in Klammern beigesetzten Zahlen beziehen sich auf die zugehörigen Kapitel.)

1. Die Hütte des alten Jägers, in der Verfasser mit dem Tode kämpfte (25).

2. Der Verfasser, wie er aus dem Urwald kam (17).

3. Der Verfasser mit Vicenta bei einem Guazuncho, einem kleinen graubraunen Spießhirsch, der nur ein kleines Spießgeweih, aber großen Wedel besitzt (24).

4. Der Verfasser, „endlich wieder Mensch" (17).

5. Der Verfasser auf der Wasserjagd (20).

6. Schlachtung des halbwilden Viehs auf dem Kamp (15).

7. Das Fleisch wird zerlegt und verteilt.

8. (oben) und 9. „Wilde" und „Zahme" Indianer (13).

10. „Zahme" Indianer, die in den Baumwoll-Pflanzungen arbeiten (26).

12. **Kolibri-Nest**
unter einem Dach. Ein daselbst
angebrachter Draht wird gern
angenommen (13).

11. **Nutria, der südamerikanische Sumpfbiber (7).**
Da dieses Bild in der Zeitschrift „Wild und Hund" 1921,
Nr. 6 u. 7, versehentlich ohne Nennung des Urhebers erschienen
ist, so sei ausdrücklich erklärt, daß es von dem Verfasser dieses
Buches photographiert worden ist, ebenso wie die anderen dort,
aber nicht hier abgedruckten Bilder.

13. Junger Strauß,
flüchtend (16).

14. Zorra, der überall vorkommende Azarafuchs,
aus dem Bau wechselnd (7).

16. Comadreja, Beutelratte (7).

15. Comadreja, Beutelratte (7).

Diese Ratte bringt 8—14 Junge zur Welt, nackt und nicht viel größer als neugeborene Ratten. Sie finden in einer Hautfalte am Gesäuge Schutz. So begleiten die Jungen die Mutter von Geburt an auf ihren Raubzügen, später neben ihr herlaufend oder auf ihrem Rücken reitend, die nackten Schwänze um den Schwanz der Mutter geringelt.

17. Alter Silberlöwe, Puma, geht zur Tränke an den Fluß (16).

18. Eine südamerikanische Landschildkröte (Waldschildkröte (13).

19. Halbwüchsiger Puma, Silberlöwe
vor dem Schuß und —

20. — nach dem Schuß (16).

21. Halbwüchsiger Puma (16).

22. Vier Strauße unter halbwildem Vieh (16).

23. Garza mora, amerikanischer Fischreiher (Cocoi), sichernd (13).

24. Mirasol, kleiner weißer Reiher (Schmuckreiher), der die wertvollsten Federn trägt (13).

25. Südamerikanischer Strauß (16).

26. Quebracho-Abbau. „Die Wage", d. i. der Ort im Urwald, wohin das Holz auf Ochsenkarren gebracht, gewogen und dann auf die zur Fabrik führende Schienenbahn verladen wird (19).

27. Quebracho-Abbau. Ochsenkarren, die das Holz aus dem Walde bringen (19).

28. Quebracho-Abbau. Die Kleinbahn, die das Holz von der Wage zur Fabrik schafft (19).

29. Die Quebrachoholz-Fabrik (18).

30. Eine kleine deutsche Quebrachoholz-Fabrik (18).

31. **Gute Beute.** (Ein großes Wasserschwein, ein Azarafuchs, ein Conejo, südamerikanisches Kaninchen (23).

32. **Biktoria Regia** (Blatt und Blüte) (23).

33. **Uferlandschaft in Paraguay** (im Hintergrunde eine Apfelsinen-Quinta) (24).

34. Im Einbaum-Boot auf einem Estero (Sumpf) (24).

35. Ein gefährlicher Ritt (23).

36. Lagarto, den Verfasser als scheinbar schlafend gerade photographiert hatte, als das Tier sich plötzlich auf ihn stürzte (23).

37. Kolonistenhaus in Paraguay (24).
Don Alberto mit seiner zahlreichen Familie vor seiner Wohnung. Im Hintergrunde die abgeerntete, etwa 60 Jahre alte Apfelsinenpflanzung.

38. Die Dorfschule (24).

39. Argentinisches Bauerngehöft (9).

40 und 41. Colberia (Giebelung) wilder Indianer (26).

Der Häuptling hatte für das Photographierenlassen 10 Pesos verlangt. Als Verfasser ihm diese weigerte, verkrochen sich die Bewohner oder drehten dem Verfasser den Rücken zu.

42. Indianische Arbeiter (27).
Die tagsüber geerntete Baumwolle wird abgewogen.

44. Bauern in Paraguay (24).

43. Bauern in Argentinien (5).

46. Blühende Bananen (24).
Unten links der Kopf von Don Alberto.

45. Im Einbaum-Boot (23).

48. Chaco-Mädchen (17).

47. Chaco-Typen (17).

50. Ein „besseres" Fräulein im Chaco (17).

49. Eine Landschönheit in Paraguay (24).

52. Cisnes, Schwarzhalsschwäne, mit prachtschwarzem Kopf und Halsansatz. In der Mitte eine Chuña, ein Schlangenstorch (20).

51. Garza mora, amerik. Fischreiher (Tocol), mit besonders guten Federn auf dem Kopf, Brust und Rücken. Cucharon, Löffelschnäbler, mit schönem, rosarotem Federkleid. Cuervo, ein Hühnergeier, nährt sich nur von Aas und wird darum geschont. Einige Enten. (20.)

55. **Martin pescador, der Eisvogel** des Paranagebietes. (Es gibt noch eine halb so große ähnliche Art.) Länge hängend von Schnabelspitze bis Schwanz 45 cm. Flügel stahlblau und schwarz mit weißen Tupfen. Kopf und Schnabel stahlblau, aber nicht schillernd. Weiße Halskrause. Rücken stahlblau mit weißen Tupfen. Brust und Bauch gleichmäßig rotbraun. Schwanzfedern schwarz mit weißen Tupfen (Rüttelfischer).

Cangrejo, ein Taschenkrebs, dunkelbraunrot, lebt in Sümpfen (20).

54. **Tucane, Pfefferfresser.**

Der linke Vogel erhielt glatt fliegend den Schrotschuß zu weit nach vorn. Man sieht den Einschlag der groben Schrotkörner am Schnabel (23).

53. **Carapé, Brüllaffe.**

Hängt mit dem Kopf nach unten. Man bemerkt deutlich Kopf und Rumpf des beschossenen, noch lebenden Jungen, das sich im Moßhaare der Mutter festklammert (23).

57. **Tatú**, das ziemlich seltene, fast haarlose **Chaco-Gürteltier** (langschwänziges **Weichgürteltier**). Die kleine Mulita und der größere Peludo, die im Süden vorkommen, sind bei weitem häufiger (25).

56. Panzer des sehr seltenen **Riesen-Gürteltiers**, das Verfasser zufällig von Indianern kaufen konnte (25).

60. Landmädchen in Argentinien (5).

59. Die Frau Leutnant aus dem Paraguaykriege (24).

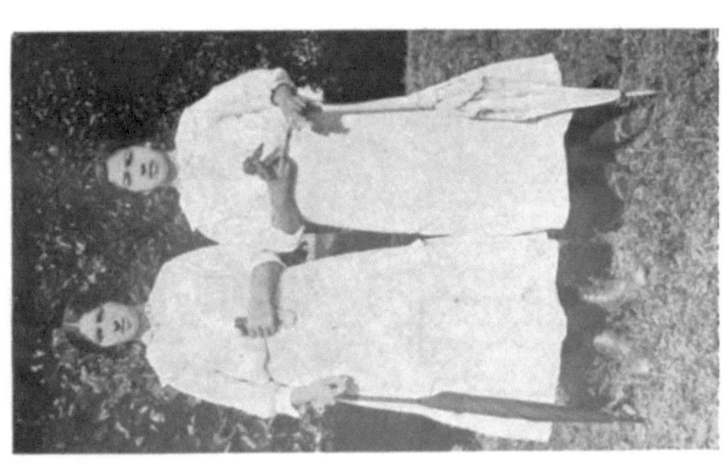

58. Landmädchen in Paraguay (24).

61. Die zur Mine gehörigen Fabrikgebäude (28).

62. Gruppe aus der Minen-Gesellschaft.
In der Mitte der deutsche Minen-Arzt, rechts der Verfasser (28).

63. Das Minendorf. (Man beachte die öde Umgebung) (28).